2011年度教育部人文社会科学研究规划基金项目[11YJA880076]研究成果

# 教育公平与教育效率

## ——英美基础教育政策演进研究

倪小敏 单中惠 勾月 著

山东教育出版社

**图书在版编目(CIP)数据**

教育公平与教育效率:英美基础教育政策演进研究/
倪小敏等著.—济南:山东教育出版社,2015
ISBN 978－7－5328－8860－3

Ⅰ.①教… Ⅱ.①倪… Ⅲ.①基础教育—教育政策
—研究—西方国家—近现代 Ⅳ.①G639.1

中国版本图书馆 CIP 数据核字(2015)第 143640 号

# 教育公平与教育效率
## ——英美基础教育政策演进研究

倪小敏 单中惠 勾 月 著

主　　管:山东出版传媒股份有限公司
出 版 者:山东教育出版社
　　　　　(济南市纬一路 321 号　邮编:250001)
电　　话:(0531)82092664　传真:(0531)82092625
网　　址:www.sjs.com.cn
发 行 者:山东教育出版社
印　　刷:济南继东彩艺印刷有限公司
版　　次:2017 年 2 月第 1 版第 2 次印刷
规　　格:710mm×1000mm　16 开本
印　　张:21.25 印张
字　　数:290 千字
书　　号:ISBN 978－7－5328－8860－3
定　　价:48.00 元

# 前　言

　　公平和效率，是衡量社会和教育发展水平的重要尺度。尤其在基础教育领域，教育公平和教育效率是当今各国政府制定其政策的两大价值取向，也是当今各国政府为之不断努力的政策目标。但是，在总体教育资源有限的情况下，如何更好地实现最广泛的教育公平和达到更高水平的教育效率，却是一个世界性难题。

　　英国和美国是世界上基础教育最发达的国家，在它们的基础教育政策演进中，英美两国在追求教育公平和教育效率目标上走过了曲折的历程，但也积累了丰富的经验。因此，基于教育公平与教育效率的视角，本书以历史为线索，从国家层面考察英美两国基础教育政策的演进，力图呈现在社会时代发展的大背景下，教育公平与教育效率的价值目标在英美基础教育政策中的演变过程以及今后的发展趋势。

　　就英国基础教育政策的演进而言，大致经历了国民教育制度建立与初等教育机会均等、中等教育机会均等与以选拔为基础组织中等教育、追求教育过程和教育结果平等、教育效率优先下的共同课程和多样选择以及差异而平等基础上教育公平与教育效率的融合等五个时期。就美国基础教育政策的演进而言，大致经历了实行免费和普及的初等教育、发展和普及中等教育、追求教育结果的公平、突出教育优质和教育公正以及追求每一个学生的教育成功等五个时期。

早在19世纪,基础教育公平问题已引起了西方政治家和教育家的关注,并在社会改革实践以及公共教育运动中强调教育机会的平等,提倡普及的义务教育和发展国民学校或公立学校;从20世纪初起,基础教育机会平等已成为教育领域的一个中心主题,人们都在寻找教育平等的策略;20世纪80年代以来,在新的视野下开始强调教育效率,基础教育政策也力图兼顾教育公平和教育效率。正如联合国教科文组织在1998年发表的《世界教育报告》(World Education Report)中所强调指出的:"综观全球,教育政策有两个重要趋势,一是多数国家加深了对教育民主化的承诺('人人受教育'和'终身受教育'),一是对教育质量和目的趋于采取更讲究学以致用的观点。"从基础教育政策理念来说,一是教育公平,即让每一个儿童都有受教育的平等机会;二是教育效率,即让每一个儿童都能受到优质的教育。

通过对英美两国基础教育政策演进的历史考察,可以发现,教育公平和教育效率是两个发展着的概念,在不同的历史时期有着不同的形态。首先,就教育公平而言,第二次世界大战前,教育公平概念在英美两国一致体现为对初等和中等教育入学机会均等的追求。在20世纪50—70年代,它又进一步发展为追求教育结果的公平,因而必须对弱势群体学生进行补偿教育,这是教育公平内涵上的重大发展。正如瑞典教育家胡森(Torsten Husen)在《平等——学校和社会政策的目标》中对"平等"所做的阐释:"就个体而言,'平等'可以有下述三种含义:第一,'平等'首先可以指个体的起点;第二,'平等'也可以指中介性的阶段;第三,'平等'还可以指最后目标,或者是指这三方面的综合。"也就是说,教育平等概念包含入学机会平等、教育过程平等以及教育结果平等。其次,就教育效率而言,20世纪80年代后,新自由主义不同程度地影响英美两国经济政策乃至社会政策,市场理论也被引入教育领域,于是"效率"一词开始进入教育领域。在英国,这表现得尤为明显,推行国家课程政策带有明显的对教育过程平等的追求，与择校政策、按人头拨款政策结合在一起，又清楚地显现出效率优先兼顾公平的基础教育政策，此时对教育效率的追求较多地表现为对教育质量的追求。在美国，也出现了轰轰烈烈的选择学校运动，创建新一代美国学校，提供高质量教育的平等机会，公平地分配教师和加强教师培训，关注困境儿童、弱势群体儿童和残疾儿童的教育，突出了教育公平与教育效率的初步融合。21世纪第一个十年，英美基础教育政策又出现了一次重要的转向，两国不约而同地将"儿童发展"置于基础教育政策的中心。英国在"差异而平等"的理念下，强调给每一个儿童提供最适切的教育；美国则更加关注保障教育平等和促进教育卓越，建立各级教育领导问责机制，奖励成功的学校和处罚失败的学校，旨在使每一个学生的教育成功。此时，教育效率不仅仅指教育的质量，而且也包含了资源的合理利用，强调围绕每一个儿童获得教育成功而进行资源高效、合理配置，因而体现了教育公平与教育效率进一步融合的趋向。

应该说，英美两国的基础教育政策也在不断深化。19世纪后期到20世纪40年代，英美基础教育政策主要体现在制定相关的教育法令，保证每一个儿童都有接受初等教育直至中学教育的机会。20世纪50—70年代，英美基础教育政策在追求入学机会平等的基础上拓展平等的范围，推行补偿教育政策，向教育薄弱地区提供更多的教育资源、更高的教师津贴等。到20世纪80—90年代，随着市场理论引入教育领域，英美教育政策主要体现在实施国家课程、提高教育的质量，资源通过竞争流向资优学生、优质学校。在21世纪第一个十年，在全球化国际教育发展的大背景下，英美基础教育政策都在改善学校制度、提高学业成绩、应用教育技术、提升教师素质、帮助家长选择、关注少数学生、加强教育资助以及建立问责机制上得到了体现，以确保每一所学校和每一个学生都获得成功，达到教育公平与教育效率融合的目标。

站在比较的角度，可以发现，尽管英美两国的地域不同、历史长短不同和教育管理体制不同，但英美基础教育政策的演进历程大同小异。其共同之处在于：一是，英美两国在基础教育政策上都经历了实现初等教育入学机会公平，追求中等教育入学机会公平，进而通过补偿教育追求教育结果的公平。二是，20世纪80年代后，英美两国的基础教育政策出现重大转向，追求教育效率成为基础教育政策的首要价值目标，在英国体现出教育效率优先兼顾教育公平的政策特征，在美国凸现出教育优质与教育公正并重的政策导向。三是，在21世纪第一个十年，英美两国的基础教育政策都强调让每一个儿童都成功，表现出教育公平与教育效率融合的趋向。

具体来讲，第一，从演进的过程来看，英美两国基础教育政策演进具有以下共同特点：体现了社会时代的需求、反映了教育理念的变化、凸显了教育重心的转移、呈现了经费的增长以及突出了国际教育的战略。第二，从具体的策略来看，为了实现教育公平与教育效率的融合，当今英美两国在基础教育上主要采取以下策略：一是改善学校制度，让每一所学校都成为优秀学校；二是提高学业成绩，使每一个学生都能够学习成功；三是应用教育技术，使所有的教师和学生都会使用新的技术；四是提升教师素质，使每一间教室里都有优秀的教师；五是帮助家长选择，扩大家长对子女教育的选择权；六是关注少数学生，使弱势群体学生有接受高质量教育的平等机会；七是加强教育资助，确保政府对高质量教育的平等机会的支持；八是建立问责机制，明确各级领导的基础教育责任。第三，从政策的发展趋势来看，当今英美两国基础教育政策凸现出以下的趋势：趋于教育公平与教育效率的融合，趋于弱势学生与所有学生的融合，趋于宏观层面与微观层面的融合，以及趋于本国标准与世界标准的融合。第四，从影响的因素来看，社会时代因素、经济发展因素、科技进步因素、党派政治因素以及教育理念因素，对英美两国的基础教育政策演进产生了重要影响。

因此，在总体思路上，本书先是分别对英国和美国的基础教育政策演进进行系统论述，然后在此基础上从比较的角度对英美基础教育政策的演进进行了总结性反思。本书由三部分组成：上编为"英国基础教育政策演进"；下编为"美国基础教育政策演进"；结语为"对英美基础教育政策演进的反思"。

　　为了更好地展现英美两国基础教育政策演进的历史脉络，系统呈现教育公平和教育效率的原初形态如何演进直至当今的形态，上编"英国基础教育政策演进"的研究始于《1870 年初等教育法》，直至 2009 年教育白皮书《你的孩子，你的学校，我们的未来：建设一个 21 世纪的学校制度》；下编"美国基础教育政策演进"的研究始于 1787 年的《西北土地法》，直至 2010 年的《改革蓝图》。

　　当前，我国基础教育政策的战略目标和战略重点发生了转移，高质量均衡发展已成为我国未来十年基础教育改革的目标，这就需要在政策层面上系统地优化设计推进教育公平和提高教育效率的政策。从英美两国基础教育政策演进的历程和经验中，我们可以在不同的方面得到一些借鉴。

# 目 录 MULU

# 下编　美国基础教育政策演进

## 第一章　实行免费和普及的初等教育

上编

英国基础教育政策演进

就英国基础教育政策演进而言，可以分为五个时期：（1）国民教育制度建立与初等教育机会均等（19世纪后期—20世纪初）；（2）中等教育机会均等与以选拔性为基础组织中等教育（20世纪20—50年代）；（3）追求教育过程和教育结果公平（20世纪60—70年代）；（4）教育效率优先下的共同课程与多样选择（20世纪70年代末—90年代）；（5）差异而平等基础上的教育公平与教育效率的融合（20世纪末—21世纪第一个十年）。

国民教育制度建立与初等教育机会均等时期（19世纪后期—20世纪初）：在基础教育理念上，经济学家亚当·斯密强调教育与国民财富增长密切联系；哲学家、经济学家和教育家詹姆士·穆勒强调民众教育机会与教育公平；19世纪空想社会主义者欧文强调新的社会制度与教育平等。这一时期英国的基础教育政策目标是让所有儿童接受世俗的初等教育，具体体现在《1870年初等教育法》（1870）、《1876年教育法》（1876）、《1880年教育法》（1880）、《初等教育（盲聋儿童）法》（1893）以及《1918年教育法》（1918）上。

中等教育机会均等与以选拔性为基础组织中等教育时期（20世纪20—50年代）：在基础教育理念上，经济学家和历史学家托尼强调教育机会平等与全民中等教育；教育心理学家伯特强调基于智力测验的入学筛选。这一时期英国的基础教育政策目标是让所有青少年接受中等教育，具体体现在《关于青少年教育的报告》（1926）、《关于文法中学和技术中学的中等教育报告》（1934）、《关于中等学校课程和考试的报告》（1943）以及《1944年教育法》（1944）上。

追求教育过程和教育结果公平时期（20世纪60—70年代）：在基础教育理念上，心理学家弗农强调教育与儿童智力的变化密切相关；经济学家格拉斯强调社会流动处于僵滞状态；教育社会学家哈尔西强调确保教育机会的实际平等。这一时期英国的基础教育政策目标是追求更大的教育机会均等，具体体现在《关于15—18岁青少年教育的报告》（1959）、《我们未来的一半》（1963）、《关于儿童与他们的小学的报告》（1967）、《学校教育——一份协商的文件》（1977）以及《关于残疾儿童及青少年教育的报告》（1978）上。

　　教育效率优先下的共同课程与多样选择时期（20世纪70年代末—90年代）：在基础教育理念上，教育社会学家麦克·杨强调知识分层造成教育不平等；教育社会学家伯恩斯坦强调语言传递影响教育不平等；课程专家劳顿强调文化分析视角下的共同课程理论；教育家和教育史学家西蒙强调全面提供平等的教育资源；比较教育学家和教育史家格林强调公共教育制度与教育公平。这一时期英国的基础教育政策目标是教育效率优先兼顾教育公平，具体体现在《1980年教育法》（1980）、《学校课程》（1981）、《1981年教育法》（1981）、《把学校办得更好》（1985）、《为了所有儿童的教育》（1985）、《国家课程（5—16岁）——一份协商的文件》（1987）、《1988年教育改革法》（1988）以及《选择与多样化——学校的新框架》（1992）上。

　　差异而平等基础上的教育公平与教育效率的融合时期（20世纪末—21世纪第一个十年）：在基础教育公平理念上，教育社会学家鲍尔强调择校使强者更强而弱者更弱；教育社会学家惠迪强调寻求消费权与公民权的平衡；新工党领袖布莱尔强调有质量的教育公平。这一时期英国的基础教育政策目标是提供最适切的教育使每一个儿童都成功，具体体现在《追求卓越的学校教育》（1997）、《2002年教育法》（2002）、《传递结果：一个面向2006年的战略》（2002）、《新的特色学校制度：转型中的中等教育》（2003）、《为儿童和学习者的五年战略》（2004）、《儿童计划：建设更加美好的未来》（2007）、《2008年教育和技能法》（2008）以及《你的孩子，你的学校，我们的未来：建设一个21世纪的学校制度》（2009）上。

# 第一章

国民教育制度建立与初等教育机会均等

(19 世纪后期—20 世纪初)

在英国教育历史上，随着公民权利和公民身份概念的发展，普及教育思想日渐得到发展。普及初等教育实质上是对教育机会平等追求的先声。英国教育史学家奥尔德里奇（Richard Aldrich）说过："普及教育的这一理想与按人的身份施教的这一现实已经并存很长时间了。"① 这一理想在 19世纪后期演变为一股思潮，并最终引发《1870 年初等教育法》的颁布，此后，英国政府经过近半个世纪的努力，从教会手中夺取控制权建立起免费的、强迫的、世俗的国民教育制度，让所有儿童都有权利接受初等教育。

## 一、社会和教育背景

### 1. 社会背景

19 世纪在英国历史上是一个急剧变化的历史阶段，也是英国在世界崛起成为日不落帝国的时代。英国走向这个伟大时代的历史转折点始于 18 世

---

① 奥尔德里奇：《简明英国教育史》，诸惠芳等译，北京：人民教育出版社1987版，第34 页。

纪末的"工业革命"（也称"产业革命"）。英国史学家艾瑞克·霍布斯邦将英国的工业革命和稍后发生在法国的大革命并称为"双元革命"①，后者为世界带来了"民主、自由、博爱"的资产阶级"启蒙"思想，前者则为世界带来了实实在在的物质进步，最先受益的当然是英国本土。

英国工业革命大约开始于 18 世纪 60 年代，到 19 世纪 30 年代末 40 年代初基本完成。其主要标志是机器生产取代了手工劳动、家庭工业和手工工场，工业逐步在国民经济中占据统治地位。但更为重要的是，工业革命使英国从农业社会进入了工业社会，从而给英国的经济生活、社会生活和政治生活带来了历史性变革。

（1）经济生活的变革

在经济生活上，工业革命使英国成为世界上最强大的工业国。1850年，英国生产的金属制品、棉织品和铁占世界产量的一半，煤占世界产量的 2/3，其他如造船业、铁路修筑都居世界首位；1860 年，英国生产的工业品占世界工业品的 40%—50%，占欧洲工业品的 55%—60%；1850 年对外贸易占世界贸易总额的 20%，十年后增至 40%；1851 年英国国民生产总值达到 5.23 亿英镑，1870 年增加到 9.16 亿英镑。英国经济的空前繁荣实际上为普及初等教育奠定了一定的物质基础。

（2）社会生活的变革

在社会生活上，工业革命使英国社会面貌和阶级结构发生了深刻变化。在工业革命过程中，随着新兴工业城市的蓬勃成长，农村人口大量向城市迁移。1851 年后，英国领世界之先，城市人口超过农村人口，1870年城市人口约占全国人口的 70%。大伦敦人口占全国人口的 1/5。英国全国人口在 1811 年约为 1000 万人，到 1881 年猛增到 2600 万人，英国开始迈向城市化时代。② 随之，英国出现了有别于欧洲其他国家的阶级分化，即一个由农业企业家和农场主组成的阶级和庞大的农业无产阶级。由于早

---

① 艾瑞克·霍布斯邦：《革命的年代 1789—1848》，王章辉等译，北京：国际文化出版公司 2006 年版，"序言"，第 1 页。

② 阎照祥：《英国史》，北京：人民出版社 2003 年版，第 296 页。

期实业家大量使用妇女和童工，这使得英国工人阶级的境况比起其他国家更悲惨。与此同时，工业资产阶级的经济势力不断增长，并通过1832年议会改革，在议会中也占据了大多数席位，在政治上影响力不断扩大。

（3）政治生活的变革

在政治生活上，工业革命对英国的政治和意识形态的影响是革命性的，一是两大执政党的改革及其意识形态趋同。在1834大选期间，托利党和辉格党分别更名为保守党和自由党。19世纪50年代至19世纪末，是两党竞相改革和争取民众支持的时代。1867年《议会改革法》在保守党领导人狄斯雷利（B. Disraeli）推动下获得通过，这使保守党在英国成为一个全国性政党。但自由党在格拉斯顿（W. Gladstone）领导下，在1868年大选中获胜。格拉斯顿组阁后采取的一系列社会改革政策，表明自由党已从传统的自由放任主义转向"新自由主义"，开始承认国家建立在一个平等的社会中的积极作用，注意到社会立法对改善工人经济状况的重要性。《1870年初等教育法》正是自由党政府为解决工业革命带来的社会问题的一项重要的社会改革政策。1874年，保守党大选获胜。狄斯雷利组阁并主张社会改良，也实施了一系列社会改革政策，如《公共卫生法》（1875）、《工人住宅法》（1875）、《工厂与工作场所法》（1878）等一些与工人福利相关的社会立法，并对工人生活条件、劳动环境、工作时间等进行规范。这表明两党都接受了自由主义价值观，在意识形态上没有实质性区别。

二是工人阶级政治意识开始觉醒。在工业革命过程中，不论在政治上还是意识形态上，一个独立的无产阶级已经出现。1848年，英国出现了宪章运动，主张合理的社会应当是合作的而非竞争的，应当是集体主义的而非个人主义的。这一时期，工人阶级意识和社会抱负已经形成，但他们的政治意识无疑微弱得多。然而，1867年的议会改革加速了工会的政治化。1868年，第一次工会代表大会在曼彻斯特举行，以后每年举行一次，并成立"议会委员会"。之后，工人支持自由党成为工会政治运动的主要倾向，"自由—劳工同盟"也逐渐形成。在1884年的第三次议会改革中，随着普选制的确立，60%的成年男子获得普选权，这也迫使英国议会通过一些直接促进选民社会福利的法律。其中，教育成为一项重要的社会福利政策。

### 2. 教育背景

中世纪后期，英国教育已分化为贵族教育和贫民教育。贵族教育属于中等教育，不与任何初等学校教育联系，而与家庭教育联系；贫民教育主要由教会实施，教授基本读写算。工业革命进一步加剧这一分化，贫民子弟教育被剥夺状况十分严重，并日渐成为英国一大社会问题。

#### (1) 教会学校的贫民子弟教育

英国贫民子弟主要在教会组织创办的慈善学校、主日学校和导生制学校接受教育。1698 年，基督教知识促进会在成立大会上决定了"追求并敦促在伦敦及附近地区每一教区建立教义问答学校"的慈善计划。在这个计划下，该会通过敦促各教区开设自己的学校，很快就把活动范围扩展到伦敦以外，并在 25 年之内在英国许多地区建立了学校。大约在 1730 年至 1780 年间，成千上万的儿童和成人在巡回教师的指导下学会了阅读。它们的确有力地促进了贫穷儿童的初等教育。但到 19 世纪初，慈善学校受到工厂制度的影响而逐渐衰落下去，代之而起的是主日学校。主日学校始于传教士罗伯特·雷克斯（Robert Kailes）1780 年为当地针厂童工所办学校，在星期日教授宗教条文，兼教一些简单的读写知识。由于这种学校适合当时工业革命的需要，因而发展迅速。1803 年，英格兰还建立了"主日学校联合会"，要求每一个教区至少要设一所主日学校。之后，英国各地在主日学校接受教育的学生快速增加，规模愈来愈大。

此外，导生制学校得到了蓬勃发展。私立团体确立普及初等教育制度所面临的两大困难是经费和师资。[①] 1797 年，英国国教派牧师贝尔（Andrew Bell）将印度古代个体教学制度加以改进，创立导生制并运用于印度的孤儿学校中。1798 年，远在英国本土的公谊会信徒兰喀斯特（Joseph Lancaster）在其创办的慈善学校中也推行了导生制教学，因此，这种教学

---

① 邓特：《英国教育》，杭州大学教育系外国教育研究室译，杭州：浙江教育出版社1987 年版，第 7 页。

组织形式也称为"贝尔-兰喀斯特制"。在导生制教学下，一个教师要比常规教学多教几倍的学生，大大扩大了教学的规模。由于导生制解决了初等教育和扫盲运动中的师资和经费问题，因此在19世纪上半叶的英国广为推行，几乎所有的教区都建立了导生制学校。

（2）贫民子弟受教育权利被剥夺状况

工业革命在促进社会经济发展的同时，也使贫民家庭儿童的成长环境恶化，受教育权利被剥夺。尽管慈善学校、主日学校和导生制学校对初等教育的发展做出了一定的贡献，但远不能满足儿童对教育的需求和社会发展的需求。具体表现为：

工业革命使大量农村人口涌进城市，使城市里的工厂对工人的需求常常处于供过于求的状况，这就造成了包括儿童在内的流浪人口的大量增加，从而不但对社会的稳定与经济发展造成了巨大的威胁，更为重要的是儿童的生存状况令人担忧。其原因是，为了保证工人的劳动效率，资产阶级对他们采取的措施几乎全是强制性；有的厂主还实行了夜班制，工人的正常睡眠休息时间被剥夺。结果是工人们整个身体衰弱下去以及出现酗酒和纵欲的现象。成年人的道德堕落不但直接对社会造成了危害，而且还使他们的子女受到了严重的精神伤害，并染上了父母的许多恶习。工业革命也造成了大量童工进入工厂工作，他们在工厂里的劳动时间长、劳动强度大、待遇低，这对他们的身体是一种巨大的伤害，但是伤害最大的还在于他们的幼小心灵。由于童工几乎被剥夺了受教育的权利，年复一年、日复一日重复单调机械工作，使儿童受教育权被剥夺，增长智慧的希望破灭。而童工的道德又被他们的工作环境破坏了，很多童工都在道德上堕落了，并导致了儿童犯罪率的上升。

（3）教会学校无法满足儿童的教育需求

教会学校实际上也无法满足儿童对教育的需求。大批儿童整个星期都在工厂或家里工作，因而不能上学。恩格斯在《英国工人阶级状况》中特别指出："教派办学的目的是把本教教徒的孩子留在自己的怀抱，可能的话，还要从别的教派那里把某些不幸孩子的灵魂抢夺过来。结果是，宗教成了主要的课程。孩子们的脑子里塞满了不能理解的教条和各种神学上的奥妙东西，从童年时期就培养起教派的憎恨和狂热的偏执，而一切智力的、精神的和道德的发展却被可耻地忽视了。"[1]

由于儿童受教育权利被剥夺，他们的健康、智力和道德发展受到损害，导致英国当时社会风气每况愈下。恩格斯也指出，随着无产阶级人数的增长，英国的犯罪的数字也增加了，不列颠民族已成为世界上罪犯最多的民族。1805 年有 4605 起犯罪，到 1842 年时就达到了 31309 起犯罪。从这些犯罪统计表中还可以看到，在 1842 年的罪犯中，有 32.35% 完全不会读不会写，有 58.32% 不完全会读会写，有 6.77% 读写都不错，有 0.22% 受过较高的教育。[2]这些数据揭示了儿童教育权利被剥夺程度与社会风气恶化之间的关系。

此外，儿童的教育也无法满足工业发展对工人的文化和纪律方面的要求。从当时工厂大量使用童工和妇女的情况来看，对大多数工人的文化水平要求并不高。恩格斯在对英国工人阶级状况调查后指出："工业中的大多数工作中都需要一定的技能和常规性，而要达到这一点就要求工人具有一定的文化水平。"[3] 当代英国教育家安迪·格林（Andy Green）也指出："虽然工厂生产并没有要求工人掌握新技能，但却要求工人形成新的行为习惯，要求服从日常作息时间，单调的工作，严格的纪律，所有这些只有通过教育来实现。"[4] 但实际上，当时的教会学校显然不能满足工业化社会的需要。

## 二、基础教育理念

在 19 世纪后期的英国，在基础教育理念方面的主要代表人物有经济

---

① 恩格斯：《英国工人阶级状况》，北京：人民出版社1956年版，第134页。

② 恩格斯：《英国工人阶级状况》，北京：人民出版社1956年版，第175—176页。

③ 恩格斯：《英国工人阶级状况》，北京：人民出版社1956年版，第120页。

④ 安迪·格林：《教育与国家形成：英、法、美教育体系起源之比较》，王春华等译，北京：教育科学出版社2004年版，第62页。

学家亚当·斯密，哲学家、经济学家和教育家詹姆士·穆勒，19世纪空想社会主义者欧文等。针对英国国民教育发展迟缓、儿童受教育权被剥夺丧失的现状，他们从不同的角度阐述了普及国民教育的必要性。他们对普及国民教育理想的描述，形成了普及国民教育的思潮。其共同的观点是让所有儿童接受教育，国家要承担起教育的责任，建立世俗的教育制度。这些教育理念启迪了英国民众，特别是工人阶级对教育权的渴求，实际上对政府教育立法并建立国民教育制度起了推动作用。

1. 亚当·斯密：教育与国民财富增长密切联系

英国经济学家亚当·斯密（Adam Smith）最早发现教育与国民财富之间的联系。他在1776年发表的《国民财富的性质和起因的研究》（简称《国富论》）中阐述了市场机制的原理。亚当·斯密写作这部巨著时，英国产业革命刚刚开始，资本主义经济的发展在很大程度上还受到封建的残余势力和流行一时的商业体系的限制政策的束缚。[1] 因此，他主张通过市场这个"无形的手"最大限度地发展自由资本主义经济（后来被称为放任自由主义），但他又建议国家应承担起法制建设和包括教育在内的公共事务。也就在这本著作中，亚当·斯密提出了后来被称为"人力资本理论"的核心观点。

（1）社会全体居民所获得的才能是国民财富的一部分

亚当·斯密认为，任何国家和社会的总资本都是其全体居民的资本，这种资本通常自然地分为有各自作用的三个部分：一是立刻消费；二是固定资本；三是用来购买原材料等的流动资本。在社会的固定资本中包括四个要素：前三个要素是工具与机器、获取收益的建筑物和改良的土地，第四个要素是社会所有居民或成员所获得的才能。这些观点对当时英国普遍认为教育属于家庭或教会的职责的理念是一个极大的冲击。亚当·斯密指出，就个人而言，"一个花费了巨额劳动和时间以学习那些要求特殊的熟

---

① 亚当·斯密：《国富论——国民财富的性质和起因的研究》，谢祖钧等译，武汉：中南大学出版社2003年版，"导言"，第2页。

巧和技艺的职业的人"，应该挣得"高于或超过普通劳动的工资"。① 也就是说，接受教育对个人来说可以提高工资收入，对国家而言可以增长财富。

（2）国家政府应关注民众的教育

亚当·斯密认为，基于国家财富增长的视角，在自由的社会经济体制下，国家政府的职责在于维持和平，建立一个维持严密的执法体制，提供教育和其他最低限度的公共事业，这样政府就自然地会对公共利益作出最大的贡献。为此，教育应作为国家的公共事业来办。因为在社会分工的进程中，绝大部分以劳动为生的人的工作都是只局限于几个极其简单的动作，这几个简单动作的效果又总是相同或者极其相近，自然就没有机会要他去发挥他的理解力或发挥他的创造力，以寻找解决从未发生过的困难的对策。于是，他自然就丧失了这种用脑筋的习惯，通常会变成那种愚蠢和无知的人，即无法对"日常义务形成任何公正的判断"、"对自己国家的重大的和广泛的利益全然无力判断"的人，"在战时同样是无法去捍卫自己的祖国"。也就是说，社会分工会使人类片面发展，如果没有教育的干预，作为国民财富的人力资源就会丧失殆尽。因此，为了防止大多数人民完全腐化和退化，国家政府必须关注人民的教育。

其中，国家政府应特别关注普通百姓和下层民众的教育。因为一些富有阶层子弟有充分的时间和金钱去接受教育，以获得使他们自己得到社会尊敬的一切知识；但是，普通百姓和下层民众没有空余时间去学习，而且他们谋生的职业通常也是极其简单和单调的，无须运用脑子。此外，对普通百姓和下层民众教育的关注，也有利于社会秩序的稳定。因此，亚当·斯密说："国家通过在每一个教区或地区建立一所小学就能够很方便地做到这一点了。小学的收费低一点，使每一个普通劳动者都能负担得起。"②

---

① 亚当·斯密：《国富论——国民财富的性质和起因的研究》，谢祖钧等译，武汉：中南大学出版社 2003 年版，第 77 页。

② 亚当·斯密：《国富论——国民财富的性质和起因的研究》，谢祖钧等译，武汉：中南大学出版社 2003 年版，第 498 页。

事实上，他的这一观点在一百多年以后为英国政府所采纳。

（3）国家应设立公共教育机构并加以经费投入

针对教会组织控制英国教育的状况，亚当·斯密用嘲弄的口气写道："对各种年龄的人民进行教育的机构主要是那些进行宗教教育的机构。这是一种特殊的教育，它的目的不是要使人们在这个世界上成为好的公民，而是为他们在另一个更好的世界上（他们的来世）做准备。"①因此，他提出国家应设立公共教育机构并加以经费投入，鼓励普通民众子女学好这些最基本的课程，并奖励那些学习成绩优良的学生。尽管亚当·斯密并没有论及教育机会平等原则，但他从国家财富增长的角度论述了国家应该承担全体人民特别是普通民众家庭儿童接受世俗教育责任的重要意义。

2. 詹姆士·穆勒：民众教育机会与教育公平

詹姆士·穆勒（James Mill）是英国哲学家、经济学家和教育家。在民众教育上，他受到了英国古典经济学家亚当·斯密和英国功利主义思想家边沁（Jeremy Beathan）的思想影响。亚当·斯密强调民众通过教育而学到的才能是国民财富的一部分，国家应该鼓励使所有儿童受到适当的教育。边沁在政治和伦理上主张人的权利平等，大多数人的利益便是社会的最大利益，要求给所有的人提供教育机会。1818 年，詹姆士·穆勒在为《大不列颠百科全书》撰写的教育文章中就清楚地表述了他的大众教育思想。

（1）教育公平有助于人的发展和幸福

詹姆士·穆勒认为，首先，虽然每个人的天赋是不同的，但是，造成人与人之间明显差别的真正原因是教育而不是天赋。他强调说："存在于不同阶级不同团体间的所有差别，都出自教育的影响。"②其次，教育的目的是给大多数人带来最大的幸福，因此，传授智慧、道德、正义等应该是

---

① 亚当·斯密：《国富论——国民财富的性质和起因的研究》，谢祖钧等译，武汉：中南大学出版社 2003 年版，第 502 页。

② F. Cavenagh（ed.），*James and John Stuart Mill on Education*，1931：12.

教育的普遍目标。教育既要使一个人能够获得去追求他所认可的东西的方法，即必须使他能去谋求尽可能多的幸福；同时，教育也要尽可能给他人谋求幸福。所以，他强调说："教育的目的是为了给尽可能多的人通向幸福的工具，先是为他自己，再是为其他人。"①还有，普遍幸福的理想体现了平等的原则，即每个人都平等地值得我们考虑的原则。他强调说："形成公共利益的意识并赋予它以形式，这是良好教育的最终目的。"②

（2）民众教育体现教育公平

由此出发，詹姆士·穆勒主张向所有人提供普遍的、合理的、世俗的和科学的教育。他所说的教育是一种广义的教育，具体包括家庭教育、技术（学术）教育、社会教育、政治教育。在他看来，如果不重视大众教育，那就会影响一个国家的经济发展。因此，从社会平等的原则出发，应该普及初等教育，使穷人和富人受到同样的教育，使他们的智力得到同样的发展。为此，詹姆士·穆勒曾写过一篇题为《学校面向大众》（*School for All*）的文章。但是，詹姆士·穆勒又认为，工人阶级的教育必须是最有限的教育。他说，由于一大部分人需要别人的劳动，并且因为智慧的培养要有充足的闲暇，"因此，必得有某些……智慧留予那些无须劳作的人"③。这反映了其阶级的局限性。当代英国教育家安迪·格林曾这样评价：詹姆士·穆勒没有深入推敲该论点的矛盾之处，或考察那种剥夺了多数人学习的闲暇的经济制度是否合理，就此草率地接受了这样的观点，即工人阶级的教育必须是最有限的教育。④

3. 欧文：新的社会制度与教育平等

欧文（Robert Owen）是 19 世纪英国空想社会主义思想家。他的学说

---

① W. H. Burson（ed.），*James Mill on Education*，Cambridge：At the University Press，1969：41.

② W. H. Burson（ed.），*James Mill on Philosophy of Education*，London：The Athlone Press，1973：41.

③ F. Cavenagh（ed.），*James and John Stuart Mill on Education*，1931：61.

④ 安迪·格林：《教育与国家的形成：英、法、美教育体系起源之比较》，王春华译，北京：教育科学出版社 2004 年版，第 271 页。

虽然是空想的,但其中的某些理论至今闪烁着真理的光芒。作为其政治学说的重要组成部分,欧文主张人人都有劳动的平等义务和获得产品的平等权利,强调让所有的儿童接受平等教育。他还提出教育是培养性格的手段和改造社会的前提。欧文在新拉纳克的社会改革实践包括学校教育的成功,更加坚定了他对普及教育之于社会改造意义的信仰。

(1)人天生就有平等的权利

欧文认为,每个人生下来就拥有平等的权利。首先,他从人的自然本性和天赋能力出发,论证人人具有接受教育的权利。他认为,人生来就具有谋求幸福的欲望,这种欲望是他一切行为的基本原因;人也生来具有维持生命、享受生活和繁殖生命的欲望;人还生来就具有官能,不仅在成长的过程中接受、传达和比较各种理念,而且使人意识到他在接受和比较各种理念。所以,儿童可以经过教育养成任何一种情感和习惯,这是一条基本原理。其次,他强调教育为个人和国家带来极大利益。因为教育使所有的人都被训练成有理性的人,养成符合人类幸福的性格的人。教育不仅不会损及任何人利益,而且会惠及每一个人。基于此,国家应建立优良的教育制度。欧文指出:"政治的目的使治人者和治于人者都幸福。因此,能够在实际上为最大多数的治于人者创造最大的幸福的政治,便是好的政治。"相应地,"每一个要求治国有方的国家应该把主要注意力放在培养性格方面。……治理得最好的国家必然具有最优良的国家教育制度。"①

(2)一切人都应该受教育

欧文认为,每个人都应该拥有接受教育的权利。首先,为了让一切人受到合理实用的教育,他反对任一教派、任一阶级控制教育。欧文建议制定全国性的兼容并包的贫民教育计划以取代派系林立的教会教育体系,为此他倡议通过一项《联合王国全体贫民与劳动阶级教育法案》。该教育法案明确规定:"在联合王国内普设讲习所;地点方便,并有足够的规模,

---

① 欧文:《新社会观》,《欧文选集》第1卷,柯象峰等译,北京:商务印书馆1997年版,第79页。

可以容纳一切需要学习的人。""给讲习所供应必需的开办费和维持费。"①

其次，欧文吁请政府让工人阶级子女接受教育。为此，政府和人民应该齐心协力建立一种制度，使那些没有受到任何良好和有用教育的人受到教育。他强烈谴责工厂主使用童工。他在《上利物浦伯爵书》中这样写道："儿童在体力还不足以应付工作以前就被雇佣……在还没有养成任何巩固的道德习惯或求得任何巩固的知识使自己成为有用或无害的社会成员以前就被雇佣。"在他看来，使用童工"同社会最高利益冲突，对于任何阶级和任何个人都没有好处"，因此"年龄不到十二岁的儿童不应在任何厂房内受雇"②。总之，工人阶级的正当教育和合理雇佣应当成为政府的基本目标。

（3）新的社会制度保证教育平等

欧文认为，在新的社会制度中应该保证所有的人的教育平等。他毕生致力于建立理性的新的社会制度，而教育平等是这种新社会制度的核心部分。他充满激情地描绘了新村里儿童接受平等教育的景象：在所筹划的新村里，儿童将个个身体健康、脸色红润，衣着整洁而得体；一切儿童将受到良好教育，循序渐进地学习园艺、农业、某种手艺或工业技能，并根据自己的年龄和体力从事劳动。欧文还为新制度社会制定了宪法，对人人接受教育、男女接受同等教育都作了明确规定。但是，他也看到，平等的教育只能在平等的社会制度下实现。因为阶级和社会地位的差别是人为造成的，这种差别已经给国民带来无尽的灾祸。所以，欧文提出了一项基本的正义原则："任何一个人不曾为别人服务，也就没有权利要求别人为他服务，也就是'一切人生下来就有平等的权利'。"③ 在他看来，有理性的政府会了解人的幸福所必需的条件并采取各种措施，以保证每个人在社会所

---

① 欧文：《新社会观》，《欧文选集》第1卷，柯象峰等译，北京：商务印书馆1997年版，第91页。

② 欧文：《致不列颠工厂主书》，《欧文选集》第1卷，柯象峰等译，北京：商务印书馆1997年版，第147—160页。

③ 欧文：《关于社会的划分》，《欧文选集》第2卷，柯象峰等译，北京：商务印书馆1997年版，第33页。

拥有的知识水平和手段的范围内得到这些条件。欧文晚年时再次强调了他所指的平等的含义:"我很清楚,知识、智慧和幸福这三者的本质恰恰起源于我们在体力和脑力上的千差万别。人世间正确和合理的新制度下的平等是条件或环境方面的平等。"①

### 三、基础教育政策目标与策略

这一时期,英国基础教育政策目标是让所有儿童接受世俗的初等教育。这一目标贯穿《1870 年初等教育法》(1870)、《1876 年教育法》(1876)、《初等教育(盲聋儿童)法》(1893)直至《1918 年教育法》(1918)中。为了达成这一目标,这一时期的教育法规文本凸显出以下策略:(1)设置地方教育管理机构和改革公共教育财政制度;(2)责成地方教育局提供充足的学校;(3)实行间接强迫入学和完善强迫入学制度;(4)初等学校缴费入学和一律实行免费入学;(5)设立入学督促委员会;(6)家长的责任是让子女接受初等教育;(7)政府负起残疾儿童教育的责任;(8)对企业主雇佣儿童的严格限制。

1.《1870 年初等教育法》(1870)

1833 年英国议会通过了《教育补助金法案》,同意拨款 2 万英镑协助教会团体②建造学校。此后,议会教育拨款形成惯例。1839 年拨款增至 30 万英镑。是年,还成立了枢密院教育委员会(Committee of the Privy Council on Education),监督已成为年度拨款的教育款项的分配与使用。这是英国国家干预公共教育的开端。然而,教育仍然由教会掌控着。直至 1868 年,自由党成为执政党后开始大刀阔斧地进行社会改革。两年后,下议院议员、枢密院副院长兼教育署署长福斯特(W. E. Foster)向下院提交了初等教育法议案并获通过,即《1870 年初等教育法》(*The Elementa-*

---

① 欧文:《导言》,《欧文选集》第 3 卷,柯象峰等译,北京:商务印书馆 1997 年版,第 4 页。

② 教会团体是指 1811 年国教会教士成立的全国贫民教育促进会、1814 年大不列颠和海外学校协会。这两个机构在 20 年内,用自愿捐款在全国建立了许多学校。

*ry Education Act* 1870》，也称《福斯特法案》（*The Foster Act*）。

（1）设置地方教育管理机构

《1870 年初等教育法》规定，教育署在学校数量不足的学区（school district）建立地方教育委员会，即学校委员会（School Board）。学校委员会由地方选举产生，其职责是弥补学校供给不足。该法案第六条规定："教育署经调查了解到某学区学校数量不足，要向公众公布，并在这样的学区建立学校委员会（the school board），弥补不足部分。如果学校委员会不履行职责，教育署将根据本法规定的方式追究学校委员会的责任。"第十条规定补足的方式："在最后公告限定的期限之后六个月内，教育署确信最后公告所需提供的公立学校设施不能按要求供给，也并非正在建设之中，教育署将依据本法规定为该地区组阁学校委员会，并且向学校委员会发出要求，要求他们立即启动程序按上述要求提供教育设施，并且学校委员会应当提供与教育署要求一致的设施。"①

同时，该教育法案赋予地方教育委员会以下权力：一是建立和维持新的公立初等学校；二是决定公立初等学校每周学费（最高不超过 9 便士）和贫困学生学费减免；三是委任（或撤销）学校管理者；四是经教育署批准，可以接管愿意归属其管理的民办学校；五是拥有征收地方税的权力；六是有权决定是否制定对 5—13 岁儿童实行强迫入学的细则。

（2）建立国民教育制度

《1870 年初等教育法》没有对国民教育的目标做出明确的规定。但是，负责起草的教育署署长福斯特在 1870 年 2 月 17 日向下议院介绍初等教育法所作的演讲中阐明了立法意图与政策目标："我们这个议案的宗旨是什么呢？主要的宗旨是：使英国的每个家庭，当然还要使那些无家可归的孩子能受到初等教育。……现在，我们不允许该宗旨在我们的许可下受到挫

---

① W. Cunningham Glen, *the Elementary Education Act*, 1870, London: Shaw and Sons, Fetter Lane, 1870: 6—10.

折；除非该议案能提供完满的国民教育制度。"① 也就是说，不管父母是否贫穷，不管父母属于任何教派，所有儿童（包括无家可归的儿童）都应该接受初等教育。因此，《1870 年初等教育法》第五条规定："每个学区必须拥有足够的公共的初等学校，为居住本地区的所有儿童提供有效的、适当的初等教育。"② 对此，福斯特在他的演讲中这样解释："所谓'足够的'，是指我们是否能看到那里有足够的学校；'有效的'，是指进行适当数量的世俗教学的学校；'适当的'，是指家长没有理由反对的、免受宗教和其他禁锢的学校。"③ 简言之，政府所要建立的国民教育制度，就是学校数量充足、实施世俗的实用教学、无教派禁锢的初等教育制度。

（3）实行间接强迫入学

《1870 年初等教育法》第七十五条规定："每个地方教育委员会经过教育署同意，随时根据以下目的制定细则：一是要求 5—13 岁（细则可以调整）儿童的父母送孩子入学（除非有合理的理由）；二是有权决定儿童就学期间的学习时间；三是对违反任何细则者实施处罚。"该条款还规定了"豁免"条件："依据本条款制定的细则要求 10—13 岁的儿童入学，假如任何一位督学证明这个儿童达到细则中某项具体标准，可以全部或部分免除该儿童的入学义务。"④具体来说，以下的理由被认为是合理的：一是儿童以其他的方式获得足够的教学；二是儿童因生病或不可避免的原因不能入学；三是依据细则规定，根据孩子居住地的最短路程测算，在 3 英里内没有公立学校可入学。实质上，就是允许地方委员会制定标准，部分或全部免除 10—13 岁儿童入学义务，以便他们可以工作。这被视为政府向工业用

① J. S. Maclure, *Educational Documents - England and Wales* 1816 *to the present day*, New York：Methuen and Co. Ltd. 1979：104.

② W. Cunningham Glen, *The Elementary Education Act*, 1870, London：Shaw and Sons, Fetter Lane, 1870：5.

③ J. S. Maclure, *Educational Documents - England and Wales* 1816 *to the present day*, New York：Methuen and Co. Ltd, 1979：100.

④ W. Cunningham Glen, *The Elementary Education Act*, 1870, London：Shaw and Sons, Fetter Lane, 1870：61—65.

工需求以及家庭经济收入需要作出了让步。

(4) 规定缴费入学

《1870年初等教育法》第十七条规定:"每个儿童进入地方教育委员会提供的学校必须缴纳学校委员会规定的经过教育署批准的每周学费。"① 但是,该教育法案第三条在对"初等学校"做界定时,对学费上限作了规定:"初等学校一词意味着一所学校或者一所学校的部门提供的教育主要是初等教育,但并不包括任何学校或者学校的部门向每生日常收费每周超过9便士的教学。"② 也就是说,初等教育学费上限每周不得超过9便士。

在收费入学上,福斯特在向下议院介绍法案时做了这样的解释:"我们要不要免收学费呢?我知道教育事业的一些热诚的朋友会这么主张的。我现在就表示,政府是不准备支付的。如果由我们支付,耗费将是巨大的";而且"学费具有快速增长的势头"。此外,这样的学费,"家长是可以承担的","他们中绝大部分人有能力,并会继续有能力支付这些费用"。③ 因此,在普及初等教育的初期,英国政府采取控制教育经费支出的策略。

针对部分劳动阶层子女无力支付学费,该教育法案第十七条又规定了地方教育委员会减免学费的权力:"儿童被认为其父母贫困到无力支付学费情况下,地方教育委员会可以随时全部免除或部分减免该儿童的学费,免费的最长期限不超过6个月,但减免学费不应当被视为对这些父母的施舍。"如果贫困家庭儿童选择入学的学校是民办学校,那么地方教育委员会可以替这类儿童支付全部或部分学费。该法第二十五条规定:"学校委员会认为合适的话,可以随时在不超过6个月之内延长期限,替本学区入初等学校就学而其父母无力支付学费的儿童支付全部或部分学费,但条件是这类儿童必须进入公立的初等学校(包括接受议会拨款的民办学校)。"

① W. Cunningham Glen, *The Elementary Education Act*, 1870, London: Shaw and Sons, Fetter Lane, 1870: 12.

② W. Cunningham Glen, *The Elementary Education Act*, 1870, London: Shaw and Sons, Fetter Lane, 1870: 3.

③ J. S. Maclure, *Educational Documents - England and Wales* 1816 *to the present day*, New York: Methuen and Co. Ltd, 1979: 102.

在建立专门免费学校上，该教育法案第二十六条规定："地方教育委员会有理由使教育署确信，在他们的学区内某个地方是穷人聚居区，提供一所免费学校是为了方便学生从教育中受益。地方教育委员会根据这类条款和条件按照教育署的规定提供这类学校，允许学生进入这类学校而不用交任何费用。"①

但从实施的结果来看，对贫困家庭儿童支持力度不够。它表现为：首先，第二十五条规定很少实施。1872年，在英格兰和威尔士只有43个委员会为13 265名儿童向民办学校付费。② 其次，申办免费学校困难。1876年教育署拒绝曼彻斯特地方教育委员会在非常贫困地区开办免费学校。③

（5）改革公共教育财政制度

《1870年初等教育法》不仅建立了英国第一个公共教育制度，而且改革了公共教育财政制度。该教育法案第五十三条明确规定了地方教育委员会的财政来源："根据本法，地方教育委员会支出费用称学校基金。学校基金来源于学费、议会拨款，或者贷款筹集来的，或者地方教育委员会以任何方式获得的收入以及地方教育委员会根据本法规定筹措到的不足部分。"简而言之，地方教育委员会的财政来源主要是三方面：一是学费，每个学生每周最高不超过9便士；二是议会拨款；三是地方教育委员会以任何方式获得的收入主要是地方税或捐赠。在特殊情况下，可以获得贷款和补偿拨款。

《1870年初等教育法》是英国历史上第一个教育法，它建立了公共的初等教育制度，奠定了整个英国教育制度的基础。此后的50年，英国政府不断加强推进初等教育的发展，出台一系列教育政策法规来完善公共的初等教育制度。自该教育法案规定为本学区儿童提供充足的设施后，这一直

---

① W. Cunningham Glen, *The Elementary Education Act*, 1870, London: Shaw and Sons, Fetter Lane, 1870: 129.

② G. Sutherland, *Policy - Making in Elementary Education* 1870—1895, London: Oxford University, 1973: 168.

③ G. Sutherland, *Policy - Making in Elementary Education* 1870—1895, London: Oxford University, 1973: 170.

是英国政府教育工作重心。这样，依据《1870 年初等教育法》建立的公立初等学校有两种类型：一类是业已存在的民办学校（voluntary school）中接受政府拨款学校（provided school）；另一类是委员会学校（board school），即政府在学校"空白"地区新建的学校。《1870 年教育法》并没有一步到位实现强迫的义务教育。英国教育史学家邓特（H. C. Dent）也提到，1870 年法案并未规定强迫入学，虽然常常误传该法案是这么规定的。① 该教育法案授权地方教育委员会在本地区实行强迫入学，但在实施过程中是很不平衡的。

2.《1876 年教育法》（1876）

为了改善初等学校的入学问题，新托利党副主席桑登（M. Sandon）于 1876 年向英国议会递交了议案，最终通过了《1876 年教育法》（Education Act 1876），也称《桑登法案》（Sandon's Act）。

（1）家长的责任是让子女接受初等教育

《1876 年教育法》规定，每位家长均有义务使其子女接受足够的读、写、算初等教育，违反者将受到处罚。同时规定，禁止招收 10 岁以下童工，否则雇主将受到处罚；禁止招收 10—14 岁童工，除非他们在通过读、写、算四级水平考试后获得皇家督学颁发的工作许可证，或者在这五年期间平均每年在校学习 250 天。

（2）设立入学督促委员会

《1876 年教育法》规定，由地方教育委员会负责实施；在未成立地方教育委员会的地区，设立入学督促委员会（School Attendance Committee）来负责。②

《1876 年教育法》在推进英国直接强迫教育上迈出了重要的步骤，这使得强迫教育问题从地方教育委员会问题中分离出来。儿童达到一定的读

① 邓特：《英国教育》，杭州大学教育系外国教育研究室译，杭州：浙江教育出版社 1987 年版，第 9 页。

② G. Sutherland, *Policy - Making in Elementary Education* 1870—1895, London：Oxford University, 1973：134.

写算水平才能被颁发工作许可证，这实质上是间接强迫入学理念在立法上的另一种变体。由于《1876 年教育法》的实施情况并不顺利，主要是与童工雇佣形成了尖锐矛盾，因此，接着又通过颁布了《1880 年教育法》（*Education Act* 1880），也称《芒德拉法案》（*Mundella's Act*）。该教育法规定，地方入学法规优先于所有的童工法；在没有地方入学法规的地区，儿童在 14 岁前被雇佣需达到一定的文化水平。

3.《初等教育（盲聋儿童）法》（1893）

英国政府关注特殊教育始于 19 世纪末，此前残疾儿童主要由慈善机构或私人机构看护。1893 年，英国议会通过了《初等教育（盲聋儿童）法》〔*The Elementary Education （Blind and Deaf Children） Act*〕。该法案规定，必须将那些由于聋哑原因不能正常阅读或与正常儿童同班学习的儿童送入特殊学校就读，并由学区的学校委员会、城镇和乡村区议会和郡自治市学校入学委员会负责实施；盲聋儿童的强制义务教育年限为 7—16 岁。[①]

《初等教育（盲聋儿童）法》的颁布是英国政府负起残疾儿童教育责任的开端。但随着初等教育普及以及公立初等学校中有缺陷儿童的增多，1899 年英国议会又通过了《初等教育（有缺陷和癫痫儿童）法》〔*The Elementary Education （Defective and Epileptic Children） Act*〕，规定学校委员会应该为身体和心理有缺陷儿童及癫痫儿童提供初等教育。1913 年，又通过了《1913 年智力缺陷法》（*The Mental Deficiency Act of* 1913），要求地方教育当局向本地区 7—16 岁年龄段的缺陷儿童提供教育。事实上，到 1913 年时，318 个地方教育当局中已有 175 个地方教育当局依据 1899 年《初等教育法（有缺陷和癫痫儿童）法》实施，有 177 所特殊学校为约 12500 名智力缺陷儿童提供服务。[②]

4.《1918 年教育法》（1918）

随着《1870 年初等教育法》颁布后的初等教育发展，1918 年 8 月 8

---

① 王承绪：《英国教育》，长春：吉林教育出版社 2000 年版，第 152 页。

② The Committee of Enquiry into the Education of Handicapped Children and Young People, *The Warnock Report*, London：Her Majesty's Stationery Office，1978：15.

日，英国又颁布了《1918 年教育法》（*The Education Act* 1918），也称《费舍法案》（*Fisher Act*），其以枢密院教育委员会主席费舍（Herbert Albert Lawrence Fisher）的名字命名。该教育法案进一步完善了英国国民教育制度，对所有未来的公民提供教育机会和设施。

（1）建立全国公共教育系统

《1918 年教育法》第一条明确规定："为了建立所有人可以从中得益的全国公共教育系统，每个郡议会和郡自治市议会的职责应该是：通过促进本地区教育的发展和全面组织本地区教育，力尽所能地为此作出贡献。"① 该教育法案第二条第一款也再次明确："通过中心学校、中心班级或特殊班级提供或确保充足和合适教育。"具体来讲，为 2—5 岁的儿童开办幼儿学校。5—14 岁为义务教育阶段（初等学校分为 5—7 岁和 7—11 岁两个阶段）；在有条件的地区，可以将义务教育的年龄提高到 15 岁。为超龄的青少年设立业余夜校。私立学校第一次被认为是属于公共教育管理的范围。费舍在下议院介绍教育议案的演讲中的一段话很好地诠释了这一目标的含义："教育是生活中美好的东西，它应该比目前更为广泛地由这个国家的儿童和青年所享用。我们认为，教育对一个人来说是全面的，包括精神的、智慧的和身体的教育；而且拟定一个具有某种共性，同时又容纳很大的差异性的教育计划，并非是文明资源所不及。……在现存环境中，只有依靠国家进一步强制立法的保护，成长中的一代的生活才能免遭工业压力的有害影响。"②

（2）完善强迫入学制度

与《1870 年初等教育法》相比，《1918 年教育法》完善了强迫入学制度。首先是延长义务教育年限。该教育法案第八条第一款规定，任何 5—

---

① Arthur A. Thomas，*The Education Act*，1918，London：P. S. King & Son, Ltd.，1919：109.

② 费希尔：《费希尔向下议院介绍教育议案而作的声明》，瞿葆奎主编：《教育文集·英国教育改革》，北京：人民教育出版社 1993 年版，第 20—23 页。

14 岁儿童都必须入学，而没有例外情况。① 也就是说，接受义务教育的法定年龄延长了一年。同时，还授权地方教育当局在一次大战结束之后可以再延长一年义务教育，即用 15 岁替代 14 岁。第八条第二款再次强调了这一规定："15 岁作为地方教育法规要求父母送孩子入学的最大年龄替代 14 岁，并且任何地方教育法规要求 14—15 岁儿童入学可以适用于所有这个年龄段的儿童（除已在特殊职业领域被雇佣的儿童）。"②其次是取消"豁免"制度。该教育法案第八条第一款规定："任何豁免入学规定（或者细则中的豁免规定）中所授予的权力或委任责任均停止实施。"③ 再次是对父母在义务教育中的职责作了明确规定。假如父母不将自己的孩子送入初等学校，而送入其他学校或机构，那么起诉父母的程序将会启动，他们的抗辩将会失败。除非这些学校或机构向地方教育当局或教育委员会的督查开放，或者这些学校或机构保持令人满意的入学注册记录。

（3）初等学校一律实行免费入学

虽然 1891 年英国通过了《学费法案》，使得 5—14 岁儿童的大部分学费已经免除，而由政府承担，但《1918 年教育法》规定对初等教育实行全部免费。该教育法案专门列出"废除公立初等学校学费"一章。第二十六条第一款规定："任何公立初等学校不许收取学费或其他费用，除了《1906 年教育法》规定的（午餐提供）费用和 1909 年地方教育当局法规定的（医疗）费用。"第二款还对失去学费收入的民办学校进行补偿："从指定日期开始的五年期，教育委员会将每年向维持学校的管理者拨款，但这笔款不由地方教育

---

① Arthur A. Thomas, *The Education Act*, 1918, London: P. S. King & Son, Ltd., 1919: 114.

② Arthur A. Thomas, *The Education Act*, 1918, London: P. S. King & Son, Ltd., 1919: 128.

③《1870 年教育法》规定："离儿童居住地三公里内没有公立学校"是豁免入学的条件之一，但《1876 年教育法》已修订为"在两英里内没有（初等学校）"。《1918 年教育法》第八条第七款则规定："地方教育法规中不再包含这类距离的规定"，明确了儿童居住地与学校的距离不再是豁免入学的条件。

当局提供，而是由议会拨出，在指定日期之前直接支付。"①

《1918年教育法》还延续了1914年的《坎普报告》中关于教育经费的基本政策，即中央与地方的经费分担要尽量相等，政府补助要配合地方经费开支而随时扩展，并改革了拨款方式。首先是授权教育委员会决定教育经费的分配方法和支出总额，可以全权支付地方教育局的任何支出，只要这些支出是合法的。其次是确立了中央和地方政府各承担一半的原则。再次是规定对于非拨款学校因废除学费造成的损失，由地方教育当局给予补足。

（4）对企业主雇佣儿童的严格限制

虽然《1876年教育法》曾限制雇佣10岁以下儿童，但《1918年教育法》又将雇佣儿童的年龄提高到12岁以上。该教育法案第十三条第一款规定："不准雇佣12岁以下儿童；在星期天雇佣12岁及12岁以上的儿童不能超过两小时，不得在学校上课日放学之前雇佣儿童，不得在任何上午6点钟之前或者晚上8点钟之后雇佣儿童。地方教育局可以视职业的具体情况，有必要从保护儿童的利益出发，制定地方法规，允许12岁及12岁以上儿童在学校上课日之前雇佣或者被父母雇佣"；但根据地方法规，雇佣儿童允许学校上课日的上午9点之前必须限制在一小时之内，在下午不准超过一小时。第十五款规定："假如地方教育当局根据校医报告或其他报告，确信儿童被雇佣的方式是有害他的健康和身体生长（或者致使儿童不能从教育中获得好处），可制止雇佣。或者地方教育当局认为合适时，对他的这样或那样的雇佣方式附加条件，尽管雇佣是由本法的其他规定或其他条例授权的。"②

《1918年教育法》的颁布不仅使得英国在历史上第一次建立了包括幼儿学校、初等学校、中等学校和职业学校在内的公立学校系统，而且第一次实现了英国初等教育的免费；另外扩大了地方教育当局资助教育的范

---

① Arthur A. Thomas, *The Education Act*, 1918, London: P. S. King & Son, Ltd., 1919: 129.

② Arthur A. Thomas, *The Education Act*, 1918, London: P. S. King & Son, Ltd., 1919: 121—125.

围，并开始对中等教育提供财政资助。可以说，《1918年教育法》不仅延长了义务教育年限，而且完善了强迫入学制度。对此，英国经济学家和历史学家托尼曾这样指出："无论《1918年教育法》有什么缺点，它毕竟做了两件极为重要的事。它在英国历史上第一次赋予地方教育当局组织更高阶段教育的责任；第一次宣称，任何能获益于更高教育的儿童都不得因无力缴纳学费而受不到这种教育。"①

# 小　结

在英国，从《1870年初等教育法》至《1918年教育法》颁布，政府的政策目标是：不管父母是否贫穷，不管父母属于任何教派，让所有儿童接受初等教育。为此，政府要建立公共教育制度，使"每个学区必须拥有足够的公共的初等学校，为居住本地区的所有儿童提供有效的、适当的初等教育。"②

在这一时期，强迫入学和免费教育是国民教育的两个紧密联系的重要特征，但英国政府较多地关注前者而极少关注后者，或者说对免费教育缺乏兴趣，直至1918年才实现免费的初等教育。英国政府用了将近50年时间建立起免费的强迫的初等教育制度，在英国教育发展史上具有开创性意义，是教育从少数人享受的特权向大多数人开放的开端，是教育民主化进程中的第一篇章。在这一进程中，以下因素起到重要推动作用：工业革命胜利为英国教育发展提供了强大的物质基础，并向教育提出了发展要求；工业革命使英国上层建筑包括阶级结构、政治力量结构、意识形态等都发生了根本性变化。执政党推行资产阶级民主政治，推出一系列社会改革政策（包括教育政策）以解决工业革命带来的社会问题，改善工人阶级的生

---

① 托尼：《人人受中等教育》，瞿葆奎主编《教育学文集·英国教育改革》，北京：人民教育出版社1993年版，第29—30页。

② W. Cunningham Glen, *The Elementary Education Act*, 1870, London: Shaw and Sons, Fetter Lane, 1870: 5.

存状态；英国上层阶级中有识之士的先进教育理念为普及初等教育注入了精神源泉。资产阶级的自由主义思想、功利主义思想以及空想社会主义思想在当时中产阶级和工人阶级中极具影响力，滋养了所有儿童受教育机会均等的理念。

在实现受初等教育机会平等目标的策略上，英国政府采取在提高儿童入学率的同时，尽可能利用民办学校资源和家长的学费支持，具体策略有：建立地方教育管理机构和改革财政拨款制度；从间接强迫入学到直接强迫入学；儿童受义务教育的年限逐步延长；建立国民教育制度，学校开办由政府和教会共同承担，逐步过渡到以政府开办为主。在《1870 年初等教育法》颁布后，对直接强迫入学制度的建立起推动作用的是《1876 年教育法》和《1880 年教育法》这两个教育法案，促使每个地方教育当局形成了强迫入学的机制。在财政上，英国政府逐步增加对教育的拨款，使普及初等教育有了财政保障，同时由于充分利用教会办学资源，从而使义务教育普及率后来迅速超过了欧洲其他国家。

教育史学界一直认为，与欧洲大陆和美国相比较，英国国民教育制度缺乏革命性和彻底性。英国教育史学者劳森（J. Lawson）和西尔弗（H. Sliver）就认为，《1870 年初等教育法》是 19 世纪英国最切实可行的妥协的教育法案。它并没有建立免费的强迫的教育，但使建立免费的强迫的教育成为可能。它并没有超越民办学校，只是弥补民办学校的不足。[①] 但是，如果从公平的受教育权利高效率普及初等教育的视角来看，其意义远远不止这些。

当然，应该看到，在这一时期，尽管《1870 年初等教育法》为英国公共教育制度奠定了基础，并通过《1918 年教育法》最后实现了免费的初等教育，但英国公共教育制度还是存在根本性缺陷的，即初等教育和中等教育两部分互相不衔接。这也为所有儿童平等地接受中等教育设下了障碍。

---

① J. Lawson and H. Sliver, *A Social History of Education in Education in England*, New York: Methuen & Co. Ltd., 1973: 314.

# 第二章

中等教育机会均等与以选拔性为基础组织中等教育
(20 世纪 20—50 年代)

随着初等教育的普及，英国民众对中等教育的热情日益高涨。但是，从 1914 年到 1945 年正值第一次世界大战到第二次世界大战，战争使英国政府和民众经历了前所未有的考验，物质生活异常匮乏。然而，战争也拉近了各阶层之间的距离，上至女王陛下下至平民百姓团结一致，出现了前所未有的民族团结局面，共同面对战争残酷现实，取得了战争的胜利。与此同时，战争也改变了英国民众的思想观点，他们对平等以及公民权利有了更深刻的认识，孕育了福利国家的思想。因此，在两次战争期间，正是英国中等教育普及的重要时期，逐步实现了中等教育机会均等，同时也是入学机会高度竞争时期。

## 一、社会和教育背景

### 1. 社会背景

1914 年 8 月 1 日德国对俄宣战，3 日又对法宣战，4 日英国站在俄法方面参战，于是第一次世界大战爆发。第一次世界大战历时四年，于 1918

年以协约国胜利告终。由于英法作为战胜国对战败的德国在战争赔款上处置不当，德意法西斯主义趁机抬头，仅隔 22 年时间，第二次世界大战再次爆发。从战争到战争，对英国社会的影响是全方位的，不仅对英国经济造成重创，而且极大地影响了民众生活。但是，战争促进了英国政治的进步和民主化，有力地促进了基础教育政策的发展。

（1）两次大战期间的经济状况

第一次世界大战历时四年多。战后，虽说在 1919—1920 年经历了短暂的繁荣，但其结构性的伤害却难以补救。从 20 年代起，英国经济一直处于不景气状态。尽管通过《凡尔赛条约》，英国殖民地版图扩大了，但是其世界经济霸主地位开始丧失。1929—1933 年，爆发的世界性经济危机波及英国，使之失业率很高、民众生活很苦以及物资特别匮乏，因而 30 年代被称为"饥饿的时代"。1935 年，英国的经济在工业国中第一个开始出现复苏迹象。但战争的阴霾密布，英国保守党政府开始进行军备准备。1940 年春天，英国在温斯顿·丘吉尔为首的三党联合政府领导下参战。1942 年 1 月，英、美、苏、中等 26 个国家建立反法西斯统一战线。1945 年 9 月，历时六年的第二次世界大战以盟军的胜利告终，尽管英国又是战胜国，但二战后已经从世界一流强国的地位上迅速滑落。世界上出现了两个超级大国——美国和苏联，而英国逐渐向欧洲二流国家萎缩。[①] 但是，对英国来说，第二次世界大战又是一次"人民的战争"，它导致"人民的和平"，战争孕育了人民对"新英国"的期盼。

（2）政党的更替变化

第一次世界大战对英国政治的冲击是多方面的，政党的更替体现在自由党的衰落和工党的崛起。由于自由党不可能代表工人阶级的利益，因此，当工党以工人党的面目出现时，工人选民大量涌向工党，从而使工党得到了急速发展。1923 年，工党领袖拉齐姆·麦克唐纳（La Qimu McDo-

---

[①] 钱乘旦、许洁明：《大国通史——英国通史》，上海：上海社会科学院出版社 2007 年版，第 335 页。

nald）组阁，成为英国历史上第一届工党政府。此后，工党便与保守党轮流执政。工党的阶级基础除了工人阶级，还有中产阶级。1918 年，工党特别大会通过的党纲明确提出，其目标"是在生产资料公有制和对每一工业或行业所能做到的最佳的民众管理与监督的基础上，确保手工和脑力生产者获得其辛勤劳动的全部成果和可行的最公平的分配"①。这就是所谓的工党党章第四章"公有制条款"。该条款近百年来一直是工党作为"左"翼政治力量的象征。工党一方面在纲领中许诺要为广大的工人阶级争取最大程度的利益，把工人阶级的利益放在首位；另一方面作为一个遵守资本主义议会选举规则的宪政党，要顾及工人阶级之外的选民的需求并争取得到他们的支持。

（3）福利国家思想的萌生

福利国家思想在二次战争期间萌生。20 世纪 30 年代，约翰·凯恩斯（John Keynes）的《就业、利息和货币通论》发表，否定了从亚当·斯密开始的放任自由主义理论传统，提出要用国家干预的方式刺激消费、促进生产，达到充分就业，从而消灭贫困。② 凯恩斯主义为英国向福利国家过渡准备了理论基础。1941 年，第二次世界大战尚未结束。英国联合政府曾组织一个委员会来考虑战后的社会发展问题，由威廉·贝弗里奇（William Beveridge）爵士任委员会主席。1942 年 12 月，该委员会发表了著名的《贝弗里奇报告》（*The Beveridge Report*），为二战后建立一个完整的福利体系勾画了蓝图。这是一个包罗万象的社会保障体系，让所有英国人，不分阶级，不分贫富，都有权享受社会福利制度的保护。这份报告受到了饱经战争之苦的英国民众的热烈欢迎。因此，英国政府以一系列的社会政策奠定了"福利国家"的基础，体现在就业、教育、家庭津贴、国民保险、国民医疗保健等方面。实行免费的中等教育就是福利政策中的一项福利。1948 年，上述各种政策开始生效，英国基本上实现了社会福利制度。"福

---

① 阎照祥：《英国史》，北京：人民出版社 2003 年版，第 356 页。
② 钱乘旦、陈晓津：《英国——在传统和变革之间》，成都：四川人民出版社 2003 年版，第 181 页。

利国家"的确立,不仅大大改善了多数民众的生活,而且也为人人受中等教育营造了良好的社会环境。

2. 教育背景

英国中等教育的发展有三个历史渊源:一是大约在中世纪与大学同时发展起来的文法学校和公学,称古典中学,属于捐赠部分;二是在工业革命中诞生的中产阶级为其子女开办的民营学校和私立中学,属于私立部分;三是沿着初等教育普及过程中为年龄较大或较聪明儿童开设的高级课程基础上发展起来的中等教育,属于公立部分。

(1) 社会上层子弟的中等教育

英国当时公认的中等教育,主要由面向少数贵族子弟的文法学校和公学承担,称为"狭义的中等教育"。其中,文法学校起源于宗教活动,并逐渐从宗教活动中分离出来。学校形式的文法教育出现在 12 世纪。到 13 世纪结束前,英国的主要牧师会大教堂和教区教堂都办了这类学校。例如,在林肯主教管区就出现了六所学校,分别是巴顿(Barton)、帕特尼(Partney)、格林姆斯比(Grimsby)、合恩卡斯尔(Horncastle)、波士顿(Boston)和格兰萨姆(Grantham)文法学校。文法学校最初教授"七艺",即文法、音乐、修辞学、逻辑学、数学、天文学和几何学。到 16 世纪时,文法中学的教学内容与大学的普通教育已有着明显的区分和衔接:"七艺"的高级部分由算术、几何、天文和音乐组成,属于大学;初级部分由文法、修辞和逻辑组成,相当不系统。[①] 除了教堂举办的文法学校,16 世纪后半期伴随着教育慈善的浪潮,出现了一批捐赠文法学校(Endowed Grammar School)。捐赠者是商人阶层,特别是伦敦富裕的企业家和批发商。16 世纪以后,还有一些文法学校是私立的,其具体做法与捐赠文法学校相似。尽管文法学校创办之初是为贫困家庭儿童提供学习机会,但实际上他们很少能进文法学校学习。

---

① The Consultative Committee, *Secondary Education - with Special Reference to Grammar Schools and Technical High Schools*, London: HM Stationery Office, 1938: 3.

公学的办学经费来自捐赠，不依附教堂，相当独立。英国最早的公学是建立于 1382 年的温彻斯特公学（当时称温彻斯特学院），由温彻斯特大主教威廉·威克尔（William Wykeham）捐资创办。英国第二所公学是 1440 年由亨利六世捐资创办的伊顿公学，以温彻斯特的章程为蓝本，但规模比温彻斯特公学大得多。尽管公学初创时期主要招收有才华的贫穷学生，但是，由于公学毕业生大多获得了社会地位较高的职务，使得公学到 18 世纪时主要招收社会特权阶层和富人子弟，以升入古典大学为目的。

（2）中产阶级子弟的中等教育

工业革命中，新兴的中产阶级拒不接受文法学校和大学那些枯燥无味、脱离实际的课程。他们开始赞助私立学校，为自己的子弟提供比较现代化的教育。[1] 于是，民营学校（proprietary schools）和私立中学应运而生。其中，民营学校是仿效公学类型的寄宿学校，契合财富快速积聚的中产阶级要求。这种学校中，最著名的是彻尔特纳姆学院（Cheltenham College，1841）、马尔巴勒学院（Marlborough College，1843）、罗塞尔学校（Rossall School，1844）、拉德里学院（Radley College，1847）、威灵顿学院（Wellington College，1853）、爱普森学院（Epsom College，1855）、布拉菲尔德学院（Bradfield College，1859）等。这些学校提供的教育带有一定职业教育倾向。

私立中学的标准较低，并迎合家长开设某些实用课程。英国教育家托马斯·阿诺德（Thomas Arnold）1832 年曾描述了这样的学校："在某些情况下，他们是初等学校，更加常见的是，他们通过私人运作作为个人和家庭获利手段。学生获得算术、历史、地理、英语语法和作文的教学。……也教初步物理学，为了将来参与专门商业生活，比如农业，他要学习土地调查，如果他打算进入商界，那要学习会计。"[2]

---

① 邓特：《英国教育》，杭州大学教育系外国教育研究室译，杭州：浙江教育出版社 1987 年版，第 6 页。

② The Consultative Committee, *Secondary Education - with Special Reference to Grammar Schools and Technical High Schools*, London：HM Stationery Office, 1938：26.

1861 年，英国政府任命了一个由克拉伦敦伯爵弗雷德雷克（G. W. Frederick）为主席的克拉伦敦委员会，对公学和所有寄宿学校进行了调查。1864 年，该委员会发表调查报告指出：全国中等学校总的分布是不足的，尤其在人口密集地区。中等教育不但概念不清晰，而且也没有适当的课程区分以适应不同的需要。从整体上看，捐赠学校和民营学校质量最好，而私立学校是令人最不满意的。①

（3）公立中等教育的萌芽

公立中等教育是随着公立初等教育体系中高级教学的发展而产生的。在 19 世纪最后 20 年里，高级教学的组织形式和课程相当多样。1895 年，中等教育皇家委员会发表报告特别支持公立中等学校制度，包括对初等学校中希望继续接受教育的学生的转学安排。该委员会建议，应当建立一个中央教育当局。这一建议在 1899 年通过的《教育委员会法》中得到实施。《1902 年教育法》在英国中等教育发展史上具有里程碑意义，授权新成立的地方教育当局资助高级教学。该教育法第二条第一款规定："地方教育当局应该关注本地区的教育需求，并采取对当地来说必要的措施，对初等教育以外的教育，提供经费或提供资助，促进各类教育之间的总体协调。"② 这里的"初等以外的教育"主要是指高级教学。之后，出现了郡立中等学校（Council Secondary Schools）。

（4）免费学额制度的实施

在英国，文法中学面向贵族阶层子弟；而初等学校主要面向社会下层子弟，与捐赠的公学和文法中学并不相通，而是平行发展。免费学额（Free Places）制度的实施，使这两条平行线有了一个交集。1907 年，英国政府颁布《中等学校章程》，规定所有接受中央教育委员会资助的中等学校必须每年将其招生总数的 25% 作为免费学额，招收初等学校优秀毕业

---

① The Consultative Committee, *Secondary Education - with Special Reference to Grammar Schools and Technical High Schools*, London：HM Stationery Office，1938：30.

② Montague Barlow and H. Macan（ed.），*The Education Act*，1902（Second Edition），London：Butterworth & CO，1903：102.

生。这是从初等学校到大学的"奖学金阶梯"（scholarship ladder）。免费学额制度不仅使国家在奖学金投入上大幅增加，而且社会下层子弟有机会进入文法中学。据统计，1916—1917 年，在约 200000 名中学生中，有近62000 名学生享受免费学额。1920—1921 年获得免费学额的学生中，42％来自中下阶层，41％来自熟练工人家庭，17％来自非熟练工人家庭。① 免费学额制度成为沟通公立初等教育和传统中等教育系统的唯一通道。

起初，许多历史悠久的文法学校讨厌这些免费生，但随着时间的流逝以及这些免费生所表现出来的才能，这种偏见慢慢地消失了。但这一制度所造成的最令人不快的后果是：由于免费学额往往大大少于报考者，因此，许多初等学校开始系统地辅导优等生，以应付正在形成的高度竞争性的考试。② 而且，随着免费学额的增加，人们对如何选拔候选免费生产生兴趣，主要集中在地方教育当局和教育心理学家所进行的智力测试，因此，智力测试的公正性在 20 世纪 30—50 年代一直是争议的焦点。

总之，在英国，中等或中等以上的学校作为儿童（主要是男生）接受进一步教育的机构，要么是属于社会上层和富裕阶层的子弟，要么是属于通过能力筛选上来的儿童。在 10％接受中等教育的儿童中，其所受的教育也是分层的，其所属的阶级地位决定他受中等教育的学校类型，而学校类型又决定了其未来的职业前途。因此，中等教育机会不公平的问题十分突出。

## 二、基础教育理念

一战结束后，随着福利国家思想的萌芽、民众对现行双轨制教育制度的不满以及对接受中等教育的期盼，酝酿成中等教育机会均等运动。英国教育史学家西尔弗（H. Silver）指出，这一运动的起始点发生在 20 世纪

---

① J. Lawson and H. Sliver, *A Social History of Education in Education in England*, New York: Methuen & Co. L., 1973: 381.
② 邓特：《英国教育》，杭州大学教育系外国教育研究室译，杭州：浙江教育出版社1987 年版，第 14 页。

20 年代。在这场运动中，工党扮演了急先锋角色，站在工人阶级立场上对不公平的教育制度给予猛烈抨击，提出"人人受中等教育"的口号。对教育公平问题的讨论首先出现在政治领域，同时心理学家基于智力研究成果论证了入学筛选的合理性。这一时期的主要代表人物有经济学家和历史学家托尼、教育心理学家西塞尔·伯特等。这些理念对 20 世纪三四十年代英国中等教育政策的形成产生了重要影响。

1. 托尼：教育机会平等与全民中等教育

作为英国工党的教育发言人，英国经济学家和历史学家托尼（R. H. Tawney）1922 年曾写过《人人受中等教育》（*Secondary Education for All*）一书，提倡全民中等教育的思想。1931 年，他又发表著名的《平等》（*Equality*）一文，在对英国国民教育体系进行细致考察的基础上，对英国国民教育体系进行了严厉批判，并提出了"人人受中等教育"的著名口号。托尼的教育公平和中等教育普及思想后来在 1924 年上台的工党政府教育政策上得到了体现。他的《人人受中等教育》一书很快就作为工党的一项政策宣言出版，其提出普及中等教育目标成为工党在 20 世纪 20—40 年代教育政策的基础。实际上，这为《1944 年教育法》奠定了理论基础。

（1）教育机会平等应该成为一项公共政策原则

托尼对 20 世纪初期的英国国民教育体系进行了批评，因为 1902 年以后初等教育和中等教育是作为两种分离的制度而得到发展的。他指出："差不多到 19 世纪末，英国的公共教育是作为一种阶级制度发展起来的，初等教育是贫民的教育……中等教育是富人的教育。初等和中等教育的划分不是建立在教育因素之上，而是建立在社会和经济因素之上的。教育分化不是始于小学之后，而是之前；与儿童的前途无关，而与家长的地位有关。"[①] 他还指出："这种沿着社会阶级划分而发展起来的组织结构是英国

---

① 托尼：《人人受中等教育》，瞿葆奎主编：《教育学文集·英国教育改革》，北京：人民教育出版社 1993 年版，第 31 页。

教育遗传的恶疾。"① 在托尼看来，教育机会平等应该成为一项公共政策原则，整个基础教育（初等教育和中等教育）是提供给英国所有的儿童和青少年的教育。因此，他明确说："初等教育的改善和中等教育的发展在于使所有正常的儿童都能在 11 岁后从初等学校或预备学校过渡到任何一所中等学校，并在那里学习到 16 岁，而不管他们的父母的阶级、职业或收入情况如何。"② 建立一种新的公立中等教育制度，使每个青少年都应该有机会接受中等教育，这是英国在 20 世纪 20 年代所面临的最重要的教育政策问题。

（2）对免费学额制度的批判

托尼对"免费学额"政策隐含的阶级利益冲突进行了深入分析。他认为，在发展中等教育上，可以采用两种策略：一种是包容的，通过努力保证使除明显低能者之外的所有儿童都在青少年期进入某种形式的中学；另一种是排斥的，通过把全日制中等教育看作是为具有特殊才能的儿童保留的一项特权。从当时英国基础教育现实来看，大多数地方教育当局采取了第二种策略，即排他性的选拔。也就是说，英国的教育制度是为精英服务的教育制度。

（3）建立"人人受中等教育"的国民教育体系

在对《1918 年教育法》的意义给以肯定的同时，托尼又指出，差不多到 19 世纪末，英国的公共教育是作为一种阶级制度发展起来的，初等教育是贫民的教育，中等教育是富人的教育。为了改变这种情况，他认为，建立统一的初等和中等教育制度在英国已经成为当务之急，国家应该使所有的青少年受到各式各样的中等教育。建立这样的一种制度是工党政府的政策，因此，托尼强调指出："工党已把刻不容缓地健全教育制度并使之适合民主的社会，作为一项极其重要的教育政策。根据这项政策，初等教育和中等教育是统一的、连续的教育过程中的两个阶段。其中，中等教育是

① R. H. Tawney, *Equality*, London：Allen and Unwin, 1931：142.
② cited S. J. Curtis, *The History of England Education since* 1800, London：University Tutorial Press Ltd. , 1968：184.

为青少年的教育，初等教育则是它的预备阶段的教育。"① 在他看来，这个新的教育综合设想将消除一般的阶级不平等和经济压力等问题。但是，它的实现首先受到教师配备和学校设施的限制。

2. 伯特：基于智力测验的入学筛选

20世纪20年代，智力理论兴起对英国基础教育政策产生极大的影响。在美国心理学家推孟（L. M. Terman）倡导的智力测验理论下，智力的恒常性和遗传决定论迅速被持有精英主义教育观的保守党政府所利用，并成为英国"11岁选拔考试"的理论基石。英国教育心理学家西塞尔·伯特（Cissell Burt）深受推孟智力测验理论的影响，积极倡导智力测试。伯特与一批心理学家被吸收到中央教育咨询委员会智力测试分委员会，从事智力测试设计与分析等研究工作，其目的是"减少规模较大学校对个别学生的关注和特殊训练的因素，设计一种对没有任何准备的候选人公平或者接近公平的选拔程序"②。1924年，伯特将智力测试分委员会的研究成果写成备忘录，1938年《斯宾斯报告》第二部分收录了这份备忘录。

（1）中学选拔考试应在11岁进行

伯特认为，11岁以后最引人注目的特征是智力方面发展迟缓，一般智力发展到了极限。它渗透到儿童思考、说话、做事等活动中，是决定儿童学习所有因素中最重要因素。换句话说，那些可测量能力的成熟迄今已进化到相当一致的速度，并相互之间紧密联系。儿童个体的某些质变，特别是特殊性向和兴趣的出现，在11岁之后变得显而易见。因此，他说："智力之所以可以测量，是因为一般智力，大致稳步上升到12岁，但之后上升速度明显下降。操作测试显示，16岁以后一般智力进一步发展非常少，智力成熟较早完成可能与身体成熟一样属于相同原因。而例外情况非常少，在较早年龄预测儿童最终智力发展水平达到一定准确程度是可能的，但千

---

① H. C. Barnard, *Brief History of England Education*, 1760—1944, 1947：274.

② P. E. Vernon（ed.）, *Secondary School Selection——A British Psychological Society Inquiry*, Fakenham：Wyman and Sons Ltd, 1957：23.

37

真万确，这只是一般智力，对特殊性向或兴趣并不有效。"①在伯特看来，智力测试是可以筛选出具有学术能力的儿童，而且在 11 岁选拔是可行的，因为 11 岁之前是儿童一般智力快速发展期，而在 11 岁之后基本是不变的。

（2）教育类型应根据个体差异作相应变化

伯特认为，个体之间的一般智力发展存在巨大差异。有能力的儿童继续发展时间比一般儿童要长，尽管在青春期以后相对缓慢。能力逊常儿童以及智力缺陷儿童更早到达一般智力发展的最终阶段。一个儿童与另一儿童的差异远远超过一般人想象，每个正常儿童都沿着同样的课程前进是错误的。因为每个儿童的心理年龄与实际年龄比仍然接近一致，随着他的实际年龄增加，其心理差异将越来越大，到青少年时期达到最大。因此，伯特强调说："儿童从 11 岁开始差异明显，如果公正地对待他们能力的差异，要求教育类型在某些重要方面作相应变化。"② 在 20 世纪 20—50 年代，伯特的入学筛选理论成为英国"11 岁选拔考试"和三类中学制度的理论基础，其实质上为精英教育观提供了心理学基础。

## 三、基础教育政策目标与策略

这一时期，英国基础教育政策目标主要体现在 1926 年的《关于青少年教育的报告》、1934 年的《关于文法中学和技术中学的中等教育报告》、1943 年 的《诺伍德报告》以及《1944 年教育法》上。基于让所有青少年受中等教育并以选拔性为基础组织中等教育为目标，这一时期的教育政策凸显出以下策略：（1）让所有青少年都能接受中等教育；（2）逐步延长义务教育年限到 15 岁；（3）重视儿童发展差异和以选拔性为基础组织中等教育；（4）确立各类中学之间的平等地位；（5）义务教育年限再延长到 16 岁；（6）三类学校的三类课程和确立三类中等学校的教育结构体系；

---

① The Consultative Committee, *Secondary Education - with Special Reference to Gram-mar Schools and Technical High Schools*, London：HM Stationery Office, 1938：123.

② The Consultative Committee, *Secondary Education - with Special Reference to Gram-mar Schools and Technical High Schools*, London：HM Stationery Office, 1938：125.

（7）建立面向所有青少年的免费的初等和中等教育相互衔接的公共教育体系；（8）提供免费的学校服务；（9）关注残疾儿童的初步融合教育。

### 1.《关于青少年教育的报告》（1926）

在20世纪20年代以后的20年里，中等教育的发展是英国在二战前最引人注目的运动之一。1923年，刚刚执掌政权的工党政府明确宣布把"人人受中等教育"作为该党的教育政策的基础。于是，为了解决中等教育问题，于1924年2月任命了以哈多（Williams Henry Hadow）爵士为主席的教育咨询委员会，授权调查文法中学和公学以外适合15岁前全日制在校儿童的组织、目的和学习课程状况，并对超过入学正常年龄的个别学生转到中学的安排提出建议。该委员会成员包括托尼、贝克（E. Borker）、沛西·能（Percy Nunn）等。1926年10月，委员会完成了《关于青少年教育的报告》（*Report on The Education of the Adolescent*），亦称《哈多报告》（*Hadow Report*）。

《哈多报告》试图将托尼的"人人受中等教育"理想变成政策蓝图。作为英国教育委员会咨询委员会在两次世界大战之间的一份最重要的报告，其目的是对英国国家教育制度尤其是中等教育制度作出规划。该报告的"导言"明确提出："在我们这种如此高度工业化的、如此依赖国家工业成功的国家里，为了国家的成功，甚至为了国家的安全，我们需要最优秀的、最训练有素的国家公民。"[①]

（1）延长义务教育年限到15岁

从所有人接受中等教育的目标出发，《哈多报告》建议，将义务教育年限延长一年，即最早离校年龄提高到15岁。这样，英国全国的年轻一代才能受到足够的训练，成为充实的和有价值的公民。由此，该报告提出，新的单一的、连续的以11岁为分界线的初等和中等教育两段制体系，中等教育成为独立阶段，使得在全国范围内将儿童最低离校年龄提高到15岁变

---

① ［英］《关于青少年教育的报告》，瞿葆奎主编：《教育学文集·英国教育改革》，北京：人民教育出版社1993年版，第54页。

得顺理成章，因为这样可使每个儿童至少接受四年的中等教育。

具体来说，一是向年龄还未达到 10 岁零 6 个月的儿童提供适合他们要求的全日制初等教育；二是向年龄达到 10 岁零 6 个月以上青少年提供适合他们要求的全日制中等教育。因此，《哈多报告》已对初等教育和中等教育作出了明确的界定："初等教育旨在满足儿童的需求，而中等教育则是满足青少年的需求。"①

（2）所有青少年都能接受中等教育

《哈多报告》倡导，全国所有 11—15 岁的青少年都能接受中等教育，并建立满足他们需要的中等教育制度，使中等教育不再是少数青少年的特权。要求地方教育当局为学生接受适当的中等教育作出安排。首先要负责组织选拔性考试，将不同能力的学生安排到不同类型的中等学校去；其次，对不适应当前学校教育的学生作出转学安排，即安排能从中等教育受益直至超过 15 周岁的 12 或 13 岁儿童从中心学校转移到文法学校，反过来也为学习"较慢"的学生从文法学校转移到中心学校或初级技术学校。

虽然学生在 11 岁后经过选拔性考试进入不同形式的中学，但《哈多报告》指出，所有青少年在 11 岁后所受到的各种类型的教育都称为"中等教育"。因此，中等教育的发展是我们这个时代最引人注目的运动之一。

（3）重视儿童的差异

《哈多报告》明确指出，应该重视儿童的差异。20 世纪初兴盛的智力测验使得许多人相信，人的能力和兴趣存在某些差异，通过不同类型的学校适应这种差异既是必要的，也是可能的。为此，假如坚持在所有儿童发展过程中在某年龄应当开始初等后教育是重要的，那么应当记住这种教育只有与儿童的实际需求相关才能成功是同样重要的。由于儿童的天赋多样化，因此，提供的教育必须多样化，课程设置也应该考虑儿童不同需求。该报告指出："平等，简单地说，不是同一性。大部分儿童取得初等后教

---

① The Consultative Committee, *The Education of the Adolescent*, London：HM Stationery Office, 1926：94.

40

育，更本质的是教育不应当将不同类型特征和天赋压入一个模型，然而，教育必须是卓越的，应当提供在类型上和程度上范围足够广的教育机会，以激发多样的兴趣，并培养不同的能力。"①

（4）以选拔性为基础组织中等教育

《哈多报告》指出，以选拔性为基础组织中等教育，使它适应不同能力、不同兴趣的儿童需要以及他们不同的离校年龄和职业前景。其有三种类型：第一种是文法中学，为最有才华的初等学校学生提供文学课程和科学课程，让学生受完 16 周岁教育的中等类型学校，以使他们今后能进大学或从事专业性工作。第二种是现代中学，由现有的选拔性和非选拔性中心学校合并而成，面向 11 岁以上绝大多数的青少年。它在前两年开设的课程与文法中学性质相同，后两年提供实用性质课程，直接与日常生活的现实联系起来，但非职业性质。第三种是高级部（senior departments），由于地方条件限制，不能提供上述两种类型学校，则向超过 11 周岁学生提供高级教学的高级班、中心部、"尖子"班及类似安排，总称高级部。但公立中等教育的发展必须不妨碍文法中学的发展。

该报告强调各种类型学校的地位平等。儿童 11 岁后在现代中学和高级部受到的教育属于"中等教育"的范畴。它并非低人一等，也不应该因为校舍设备劣于文法中学而受到妨碍。该报告指出："我们相信，事实上，只要稍加注意，令人不快的激烈竞争引起的危险将不会非常严重。"②

《哈多报告》提出后，教育委员会原则上接受了这份报告的建议。尽管 1926 年秋保守党政府又替代了工党政府，但保守党政府的教育委员会主席珀西（Enstace Percy）并没有改变这种教育政策。1928 年，政府正式拨款实施哈多重组计划，但随后的经济危机使之搁浅。尽管这样，许多地方教育当局还是按照《哈多报告》的重组原则发展中等教育，一些地方教育

---

① The Consultative Committee，*The Education of the Adolescent*，London：HM Stationery Office，1926：79.

② The Consultative Committee，*The Education of the Adolescent*，London：HM Stationery Office，1926：81.

当局纷纷设立高级学校（senior schools）或高级部。到 1930 年 3 月，全国新建高级部 1186 个；到 1937—1938 年，11 岁以上儿童中 63.5% 在高级部或高级学校学习。① 应该看到，《哈多报告》在中等教育上明确提出了一个目标：实现中等教育机会的平等，但主张以选拔性为基础组织中等教育，保留文法学校。这份报告所确立的政策原则不仅影响了 20 世纪 30 年代后英国中等教育的发展，而且在 1944 年颁布的教育法案中得到了确认。

2.《关于文法中学和技术中学的中等教育报告》(1938)

1933 年，英国政府任命斯宾斯（Will Spens）为教育委员会咨询委员会主席，授权调查向 11 足岁以上的学生提供教育的学校组织和相互关系，即文法中学和技术教育的状况。该委员会于 1938 年提交了《关于文法中学和技术中学的中等教育报告》(*Report on Secondary Education with Special Refrence to Grammer Schools and Technical High Schools*)，亦称《斯宾斯报告》(*Spens Report*)。这份报告主要论述了中等学校的组织以及相互关系。

（1）建立新的中等教育类型——技术中学

在继续发展各种类型中等学校的同时，《斯宾斯报告》建议，建立一种新的中等教育类型——技术中学。因此，《斯宾斯报告》在《哈多报告》所建议的文法中学、现代中学类型基础上，再增加了技术中学类型。其目的是在中等学校中加强技术教育，以便切合社会发展的需要和适应学生的不同性向和需要。基于两方面依据：一是现存中等教育的结构不能满足经济社会发展的需要，二是心理学研究的结果，该报告建议将初级技术学校转变为中等技术教育。该报告还援引了英国教育心理学家伯特的结论："如果要公正地对待他们的不同能力的话，从 11 岁起，不同的儿童就应该受到侧重面不同的各种教育。"② 但文法中学应当继续为那些有可能到大学

---

① J. Lawson and H. Sliver, *A Social History of Education in Education in England*, London: Methuen & Co. Ltd, 1973: 493.

② The Consultative Committee, *Secondary Education - with Special Reference to Grammar Schools and Technical High Schools*, London: HM Stationery Office, 1938: 140.

深造的男女提供适当的课程教学。

该报告还论述了技术教育作为一种中等教育类型的必要性。"我们相信，建立新型的更高层次的技术性学校是非常重要的，这种学校完全不同于传统的学术性文法中学。"作为实现这个目标的第一步，报告建议："正在传授工程工业（我们把建筑工业包括在内）课程的若干现有的初级技术学校和其他可能实施这种训练的学校转变为技术中学，其意义是让这些学校在各个方面得到与文法类中学平等的地位。"① 这种中等技术教育不仅提供具有技术价值的训练、良好的智力训练，而且还让学生获得多种职业的技术价值。

（2）确立各类中学之间的平等地位

《斯宾斯报告》明确指出："在各类中学之间建立平等地位是一项基本要求。"② 它重申各种类型的中等学校享有平等的地位，使那些技术中学在各个方面得到与文法中学平等的地位。"这个原则在《哈多报告》中已有含糊表示，我们希望明确地表达出它的重要性。假如学校提供不同类型的中等教育为父母平等地接受，进入某种类型学校能够最好地发展他们能力的机会能平等地为孩子们所利用，在各种类型的中等学校之间建立平等关系是一项基本要求。"③

其具体表现为：一是各类中等学校的班级和建筑物规模一致；二是各类中等学校的学费相同；三是各类中等学校的毕业证书价值相等；四是各类中等学校的师资和教师待遇应该平等。三种类型的中等学校应该建立教学岗位编制，教师的薪资将不再直接取决于其服务的学校类型。

（3）义务教育年限再延长到16岁

《斯宾斯报告》建议，将义务教育年限再延长一年，即最早离校年龄

---

① The Consultative Committee, *Secondary Education - with Special Reference to Grammar Schools and Technical High Schools*, London：HM Stationery Office, 1938：272.

② ［英］《关于文法中学和技术中学的中等教育报告》，瞿葆奎主编：《教育学文集·英国教育改革》，北京：人民教育出版社1993年版，第123页。

③ The Consultative Committee, *Secondary Education with Special Reference to Grammar Schools and Technical High Schools*, London：HM Stationery Office, 1938：376.

提高到 16 岁。学校之间的平等意味着，在这些不同类型的中等学校里最早离校年龄提高到大致相同的水准。同时还建议，用开放式的 13 周岁转学制度补充为所有三类中学所设的 11 岁选拔性考试，即学生 13 岁时可以在所有中等学校之间转学。

鉴于三类中学并行发展可能造成的教育机会的不平等，该报告指出："我们关注、确保并强调所有类型的中等学校的平等……可以相信，我们的建设性建议将在很大程度上帮助弥补我们教育制度的缺陷。"①

《斯宾斯报告》是对《哈多报告》的补充和发展。它的三类中等学校设想在二战前被英国公众广为接受，并推动了英国中等教育的发展。同时，它的一些建议为《1944 年教育法》的制定和颁布奠定了一定的政策基础。虽然该报告并不赞成建立"多科性学校"（multilateral school），但它呼吁各类中等学校贯彻"多科性思想"（multilateral idea），这为二战后体现教育公平的综合中学（comprehesive school）的建立和发展打下了思想基础。

3.《诺伍德报告》（1943）

由于初等教育与中等教育的衔接以及中等学校的组织问题已经解决，因此，迫切需要解决未来中等学校的课程和考试问题。1941 年 10 月，教育委员会主席巴特勒（R. A. Butler）授权以西里尔·诺伍德（Cyril Norwood）爵士为主席的中等学校考试委员会考虑修改中学课程和学校考试有关的问题并提出建议。1943 年，该委员会向教育委员会提交了《关于中等学校课程和考试的报告》（*Report on Curriculum and Examinations in Secondary Schools*），也称《诺伍德报告》（*The Norwood Report*）。事实上，这份报告追随了《斯宾斯报告》关于"三类中等学校"的设想。

（1）中等教育是儿童发展的第二级阶段

《诺伍德报告》提出，中等教育是儿童发展的第二级阶段，持续健康

---

① The Consultative Committee, *Secondary Education - with Special Reference to Grammar Schools and Technical High Schools*, London: HM Stationery Office, 1938: 274.

地生长意味着，从初等教育到中等教育变化是一个过程。由于这个原因，所有学校提供的中等教育将有某种程度的相似性，但是，因为中等阶段的功能是满足特殊兴趣和性向，一种类型课程和另一种类型课程之间的差异随着儿童年龄增大而越来越明显。中等教育作为一个系统必须公正地对待学生个人和社会，每种类型要为满足儿童的不同需求而奋斗，同时为那些有特殊需要的学生提供特殊教育形式。[①]

（2）三类学校的三类课程

《诺伍德报告》提出，根据历史经验，儿童大约分为三类：第一类是那些对学习本身感兴趣，能够很快把握一个论点或沿着一条线索进行推理的儿童，适合接受文法学校课程教育，进入专业或高级管理或商业职位；第二类是在应用科学和应用工艺领域有明显兴趣和能力的学生，他们拥有超常或中度智力，这类儿童拥有工程师和其他技工所特有的一系列特殊兴趣和独特性向；第三类儿童表现为在实践领域对具体事务或具体操作感兴趣，这类儿童的智力水平接近或在一个有限的范围，他的思维总是比较慢，作为适合他们的教育类型更清晰地呈现，提高离校年龄，课程变得越来越有柔性和灵活性，使得他们的特定兴趣和性向得到发展的机会。[②]

上述三种智力类型对应的三种课程类型是：第一种最有个性特征的课程是适合那些对各领域知识能作连贯和系统学习的人；第二种课程类型将紧密地导向（尽管不完全）与特定职业类型相联系的专门数据和技能，它的前景和方法总是与工业、贸易和商业等多样性行业密切相关；第三种课程类型使人的心智和身体达到平衡训练，并提供与人文、自然科学和艺术相关的知识与技能，足以使学生承担起生活和工作，它的目的不是为特定工作或专业做准备，而是唤起对实际工作的兴趣。

这三类课程相应地由现存的三类学校提供：一是文法学校的课程应该

---

① The Secondary School Examinations Council, *Curriculum and Examinations in Secondary Schools*, London: HM Stationery Office, 1943: 5.

② The Secondary School Examinations Council, *Curriculum and Examinations in Secondary Schools*, London: HM Stationery Office, 1943: 3.

持续至 18 足岁，输送大部分学生进入大学或各种类型（专业）学院进一步学习，大部分学生应当进入商业和工业界。文法学校的质量标准维持在较高水平上，这取决于大学和其他高等学校对学习质量的追求。二是中等技术学校的功能首先是提供 16 足岁进入工业和商业的训练，满足地方工业现状的需求，并且在可能和适宜情况下，为 16—18 岁青年提供先进的学习设施。当前这类学习经常在技术学院进行，与初级技术学校保持密切联系。三是现代中学提供的课程密切联系学生与当前环境相关的兴趣，采用实践的具体的方法，目的是提供一个一般背景，唤醒学生进入具体职业前对生活和公民身份的多方面兴趣，但不提供任何特定职业的专门训练。[1]

（3）将不同类型的儿童分配到不同类型的学校

《诺伍德报告》提出，将不同类型儿童分配到不同类型学校变得异常重要。但是，区分儿童是一个过程，儿童的区分应该基于小学教师的判断，以智力和其他测试作为补充方法。小学教师有机会对他的学生形成判断。小学教师对学生的一般兴趣和某些能力的判断要基于对儿童平时学习的观察，例如，小学生显示出来的持续努力的能力——作为考虑推荐适当教育最重要的因素。这些重要因素由经过培训的小学教师汇编成学校记录。学校记录意味着由了解该儿童并教过他的老师积累的该儿童的发展历史，它包含进步的客观记录，值得考虑的特殊环境；这样对决定他未来最合适教育提供不可缺少的前瞻性判断，这种判断将对以后负责他的教育的人提供指导。10 岁或 11 足岁的区分不能被认为是最终的，必须提供修正错误的机会，以解决发展迟缓或不能完成预先设定学业的情况。由于这个原因，报告倡导进入中等学校学生一般前两年属于"初级学校"（Lower School），由专门教师负责观察每个学生的进步和发展。两年结束时，每位学生应当经过仔细、技术娴熟地评审，在大约 13 周岁时升学，进入适合学生的高级形式教育。这类升学不应该是自动的或由低年级学校升学的自然

---

① The Secondary School Examinations Council, *Curriculum and Examinations in Secondary Schools*, London: HM Stationery Office, 1943: 20—21.

结果，它不仅因为依据有资格的判断，而且要提供更高形式适合那些升学的需要的课程。于是，利用小学记录和其他考试以及在"初级学校"一个时期的观察和判断，区分儿童变成一个过程，在这个过程中考虑为有关学习提供时间和机会，而不是依赖考试成绩的快速判断。

《诺伍德报告》是《哈多报告》（即《关于青少年教育的报告》）、《斯宾斯报告》（即《关于文法中学和技术中学的中等教育报告》）的延续。它采纳了《斯宾斯报告》关于三类中等学校的建议，也与《哈多报告》提出的中等教育重组计划的原则吻合，因而受到政府的欢迎，为《1944年教育法》奠定了基础。

4.《1944年教育法》（1944）

为了改革英国教育制度，教育委员会主席巴特勒（Richard Archer Butler）于1943年12月向英国国会提交了一项提案。这个提案1944年8月3日在国会获得通过而成为《1944年教育法》（*The Education Act 1944*），在英国教育史上以《巴特勒法案》（*Butler Act*）著称。作为从《1870年初等教育法》颁布到二战结束前英国教育史上最重要的一个进展，《1944年教育法》在加强国家对教育的领导、整顿地方教育行政机构、规划公立学校和私立学校等方面作出了明确的规定。该法案成为英国基础教育公平发展史上又一个里程碑。二战后英国教育的改革和发展就是以这个教育法案为基础的。

（1）建立面向所有青少年的免费的初等和中等教育相互衔接的公共教育体系

《1944年教育法》目的在于建立初等教育、中等教育和继续教育三个相互衔接又有递进关系的公共教育体系，实现托尼提出的"人人受中等教育"的目标。该法案第七条简要阐明了这一目标："法定的公共教育系统将由初等教育（primary education）、中等教育（secondary education）和继续教育（further education）三个衔接的阶段组成，地方教育当局将在它们的权限范围之内，致力于本地区公众精神、道德、心理和身体的发展，通过保证提供那些阶段的良好教育来满足本地区公众的这些需要。"①事实上，这一目标率先在《哈多报告》中提出。该报告第三部分指出："我们认为对教育政策目标总的认识必须是，不仅仅选拔少数儿童进入中等学校阶段，而是确保第二阶段充分灵活，包含足够多样类型的学校，满足所有儿童的需要。"② 为此，该报告建议应重新划分教育阶段：初等教育至 11周岁结束，此后为初等后教育阶段，取代现行的几乎所有的儿童接受"基础"（elementary）教育至 14 岁，极少数儿童从 11 岁起接受"中等"（secondary）教育的重叠分类。③ 该报告率先在理论上厘清了英国当时中小学校阶段混乱的局面。1943 年的《教育重建》白皮书进一步明确了这一目标："新的重建方案是基于这样一个原则性的认识，即教育是在各个连续的阶段实施的一个连续的过程。……儿童从 5 岁开始至义务教育结束年龄，将分为两个阶段，第一阶段称为初等教育，直至 11 岁结束；11 岁以后称为中等教育阶段，多样但地位平等，提供给所有儿童。"④ 由此可见，政府目标是让所有儿童都有接受中等教育的机会，实现的方式是多样而地位平等。英国教育史学家考恩在总结 1944 年以来的教育改革时也指出："《1944年教育法》要解决的核心问题，便是建立一种面向所有年轻人的中等学校教育体制。"⑤

其次，《1944 年教育法》实现的是免费的中等教育，地方教育当局只可以收取部分寄宿费用。该法案第六十一条规定："禁止在地方教育当局

① ［英］《1944 年教育法》，瞿葆奎主编：《教育学文集·英国教育改革》，北京：人民教育出版社 1993 年版，第 4 页。

② The Consultative Committee, *The Education of the Adolescent*, London：HM Stationery Office, 1926：78.

③ The Consultative Committee, *The Education of the Adolescent*, London：HM Stationery Office, 1926：76.

④ The Bord of Education, *Educational Reconstruction*, London：HM Stationery Office, 1943：1.

⑤ 考恩：《1944 年以来英国教育改革》，瞿葆奎主编：《教育学文集·英国教育改革》，北京：人民教育出版社 1993 年版，第 764 页。

维持的学校中和郡立学院中收费。"①这意味着地方教育当局开办或维持的选拔性中学（包括文法中学和技术中学）学费都将取消，这些学校的学额全部取决于入学选拔考试。此外，收费学校的学费也由地方教育当局承担，实现全部免费的中等教育。

（2）义务教育年限再延长一年

在义务教育年限上，《1944年教育法》规定，延长义务教育年限一年，从原来的14岁提高到15岁，并为今后提高到16岁做准备。该法案第三十五条提出："'义务教育年龄'指5—15岁之间的年龄，因此，5岁以上、15岁以下的儿童将被视为义务教育年龄的儿童"；"一旦教育和科学国务大臣相信，把义务教育年龄的上限提高到16岁是切实可行的，他将向议会提交枢密院令草案，指令本条的上述规定仍将有效，有关15岁的条文将作为16岁的条文。"② 为了使每一个义务教育适龄儿童接受教育，该法案还明确规定，家长有保证子女接受教育的职责，对没有履行其职责的家长，地方教育当局要负责通知他们并下达书面的"就学令"，如家长仍不履行其职责，将受到罚款或监禁。

（3）确立以选拔性为基础组织的中等教育结构体系

《1944年教育法》规定，中等教育应扩展到所有青少年。尽管仍分文法中学、现代中学和技术中学三种类型，但在同一地区可以设立"多科性学校"或"双科学校"。该法案对中等教育结构没有作出明确规定，而是将这一权利授予了地方教育当局。该法案第八条规定："如果一个地区开办的学校没有在数量、性质和设备方面足以向所有学生提供教育机会，没有按照学生的不同年龄、不同能力、不同性向以及他们可能在校学习的不同时期提供令人满意的各种教学和训练，包括适合学生各自需要的实科教

① ［英］《1944年教育法》，瞿葆奎主编：《教育学文集·英国教育改革》，北京：人民教育出版社1993年版，第48—49页。
② ［英］《1944年教育法》，瞿葆奎主编：《教育学文集·英国教育改革》，北京：人民教育出版社1993年版，第173页。

育和训练，那么将认为，该地区没有开办足够的学校。"① 这一条款的模糊表述，为地方教育当局设立何种中等教育机构留足了空间。因为根据儿童的年龄、能力和性向而提供的教育，既可以在选拔性中学也可以在综合性中学中进行。但从实施的结果来看，40 年代各地方教育当局偏好发展多种类型中等学校。

（4）提供免费的学校服务

在学校服务上，《1944 年教育法》规定，地方教育当局必须为所属学校的学生提供免费的学校保健服务以及牛奶和午餐服务等。该法案第四十八条提出："各地方教育当局将负责作出安排，保证向地方教育当局维持的学校或郡立学院中接受初等教育、中等教育或继续教育的学生提供免费医疗。"第四十九条提出："地方教育当局负责向地方教育当局维持的学校和郡立学院的在校生提供牛奶、膳食和其他点心。"②

（5）关注残疾儿童的初步融合教育

1941 年，教育委员会颁布的绿皮书《战后教育》以"健康和身体健康儿童的福利"为题，并专章讨论了有关残疾儿童的照顾和教育。③ 该绿皮书建议，应立法作出规定，使大多数儿童在普通学校接受教育，并在区域基础上为身体缺陷或心智障碍的残疾儿童建立少数寄宿特殊学校等。其建议在《1944 年教育法》中得到了体现。

因此，《1944 年教育法》规定，地方教育当局有责任为每个残疾儿童提供合适的特殊教育，轻度残疾儿童可以在普通学校接受教育。地方教育当局必须特别照顾那些身体残缺或心智障碍的儿童的需要，保证为他们设立特殊学校或提供特殊教育措施。该法案第八条提出："要保证做好准备，在特殊学校或其他学校，向身心残疾的学生提供特殊教育措施，也就是

---

① ［英］《1944 年教育法》，瞿葆奎主编：《教育学文集·英国教育改革》，北京：人民教育出版社 1993 年版，第 145—146 页。

② ［英］《1944 年教育法》，瞿葆奎主编：《教育学文集·英国教育改革》，北京：人民教育出版社 1993 年版，第 185 页。

③ The Committee of Enquiry into the Education of Handicapped Children and Young People, *The Warnock Report*, London: Her Majesty's Stationery Office, 1978: 18.

说，通过适合残疾学生的特殊方法提供教育"。① 第三十八条还规定，有缺陷儿童的父母有权为孩子选择在普通学校就读。应该说，《1944 年教育法》将特殊教育视为义务教育的构成部分，其有关残疾儿童的条款与 1921 年的法规相比，在教育公平方面有了重大进步。因此，从 1944 年以来，残疾儿童不再被另眼相看。为他们提供的"特殊教育措施"是地方教育当局职责的一部分，是为学龄儿童提供的适合于他们年龄、才能和倾向的各种教育措施的组成部分。

《1944 年教育法》的颁布标志着二战后英国新的基础教育体制的确立。这个教育法案进一步加强了英国在国家层面上对基础教育的控制，最后完成了自《1870 年初等教育法》颁布后开始的基础教育国家化进程，并形成了初等教育、中等教育和继续教育相互衔接的现代国民教育制度，因而从根本上结束了英国公立学校制度混乱的状况。《1944 年教育法》的颁布，英国从 1945 年 4 月 1 日起所有公立中等学校免费的规定开始生效。实现了早在 20 年代初提出的"人人受中等教育"的目标。英国教育史学家邓特指出：这个教育法案关系到我们每一个人，成为英国"在后来的 25 年内教育空前大发展的序曲"②。英国教育学者劳顿（D. Lawton）指出：这个教育法案"确立了为所有人提供免费和义务中等教育的原则"③。英国教育社会学家哈尔西更是指出："1944 年以后，在趋于教育机会公平上有了明显的进步。"④

① ［英］《1944 年教育法》，瞿葆奎主编：《教育学文集·英国教育改革》，北京：人民教育出版社 1993 年版，第 146 页。

② 邓特：《英国教育》，杭州大学教育系外国教育研究室译，杭州：浙江教育出版社 1987 年版，第 22 页。

③ 劳顿：《1988 年教育改革法前后英格兰和威尔士的教育与培训》，瞿葆奎主编：《教育学文集·英国教育改革》，北京：人民教育出版社 1993 年版，第 780 页。

④ A. H. Halsey, *Origins and Destinations：Family, Class, and Education in Modern Britain*, Oxford：Clarendon Press, 1980：202.

# 小　结

从一战到二战结束这段历史时期，英国政府颁布一个具有里程碑意义的政策法规《1944 年教育法》，实现了英国人民期盼已久的"人人受中等教育"的理想。在《1944 年教育法》颁布之前，政府委托咨询委员会做了大量的调查研究工作，连续发表了《哈多报告》、《斯宾斯报告》和《诺伍德报告》三份咨询报告，为两党在基础教育政策上达成共识铺平了道路。工党与保守党在建设福利国家的社会政策目标上达成共识，使人人接受免费中等教育成为福利政策一个重要组成部分。

从政策目标来看，这一时期英国的基础教育政策目标主要是建立初等、中等和继续教育相互衔接的公共教育体系，实现人人可以享受的免费的中等教育。在如何实现人人受中等教育目标上，当时的中央教育委员会接受了《哈多报告》、《斯宾斯报告》和《诺伍德报告》三份咨询报告的建议，以选拔性为基础组织中等教育，即发展文法中学、现代中学和技术中学等三类学校，成为二战后英国重建中等教育的总政策。

从教育政策的理论基础来看，托尼的"人人受中等教育"的主张带有强烈的公平取向。而伯特的"入学筛选"理论强调的是选拔程序的公正，是非常有限的公平目标，其实质是精英教育的观念，为英国形成精英教育制度提供了心理学基础，含有效率取向。

从基础教育政策效应来看，随着《1944 年教育法》的颁布，从第二次世界大战结束到 50 年代初，英国各地方教育当局大多以三类学校的方式重建和发展中等教育，以满足经济发展的需要和不断增长的接受中等教育的需求。其中，发展最快的是现代中学、发展最慢的是技术中学。从学校数量来看，1947 年，英国有现代中学 3000 所，文法中学 1200 所，技术中学 317 所；到 1956 年，现代中学发展到 3636 所，文法中学 1200 所，而技术中学只有 303 所。从入学人数来看，二战后初期，现代中学学生数占中学生总数的 70％ 左右，文法中学的比例 20％，技术中学还不到 4％。①

从策略层面上看，这一时期延长义务教育年限至 15 岁、设立足够的中学让所有青少年接受中等教育、提供免费的牛奶和午餐服务、对残疾儿童实行融合教育等策略直接指向公平目标，但发展三类中学，并通过"11 岁选拔考试"将儿童分为三类分配到三类中学，让有学术能力的少年进入文法中学和技术中学，享受优质教育，而学术能力薄弱的少年进入质量较差的公立的现代中学，导致教育过程严重的不平等。

《1944 年教育法》最后完成了自《1870 年初等教育法》颁布后开始的基础教育国家化进程，并形成了初等教育、中等教育和继续教育相互衔接的现代国民教育制度，因而从根本上结束了英国公立学校制度混乱的状况，实现了早在 20 世纪 20 年代初提出的"人人受中等教育"的目标。但是，《斯宾斯报告》和《诺伍德报告》中关于建立"三类学校地位平等的管理体系"、"开放式的转学制度"以及通过学习过程"区别儿童"而非取决智力测验等建议被忽略了，未能成为《1944 教育法》中的条款，因此使得三类中等学校地位平等的设想化为泡影。其结果是三类中学沿着三条轨道各自发展，演变成很不平衡的"三轨制"。

---

① 王承绪：《英国教育》，长春：吉林教育出版社 2000 年版，第 370 页。

# 第三章

## 追求教育过程和教育结果公平
### (20 世纪 60—70 年代)

第二次世界大战结束至 20 世纪 70 年代中期，是英国经济高速发展的时期，在政治上工党和保守党两党进入"共识"时期，两党都赞同扩展社会福利政策，让民众免受贫困之苦，消除社会阶层间差异。基础教育作为社会福利政策的一个组成部分，也得到迅速的发展，追求教育过程和教育结果的公平成为这一时期基础教育政策的主导价值目标。

### 一、社会和教育背景

#### 1. 社会背景

1945 年第二次世界大战结束，工党在英国大选中获胜，面对战后经济的困境，工党政府继续推进福利国家政策，并不失时机地推出国有化政策。由于这些政策符合战后民众对"新英国"的期盼，1947 年底工业生产总值就恢复到战前水平，之后经济持续增长。这样的社会经济政策在二战后约 20 年时间里效果很好。这一时期，经济稳定，失业率低，民众生活水平明显提高，英国似乎已走进了一个"富裕社会"时代，民众为自己创造了前所未有的繁荣。①

（1）"富裕社会"时代的混合经济

1946 年，工党政府对英格兰银行国有化，从而开始了国有化进程。两年时间里，煤矿、民航、铁路、公路、运输、煤气、钢铁、电力等部门相继完成国有化。从实行国有化的行业来看，主要是公用性质的部门，还有一些部门则是长期亏损的行业，如煤矿等。但国有化仍然是巨大的理念变化，在英国这样一个自由资本主义的发源地，国有化意味着双重否定。它意味着"社会主义"是一种可以接受的实践，而资本主义也可以是不"自由"的。于是，形成了一种奇特的经济政策——"混合经济"。在这种经济制度下，国有企业和私有企业共存，"计划经济"和自由竞争也同时起作用。国家不仅通过立法来干预经济，而且下达指标对经济发展实行"指导"。国家并不直接参与生产与经营活动，却可用"计划"来引导经济发展的方向；同时，用税收的手段调节财富的分配，用福利制度来保障最低的生活标准。这样，英国社会发生了显著的变化，在财富享受方面虽然社会上层和下层之间贫富差距仍然很大，但差距正在缩小。

（2）"共识政治"与政治重心下移

1947 年，保守党工业政策委员会提出的《工业宪章》被视为保守党思想转变的一个重要文件。② 在经济政策上，保守党基本接受福利国家和计划经济的思想，这表明保守党与工党的共识大于分歧。在政治意识上，保守党向左转了点，而工党开始向右转，这样两党政治上距离进一步缩小，而表现出"共识政治"。在"共识政治"期间，英国政府制定政策的权力结构发生了转移，表现为上院的权力日渐衰落，权力的重心倾向下院。上院议员由世袭贵族构成，可以否决下院通过的法案。但 1949 年的《议会法》规定，上院对下院所通过的法案只能行使一年的延置权，一年之后该

---

① 钱乘旦，许洁明：《大国通史——英国通史》，上海：上海社会科学院出版社 2007 年版，第 342 页。

② T. F. 林赛，迈克尔·哈林顿：《英国保守党 1918—1970》，复旦大学世界经济研究所译，上海：上海译文出版社 1979 年版，第 154 页。

法案将自动成为法律，送英王批准。这样，上院在立法方面的权力几乎被剥夺殆尽。1958 年议会通过的《终身贵族法》规定，国王不可以册封"终身贵族"，终身贵族不可世袭。1963 年颁布的《贵族法》规定，世袭贵族可以放弃世袭头衔而成为平民，在一定程度上弥合了贵族和平民之间参与政治的人为鸿沟。1948 年制定的《选举权法》实行彻底的一人一票制，把过去残存的一人多票现象完全消除了。1969 年又规定，凡年满 18 岁的英国公民，不分男女，都有权参加选举。因为下院议员普选产生，代表民意，因而在英国政策制定中具有举足轻重的意义，民众的意愿在政策中能够得到较多的表达。

2. 教育背景

二战后，随着经济的增长和政治上的改革，"宽容社会"理念的盛行，传统的社会限制的松动，使得自由和自主的理念日益为人们接受，权威主义的方法已逐渐失去市场。因此，民众对教育的认识和期望也发生了变化，教育被看作更多的人获得个人幸福和财富的一个重要途径。同时，影响扩大教育机会的另一个重要因素便是人口增长，人口因素对教育发展的影响比任何时期要显著。20 世纪 50 年代初，教育发展计划已经考虑越来越多的儿童将进入中学和大学。① 政府在公共教育上的支出十年间几乎翻了一番，初等教育和中等教育都有了长足的发展。

（1）中等教育的发展

自《1918 年教育法》颁布后，英国实现了强迫的免费的普及的初等教育。之后政府把主要精力放在中等教育的发展上。《1944 年教育法》确立了中等教育按现代中学、文法中学和技术中学三类学校发展的路线，满足了民众对中等教育的迫切需求。

一是现代中学的快速发展。英国教育史学家邓特指出："在 1945 年以

---

① J. Lawson and H. Sliver, *A Social History of Education in Education in England*, London: Methuen & Co. Ltl. , 1973: 428.

后的二十年里，现代中学发展速度之快，意义之重大，是英国所罕见的。"① 不仅如此，现代中学办学目标也有所变化。从 1951 年开始，新的以单科考试为特点的普通教育证书（GCSE）考试取代了学校证书和高级学校证书考试，分普通水平（O-level）和高级水平（A-level）两组，分别在 16 岁和 18 岁举行。"普通教育证书"主要为文法学校学生设计。学生通过规定科目的普通教育证书考试并达到所要求水平后，便可免试进入大学。大学入学标准各异，但最低要求是通过 4—5 门科目的普通教育证书考试，其中至少 2 门必须达到高级水平。许多现代中学便开始增设五年级、开设学术性课程，并鼓励学生在校学习至 16 岁以参加普通水平的普通教育证书考试。学术性课程的设置，使得超过"义务教育年龄"的学生在校人数迅速增加。

二是文法中学的变化。《1944 年教育法》实施以后，1200 所文法中学，其中 231 所属直接拨款学校，160 所仍然保留直接拨款地位。直接拨款学校至少要为公立小学提供 25％免费学额，有些学校甚至更多，比如布里斯托文法中学，除了提供 25％免费学额，还要为地方教育当局提供另外 25％"保留学额"。1950 年，近 83000 儿童进入直接拨款学校，其社会构成也越来越类似公立学校。② 这表明社会中下层阶层子弟开始进入文法中学。

三是技术中学缓慢发展。技术中学由初级技术学校改造而成。《斯宾斯报告》发表后，许多地方教育当局对初级技术学校和商业学校进行改造，招收 11 岁学生，16 岁时技术中学学生可以从事某种职业。他们也可以参加普通教育证书考试，合格者升入高等技术学院继续深造，毕业时可获得土木、化学、机械或电机工程等专业证书。1947 年英国教育委员会对技术中学的特点是这样说明的："它与一个特定的工业（或职业）或若干

---

① 邓特：《英国教育》，杭州大学教育系外国教育研究室译，杭州：浙江教育出版社 1987 年版，第 103 页。

② J. Lawson and H. Sliver, *A Social History of Education in Education in England*, London：Methuen ＆ Co. Ltl. , 1973：421.

工业（或职业）相联系……所设课程带有浓厚的工业或商业色彩，特别适合一小部分有才能的学生的需要，因为它所开设的课程有利于未来就业，这种教材对他们很有吸引力。"① 但英国技术中学的数量相对来说是少的，而且数量还一直在减少。20 世纪 60 年代，技术中学不断增设类似文法中学的课程，因而出现了"文法—技术"双边中学。

（2）基础教育发展中的不公平问题

由于《1944 年教育法》对中等教育的组织结构没有作出明确的规定，文法中学、现代中学和技术中学沿着三条轨道各自发展，因而使得中等教育结构很不平衡，教育过程和教育结果不公平日益凸显。

一是三类中等学校导向地位不同的职业阶层。《1944 年教育法》的实施使得人人受中等教育实现了，但人人所受的并不是多样而平等的教育。《哈多报告》《斯宾斯报告》和《诺伍德》报告建议三类学校相互转学，但并没有实现。而且，民众对这三类中学已形成了完全不同的等级理念。不同类型的中等学校之间也没有获得同等的条件、地位和应有的尊重。文法中学不仅在社会地位上，而且在经济地位上都被认为优于技术中学，因为文法中学的毕业生可以获得较高的薪金和较有保障的职业。技术中学毕业生进入熟练工行业后，在经济和社会待遇方面也享有某些好处。而高级小学（后来发展为现代中学）根本不能提供上述好处，其在民众心目中的威信也必然最低。所以，新的中等教育体制仍然是分割和不统一的。它不但没有兑现原先承诺的废除"11 岁选拔考试"，反而使这种竞争变得更加激烈。英国教育学者考恩（R. Cowen）指出："这个学校教育制度本身确实也提供了通向不同职业的三种不同的轨道。这个学校教育制度是巩固英国社会中的社会经济分层的方式。"②

二是"11 岁选拔考试"的负面影响。儿童进入三类不同的中学是通过

---

① 邓特：《英国教育》，杭州大学教育系外国教育研究室译，杭州：浙江教育出版社1987 年版，第 102 页。

② 考恩：《1944 年以来英国教育改革》，瞿葆奎主编：《教育学文集·英国教育改革》，北京：人民教育出版社 1993 年版，第 769 页。

"11 岁选拔考试"开始的。"11 岁选拔考试"事关儿童的未来，竞争异常激烈。政府投入大量人力和物力确保选拔过程的公正性。"11 岁选拔考试"由各地方教育当局负责举行，但所采用的考试程序大同小异。答卷和成绩送到地方教育当局检验，并将所属地区所有学校的考生根据成绩排列名次。名次线划分的标准大体是根据这一地区现有文法中学的招生数决定的，因此，进入文法中学的学生资格没有绝对的标准。各地方教育当局及其管辖的区域所拥有的文法中学的学额多寡相差悬殊，为此人们一直抱怨不休。此外，竞争愈加激烈的"11 岁选拔考试"迫使小学早在学生 7 岁时就开始进行能力分组，以便让成绩最好的学生为 11 岁考试选拔做准备。这种分组甚至波及幼儿园。同时，社会上到处充斥智力测试培训资料，智力培训机构泛滥，儿童把很多时间花在各种智力测试题上，以期提高成绩。"11 岁选拔考试"所引起的种种弊病，在英国教育制度中是罕见的，因而演化为英国社会的严重问题。

## 二、基础教育理念

《1944 年教育法》实现了"人人受中等教育"的目标，但中等教育三轨制及"11 岁选拔考试"产生教育过程和结果的不平等引起民众不满和教育理论界的争议，推动了对基础教育公平问题的研究，整个研究从入学机会均等转移到教育过程和教育结果的平等。20 世纪 50—60 年代，作为"11 岁选拔考试"理论基础的智力测验理论受到教育心理学领域和教育社会学领域两方面的挑战。同时，基于社会分层和社会流动分析的基础教育公平研究兴起于 20 世纪 50—70 年代，主要探究不同的阶层或不同的群体之间有多少代际变动。这些研究成果对英国基础教育政策产生了积极影响和重要作用，常常被政策文件所引用。这一时期，在基础教育理念上的主要代表人物有心理学家弗农、经济学家格拉斯和教育社会学家哈尔西等。

1. 弗农：教育与儿童智力的变化

英国心理学家弗农（P. E. Vernon）发现推孟智力测验理论的纰漏：初测与再测上下误差 10％，事实上两次测试的间隔时间很短，如果间隔的时间延长则误差的幅度会更大。弗农的研究结论也得到了其他一些学者的有力支持。

(1) 教育在人的智力发展过程中具有重要作用

1955 年，弗农通过研究得出与瑞典教育家胡森（T. Husen）相似的结论：那些接受全日制中等教育和大学教育的人比起那些在 14 岁或 15 岁离开学校又没有接受继续教育的人在智商上要领先 12 点。因此，智力刺激和文化兴趣比很少涉及人的大脑"练习"的做事和闲暇更能促进人的智力发展。[1] 无论从能力水平还是从能力类型上看，在 11 岁时完全正确地区分儿童都是不可能的，这表明基于智力测验的教育资源分配存在着巨大的不平等。

(2) 不同类型的教育导致儿童的智力变化方向是不同的

弗农通过另一项调查研究得出：不同类型的教育导致儿童的智力变化方向是不同的。例如，对南安普敦地区所有 14 岁男生的调查表明，被选拔到文法中学和技术中学的学生的智商在 3—4 年的时间里平均提高了 4.9 分，而被分配到现代中学的学生的智商平均下降了 1.9 分。[2]这个调查结果说明，在文法中学和技术中学中，学生的智力随着教育过程不断提高，而现代中学学生的智力在教育过程中反而降低了。

2. 格拉斯：社会流动处于僵滞状态

20 世纪中叶，伦敦大学经济学院教授格拉斯（D. Glass）领导的研究团队取得了对社会流动的实证性研究中最重要的成就，并于 1964 年出版《英国社会流动》（*Social Mobility in Britain*）一书。他们不是基于阶级分析，而是根据职业等级将整个英国社会设想为七个等级层次组成的社会结构：第一层，专业人员和政府高级官员；第二层，管理人员和行政官员；第三层，非体力的较高级监督或管理人员；第四层，非体力的低级监督或

---

① P. E. Vernon（ed.），*Secondary School Selection——A British Psychological Society Inquiry*，Fakenham：Wyman and Sons Ltd. 1957：105.

② 王承绪、徐辉主编：《战后英国教育研究》，南昌：江西教育出版社 1992 年版，第 113 页。

管理人员；第五层，熟练工人和非体力劳动的事务员；第六层，半熟练工人；第七层，非熟练工人。[1] 格拉斯以 1949 年第一个儿子年龄为 20 岁的男性作为研究对象，运用政治算术（political arithmetic）的方法，描述研究对象的职业阶层与父辈所处职业阶层相联系的状况，探索教育在多大程度上影响社会流动中最终机会和其他方面发展。统计结果表明，在等级的顶端，代际之间有相对大量的自我补充（Self-recruitment），等级制的底层也并非静止不变，中层则有相对多的流动。关键的数据是：在处于顶层的研究对象中，48.5％的父亲属于同样的阶层。[2] 这清楚地揭示了英国社会流动处于僵滞状态。

3. 哈尔西：确保教育机会的实际平等

有些人认为，20 世纪 20 年代英国就基本上实现了教育机会均等，特别是二战以后，随着人们物质生活水平提高和教育体系的扩张，经济因素已不再是阻碍工人阶级儿童接受教育的因素，持续地趋向平等的乐观主义观点日益蔓延。但是，英国教育社会学家、牛津大学教授哈尔西（A. H. Halsey）以实证的研究方法对社会流动的分析回击了这一乐观预测。他认为，对于教育机会平等来说，平等这一老问题仍然存在，只是它的特点和背景变了。

（1）社会流动（通过教育的社会流动）的作用

哈尔西认为，社会分层概念已经超越了阶级对立分析的概念，在教育社会领域"已有一种从阶级更迭的老概念到等级制的职业化思想的转变"[3]。哈尔西以个人家庭出身、教育和职业的经历为起点，以 1972 年数据为样本，探讨社会政策尤其是教育政策使英国的生活机会成功地平等化

---

[1] D. V. Glass（ed.），*Social Mobility in Britain*，London：Routledge and Kegan Paul，1954：31.

[2] D. V. Glass（ed.），*Social Mobility in Britain* ，London：Routledge and Kegan Paul，1954：183.

[3] 哈尔西：《趋向于能人统治吗？——英国实例》，张人杰主编：《国外教育社会学基本文选》，上海：华东师范大学出版社 2009 年版，第 111—112 页。

的作用，研究在塑造新一代中获得的因素（教育）在多大程度上排斥了先赋的因素（家庭出身）。结果表明，二战后家庭的出身与个体所受的教育对其职业地位的影响在同时增长。这种代际社会流动既是教育日益发挥作用的过程，也是家庭出身继续施加影响的过程。与此同时，虽然二战后的经济和技术变化扩大了就业的机会，但是社会和教育的政策没有成功地利用这一形势，以实现一个平等的或能人统治的社会。因此，哈尔西指出："从国民教育体系的建立之初，平等已经是工业化英国教育改革的口号。但总的来说，教育改革失败了。""尽管20世纪六七十年代的扩张滋养了综合中学教育，但这并没有解决平等问题。也就是说，不仅综合学校十分容易适应精英教育，而且英国教育与阶级的联系并没有被斩断，因为那些独立学校仍然保留着。"① 在哈尔西看来，通过高速率的社会流动，尤其是通过教育的社会流动，将减少工人阶级儿童中的才能浪费，并使经济、社会和政治等方面的活动效率更高。

（2）追求教育结果的平等

哈尔西认为，要使教育制度现代化就意味着要实现教育机会公平的原理。但是，在教育公平上，仅仅靠教育政策，平等是永远达不到的。一个社会要想实现平等，就要通过必要的基础性改革，包括就业、收入、住宅等方面。在教育资源的分配上，不采用绝对平均代替有利于优势群体的不公平政策，而是"根据积极的区别对待原则，消除所有专横的偶然的因素而造成的不公平或处境不利"②。尽管哈尔西坚持把教育的社会阶级不平等看作一种去性别化和政治中立问题进行构架，但在他的教育平等理念中暗含一种假设：人人有权利更公平地重新分配生活的机会，例如，接受高等教育、从事高社会地位的工作或在分层化体系中上流社会或优势轨道等，从而将接受教育机会与社会地位获得联系起来。哈尔西实质上将教育公平

---

① A. H. Halsey, *Expansion and Equality*, *from Harold Silver*, *Equal Opportunity in Education*, London：Methuenl & Co. Ltd. , 1973：205—208.

② A. H. Halsey, *Social Mobility and Education*, *from David Rubinstein*, *Education and Equality*, London：Harper and Row，1979：58—78.

内涵拓展到教育结果的平等。

### 三、基础教育政策目标与策略

这一时期，英国基础教育政策目标主要体现在 1959 年的《关于 15—18 岁青少年教育的报告》、1963 年的《我们未来的一半》、1967 年的《关于儿童与他们的小学的报告》、1977 年教育和科学部的绿皮书《学校教育——一份协商的文件》以及 1978 年的《关于残疾儿童及青少年教育的报告》上，基于追求更大的教育机会均等、减少人才浪费的目标，这一时期的教育政策凸显出以下策略：（1）延长青少年的离校年龄至 16 周岁；（2）关注贫困区学校及儿童的教育和以"积极的区别对待"原则对待社会条件不利儿童；（3）将"被剥夺地区"办成"教育优先地区"；（4）大力发展综合中学和确立中学课程为所有学生普遍接受的原则；（5）关注女孩的教育和职业机会；（6）为有"特殊教育需求的儿童"提供特殊的教育支持；（7）强调残疾儿童的融合教育和残疾儿童教育教师的专门培训。

1.《关于 15—18 岁青少年教育的报告》（1959）

1959 年，英国教育委员会咨询委员会主席克劳瑟（G. Crowther）应教育大臣大卫·埃克尔斯（David Eccles）的要求，对英国 15—18 岁青少年教育进行了调查，发表了题为《关于 15—18 岁青少年教育的报告》（*Report of Education entitled* 15 to 18），也称《克劳瑟报告》（*Crowther Report*）。该报告主要论述了英国 15—18 岁青少年的教育，关注了"社会变化和工业需求以及公民个体的需求，15—18 岁男孩和女孩的教育，特别考虑各种水平的总体平衡，并专门研究和检查这个年龄之间各阶段的内部联系。"[①]

（1）各阶层之间接受中等教育机会是不平等的，因而导致人才的浪费

《克劳瑟报告》通过对 929 名陆军和皇家空军新兵的调查得出结论，非熟练工人和半熟练工人的子女受教育年限最短，他们在 15 岁或以前离开学

---

① The Central Advisory Council, *The Crowther Report*, London：Her Majesty's Stationery Office 1959：Forewords.

校的比例分别为 92％和 85％，这一群体少年接受 18 岁以后教育的比例分别是 1％和 2％。而在社会阶层的另一端，专业或管理阶层和非体力劳动者的子女在 15 岁离校的比例分别是 25％和 59％，这一群体中在 18 岁以后继续接受教育的比例分别为 34％和 10％。① 报告指出，各阶层之间接受文法中学第六学级（The sixth form）教育机会不平等，工人阶级子弟由于过早离校，他们的才能大量地被浪费了。而解决这一问题的政策建议是延长义务教育年龄至 16 岁，因为中等教育实质上就是所有青少年教育。

（2）青少年的离校年龄应该延长到 16 岁

《克劳瑟报告》建议青少年的离校年龄应该延长到 16 岁。无论从个人的角度，还是从国家的角度，都应该延长学生的离校年龄。"如果较低层社会集团的有才能的孩子和几乎来自上层社会集团的家庭的孩子都要接受充分的中等教育，那么不扩大义务教育的学习年限，似乎是不可能达到目的的。"② 通过延长青少年的离校年龄，使得当代科技革命不仅能在金字塔的顶端得到反映，而且也能在金字塔的底部得到反映。

该报告还指出，必须把青少年离校年龄的延长视为一件强制性的事情，否则社会各阶层未必都会接受。因此，它提出："只有当中等教育向所有的孩子开放，直至 16 岁时，'人人受中等教育'的理想才会变成现实。……这是社会对所有的年轻公民应尽的职责。"而且，它还提出："如果这一阶梯的坡度不能减小，那么唯一的办法是向爬梯者提供更多的帮助。"③因此，应该制定 20 年教育发展规划，以确保到 1980 年时有半数学生的全日制教育持续到 18 岁。

2.《我们未来的一半》（1963）

1963 年，中央教育咨询委员会颁布了《我们未来的一半》（*Half Our*

---

① The Central Advisory Council, *The Crowther Report*, London: Her Majesty's Stationery Office, 1959: 120.

②［英］《关于 15—18 岁青少年教育的报告》，瞿葆奎主编：《教育学文集·英国教育改革》，北京：人民教育出版社 1993 年版，第 247—248 页。

③［英］《关于 15—18 岁青少年教育的报告》，瞿葆奎主编：《教育学文集·英国教育改革》，北京：人民教育出版社 1993 年版，第 250—251 页。

Future），作为对 1959 年主要针对才能优异那一半学生的报告——《克劳瑟报告》的补充，调查了 13—16 岁 "一般"（average）和 "低于一般"（less-than-average）能力学生的教育问题，也称《纽瑟姆报告》（*The Newsom Report*）。该报告最早对英国社会条件不利儿童生存状况与教育落后关系进行了深入的调查。

（1）关注贫困区学校及儿童的教育

《纽瑟姆报告》通过大量调查指出，贫困区长期投入不足，学校教育落后，社会问题丛生，而政府从未给予更多的关注。"我们没有看到或听到任何事可使得我们相信，对能力稍逊学生的严格教育的问题，在贫困区学校与在其他学校有所不同。"[1] 该报告对贫困区学校作如下界定："学校建筑物等远远低于现代的标准，这些房屋很可能被认为是不适合的，在我们的界定中这些不是贫困区。"只有"在一个社会问题高度集中的社区，我们将归类为贫困区"。为该社区提供服务的学校就是"贫困区学校"。其特征是：教育教学质量低下；儿童健康问题令人担忧；学生出勤率比较低。

基于贫困区教育问题的复杂性，该报告指出，在贫困区，改革不仅仅限于学校，而是需要全面的改革。因为任何社会设施都不是一个"孤岛"，所以需要有一种跨部门的工作组来计划重大行动的"战略"。该报告还建议，对于贫困区儿童的教育应该采取特殊措施：一是对于那些掌握一些技能较慢甚至有极大的困难的学生给予更多支持；二是加强对贫困区学校优秀师资的配备。"任何趋向造成学校教师和学生分类的任命或培养制度都应该避免；任何在现代综合中学进行教学的师范生应该在他们的训练中包含我们学生提出的教育问题的研究。"[2]

（2）通过延长学习年限减少 "能力一般" 和 "低于一般能力" 学生才

---

[1] The Central Advisory Council，*The Newsom Report*，London：Her Majesty's Stationery Office，1963：9.

[2] The Central Advisory Council，*The Newsom Report*，London：Her Majesty's Stationery Office，1963：99.

能的浪费

《纽瑟姆报告》首次从教育的视角而非阶级的视角对儿童的发展进行了分类,对能力一般儿童和逊常儿童的教育和生存环境进行了深入调查,提出了对社会条件不利下儿童给予更多支持的设想。该报告认为"能力一般"和"低于一般能力"学生实际上构成现代中学大多数的男孩和女孩,或者他们在中等以及中等水平以下的综合学校学习,他们大约占同龄组的3/4(只有 1/4 学生进入文法中学和技术中学)。这 3/4 学生又可以分为四个群体:第一个群体,是"一般之上"群体,包括一些学生显示出与大多数文法学校学生类似的能力;第二个群体,规模比较大,他们代表了他们年龄段的"一般"男孩和女孩;第三个群体,通常规模要小些,他们在记忆和应用所学的知识方面相对困难些,在某些学习方面要慢些;第四个群体,是真正落后的学生群体,他们要付出很大的努力才能完成小学应掌握的读写算。"能力一般"和"低于一般能力"学生是指上述第二、第三和第四个群体。①

该报告认为,"能力一般"和"低于一般能力"学生的才能浪费和国家经济发展需求矛盾突出。如果国家打算要挖掘学生资源的话,其方法之一就是延长学校生活。

《纽瑟姆报告》对后来的《普洛登报告》提出"积极的区别对待"原则产生了很大影响,从某种意义上说,《普洛登报告》是《纽瑟姆报告》的延续。同时,对《克劳瑟报告》提出延长义务教育年限至 16 岁的政策建议给予有力支持的,就是《纽瑟姆报告》。在《克劳瑟报告》和《纽瑟姆报告》的影响下,两党政府都致力于延长义务教育年限。1972 年,教育和科学部颁布由时任教育大臣撒切尔夫人签署的教育白皮书《教育:一个扩展的框架》宣告:"本届政府已经实现了一项伟大的改革,即根据《1944年教育法》的条文规定,把义务教育离校年龄提高到了 16 岁。"而且,"还

---

① The Central Advisory Council, *The Newsom Report*, London: Her Majesty's Stationery Office, 1963: 4.

为更新和改善令人不满意的小学追加了大量的资源。……包括为5岁以下儿童提供教育设施方面所作的重大努力。"① 至此，英国义务教育离校年龄提高至16岁。

3.《关于儿童与他们的小学的报告》（1967）

尽管英国初等教育早在20世纪20年代就实现了普及并在数量上得到了发展，但是，直到二战后初等教育的情况并不令人满意。因此，1967年，英国教育委员会咨询委员会主席普洛登（L. Plowden）女士在对初等教育的全国性调查基础上发表了一份题为《关于儿童与他们的小学的报告》（*Children and Their Primary Schools*），也称《普洛登报告》（*Plowden Report*）。

（1）关注初等教育以及向中等教育过渡

《普洛登报告》主要论述了初等教育以及向中等教育过渡的问题，尤其提出要注意社会生活环境条件对教育所产生的不利影响。除论述向中等教育的过渡和能力分组外，这份教育报告明确提出，英国教育政策应该清楚地认识到环境对学校和学校对环境的作用，加强学校与家庭的联系。因为"学校不仅能直接对其学生施以影响，而且可以通过它们与学生家长的关系来施以间接的影响"②。在学校与家庭的联系中，由于社会经济地位越高的家长参加学校的活动越多，例如，学校开放日、学校音乐会、家长—教师联席会议、与校长和教师的谈话等，因此，这就要求政府更多地关注社会经济地位较低的家庭的学生。

该报告还提出，教育的重点是使新的学校与新的住宅同步发展。否则，就有可能使恶性循环一代一代传下去，那就是，越来越多有成就的年轻人从一个都是旧学校的地区向外流失，以及那些在这个地区留下来的教师的事业和技能的丧失。

---

① ［英］《教育：一个扩展的框架》，瞿葆奎主编：《教育学文集·英国教育改革》，北京：人民教育出版社1993年版，第334页。

② ［英］《关于儿童与他们的小学的报告》，瞿葆奎主编：《教育学文集·英国教育改革》，北京：人民教育出版社1993年版，第299页。

（2）将"被剥夺地区"转变为"教育优先地区"

尤其值得注意的是，这份教育报告提出了"被剥夺地区"（deprived areas）和"教育优先地区"（educational priority areas）的概念。由于在"被剥夺地区"的小学操场很小、校舍残破、通道狭窄、教室光线差、教师办公室狭小等，没有办法满足教育和教学的需要，使得生活在这些地区的儿童通常是后进的，因此，这些地区最需要的是正规的和好的小学。实际上，居住在这种地区里的几代人一直都渴望有新的学校、新的教室和各种新的投资。由此，这份教育报告提议，制定一个帮助那些地区学校的全国性计划。"被剥夺地区的学校应该在许多方面得到优先。第一步，就必须把低水平的学校提高到全国平均水平；第二步，要相当谨慎地改善它们。"① 与此同时，要选定"教育优先地区"，根据客观的标准来确定哪些学校需要特殊帮助，并决定政府应给予多少帮助。其中，最重要的事是把更多有经验的、成功的教师投入这些地区，并给他们大量的教师津贴。因此，这不仅要求增加教育资源的总量，而且要求对教育资源进行重新分配。总之，无论出于经济原因，还是出于社会原因，最幸运的儿童与最不幸运的儿童之间在教育机会上的鸿沟应该填平。②

（3）以"积极的区别对待"原则对待社会条件不利儿童

《普罗登报告》提出，对"被剥夺地区"学校采取"积极的区别对待"原则。"积极的区别对待"原则，即在教育资源分配上有必要向社会条件不利地区倾斜，也称"补偿教育"原则（the Compensatory Education）。该报告从两个方面阐述了对社会条件不利儿童采取积极的区别对待原则的必要性。一是任何智商分数代表了遗传禀赋和环境的相互作用。尽管智力分数是潜在能力一个有用的直接指标，但以它决定职业的判断应尽可能推迟。二是环境差异造成教育机会的不平等，例如，家长态度、家庭环境、

---

① ［英］《关于儿童与他们的小学的报告》，瞿葆奎主编：《教育学文集·英国教育改革》，北京：人民教育出版社 1993 年版，第 303 页。

② ［英］《关于儿童与他们的小学的报告》，瞿葆奎主编：《教育学文集·英国教育改革》，北京：人民教育出版社 1993 年版，第 312 页。

学校状况等。因此，这就要求政府更多地关注社会经济地位较低的家庭的学生。这些问题最终集中到教育资源平等分配的问题上。

但遗憾的是，当时的英国政府并没有将这些报告的建议变成法律，而只是拨出一笔款项用于"教育优先区"的实验。在教育大臣克罗斯兰的支持下，英国教育家哈尔西等人设计了一个为期三年的"教育优先区"行动研究计划，得到教育和科学部以及社会科学研究中心共同资助，在伯明翰、利物浦、西雷丁和敦提等四城市进行实验，到1972年项目正式结束时还成立了一个全国性组织——"教育优先区网络"。

《普罗登报告》由于提出了"积极的区别对待"原则和"教育优先区"的概念，因此，在教育公平史上具有里程碑的意义，它率先明确提出了激进的公平原则——"补偿教育"原则，其影响远远超过了英国本土。而且，《普洛登报告》的影响也超出了教育领域。英国教育家哈尔西指出："实际上，《普洛登报告》承担了国家的经济和社会机构的根本性的改革。……要求学校与它们服务的家庭建立伙伴关系，培养儿童能够在这样的社会实施他们的政治、经济和社会权利和职责。"[1]

4.《学校教育——一份协商的文件》(1977)

1974年工党政府上台后，又继续开始对中等教育改组的立法工作，结果产生了《1976年教育法》(*The Education Act* 1976)。这个教育法案以法律形式把综合学校确定为中等教育改组的原则。同年10月，英国首相卡拉汉 (James Callaghan) 在牛津大学拉斯金学院作讲演，要求对一些教育问题开展公众讨论，因而发起了一场关于学校标准的大辩论。正是在这场大辩论中，作为这场辩论主要引导者的教育和科学部于1977年7月发表了一份绿皮书《学校教育——一份协商的文件》(*Education in Schools—A Consultative Document*)。

---

[1] A. H. Halsey and Kathy Sylva，*Plowden: history and prospect*. 2014—8. http://www.educationengland.org.uk/documents/plowden/plowdenore—01.html.

(1) 大力发展综合中学

绿皮书《学校教育——一份协商的文件》提出,英国政府正在全力以赴去终止中等教育选拔制度,大力发展综合中学。"综合中学正处于政府中等教育政策的中心,综合中学的目标是为每个男女儿童提供适合于他们个人的能力、能力倾向以及个人动机的教育机会。它认识到让来自不同家庭背景的年轻人在一起接受教育的重要性。这是造就一个更加团结和理解的社会的必要准备。"因此,"综合中学的课程必须反映学生的多种需要。用教育上的术语来说,即综合中学渴望使我们所有的儿童都达到他们力所能及的最高标准。"①

(2) 确立中学课程为所有学生普遍接受的原则

绿皮书《学校教育——一份协商的文件》又提出,在教育改革中要确立中学课程为所有学生普遍接受的原则。"每个儿童的课程的平衡和广度在各级学校都是关键问题。在义务教育的最后几年尤其关键。"② 这实际上是为了发展所有学生的潜能,并使他们为未来的公民职责和就业挑战做好准备。

(3) 关注女孩的教育和职业机会

绿皮书《学校教育——一份协商的文件》还提出,要关注女孩的教育和职业机会问题。"在 16 岁以前和 16 岁以后的教育中,都应该注意不要让女孩子由于自己的选择而限制了向她们开放的教育和职业机会的范围。可以采取一些积极措施鼓励女孩子扩大和更新她们的期望,并使她们对自己不熟悉的科学技术领域抱有成功的信心。"③

(4) 强调教育质量的重要性

《学校教育——一份协商的文件》这份绿皮书对关于学校标准的大辩

---

① [英]《学校教育——一份协商的文件》,瞿葆奎主编:《教育学文集·英国教育改革》,北京:人民教育出版社 1993 年版,第 417 页。

② [英]《学校教育——一份协商的文件》,瞿葆奎主编:《教育学文集·英国教育改革》,北京:人民教育出版社 1993 年版,第 418 页。

③ [英]《学校教育——一份协商的文件》,瞿葆奎主编:《教育学文集·英国教育改革》,北京:人民教育出版社 1993 年版,第 420 页。

论进行了概括和总结，除论述课程标准、教师以及学校生活外，还特别强调了教育质量的重要性。小学对于学生掌握识字和计算负有重要的和完全的责任；而中等学校课程必须反映学生的多种需要。因此，课程的平衡和广度在各级学校都是关键问题，在义务教育的最后几年尤其关键。这份文件也被视为从追求更大的教育机会均等转向追求教育质量、追求教育效率的开端。

5.《关于残疾儿童及青少年教育的报告》（1978）

在《1976 教育法》第十条规定残疾儿童在普通公立学校中接受教育后，英国社会及教育界对这一做法展开了争论。1973 年 11 月成立了以沃诺克（H. M. Warnock）为主席的英国教育委员会咨询委员会，对英国全国残疾儿童及青少年的教育情况进行了调查。1978 年，该委员会发表了《关于残疾儿童及青少年教育的报告》（*Report of the Education of Handicapped Children and Young People*），也称《沃诺克报告》（*Warnock Report*）。

（1）要满足有"特殊教育需要儿童"的需要

《沃诺克报告》首次提出了一个广义的特殊教育概念，建议用"特殊教育需要（special educational needs）儿童"取代"缺陷（handicapped）儿童"。特殊教育需要儿童被看成一个动态的概念，指儿童发展过程中有可能遇到的暂时困难。这个广义概念"包括了在普通学校里的，虽然尚未被指定为缺陷儿童，但需要各种形式的额外帮助的所有儿童"[①]。在这个广义概念下，绝大多数需要特殊教育的儿童将留在普通的中小学里。因此，它得出这样的结论：大多数残疾儿童可以而且应该在普通学校学习，普通学校应该提供有效的特殊教育。它指出："一种教育，凡努力去达到这些目标的就是要证明它对任何人——不管他是正常的还是有缺陷的——都是

---

[①]［英］《关于残疾儿童及青少年教育的报告》，瞿葆奎主编：《教育学文集·英国教育改革》，北京：人民教育出版社 1993 年版，第 427 页。

合理的。"① 因为教育不仅是一种善行，而且是人的一种权利，所以，教育对残疾儿童负有一种明确的义务，应该满足他们受教育的需要。

（2）残疾儿童应当与非残疾儿童一起接受融合教育

《沃诺克报告》指出，无论正常儿童和残疾儿童，教育的目的都是相同的。"首先，教育是扩大孩子的知识、经验、想象力、理解力，认识道德价值和追求快乐的才能；其次，使他接受正规教育后进入社会，是作为一个社会的积极参与者，一个负责任的贡献者，能够获得尽可能多的独立。"② 对于残疾儿童来说，有进步便是达到了目标。因此，大多数残疾儿童可以而且应该在普通学校学习，普通学校应该提供有效的特殊教育。把缺陷儿童和非缺陷儿童放在一起进行教育的做法，称之为"融合"（integration）。该报告反对将残疾儿童和非残疾儿童形成两个有区别群体的传统理念以及为他们提供隔离的教育形式，而支持为所有儿童提供共同发展教育的原则。

《沃诺克报告》还提出了"融合教育"的三种主要形式：一是场所的融合，即在普通学校里设立特殊班级；二是社会的融合，即特殊班级的儿童与其他儿童就某个单元学习进行社会性的交往；三是功能的融合，几个特殊班级或小组儿童参加共同的学习活动。总之，残疾儿童应该尽可能在一个公共环境里受教育。

（3）对负责残疾儿童教育的教师进行专门培训

为了更好地推进合并教育，《沃诺克报告》还提出，负责残疾儿童教育教师必须接受过专门训练，必须全面了解残疾儿童的任何特殊教育需要；同时，帮助其他儿童和家长理解与尊重这些残疾儿童。

《沃诺克报告》提出的关于残疾儿童及青少年教育的建议在当时并没有全部被采纳，但是，它强调残疾儿童不应被看作缺陷儿童以及由此引起

---

① ［英］《关于残疾儿童及青少年教育的报告》，瞿葆奎主编：《教育学文集·英国教育改革》，北京：人民教育出版社 1993 年版，第 423 页。

② The Committee of Enquiry into the Education of Handicapped Children and Young People, *The Warnock Report*, London：Her Majesty's Stationery Office, 1978：7.

的歧视，深化残疾儿童作为个体在教育过程中应得到正确对待的理论与策略，对《1976 年教育法》产生了重要的影响，并成为《1981 年教育法》的立法基础。

# 小　结

在英国 20 世纪 50 年代至 70 年代中期，两党达成"政治共识"，继续发展福利国家政策，都将扩展公民平等地受教育机会、减少人才资源浪费作为教育政策目标。这一时期英国教育政策和立法的特点是，在国家层面上的教育立法很少，政府主要通过《克劳瑟报告》《纽瑟姆报告》《普罗登报告》以及《沃诺克报告》等系列咨询报告引导地方教育当局发展教育，对儿童特别是处境不利儿童提供更多更平等的教育机会。

这一时期，是教育公平内涵和策略发展的重要时期。从《纽瑟姆报告》到《普罗登报告》形成的"积极的区别对待"原则进一步拓展了教育公平的内涵：仅仅平等地分配资源是不能达到平等的结果，还要向被剥夺地区提供一种补偿教育的环境，包括更多的师资、更多的工资津贴、更多的设备，使最差的学生学业成绩提高到普遍的水平。因此，"积极的区别对待"原则，是更为激进的教育公平原则——"补偿教育"原则，将教育公平的内涵从入学机会的平等拓展到教育结果的平等。

在实现目标的策略上，从《克劳瑟报告》《纽瑟姆报告》中可以看到，前者从不同社会阶层的子女受教育年限差异，指出劳动阶层子女大多数过早离校，造成人才大量浪费；后者指出"能力一般"和"低于一般能力"的学生资源浪费和国家经济发展需求矛盾突出，这两份报告均提出通过延长义务教育年限至 16 岁以减少学生才能浪费的政策建议。

此外，英国政府在经费、师资、校舍三方面不断增加投入，为更大的教育机会均等提供了保障。具体表现在：不断扩展财政支持；扩大师资培训规模；扩展校舍建筑。在导向结果平等的补偿教育策略上，工党和保守党似乎没有太大的分歧。无论是教育优先区计划，还是残疾儿童与普通儿童的融合教育原则，都得到两党的认可，对贫困区的补偿教育以及特殊教育需求儿童的教育都取得了一定的进展。

但两党在综合中学策略上从共识走向对抗，反映了两党在教育公平内涵和实现教育公平策略上的严重分歧。从争议的焦点来看，支持综合中学的理由是，通过推进综合中学政策取消"11 岁选拔考试"及其造成的过早的职业分层，进而通过学校中的社会混合增进社会各阶层之间的和谐。于是，教育机会平等和社会地位平等联系起来，因此，带有强烈的民主社会主义意识形态，即所有公民具有平等的权利，包括教育权利和成功的机会。英国教育学者考恩称之为"教育机会政治学"①。而反对综合学校政策的理由也相当有力，主要是强调儿童的差异性，应该根据儿童能力、性向提供适当的教育。其理论依据是智力恒常性和遗传决定论，即人的智力是有差异的，因而可接受文法中学教育的儿童是有限的，"11 岁选拔考试"是必要的。其政策建议是要不断地完善选拔考试，以便更加准确地将有才能的儿童选拔出来，接受文法中学教育。应该看到，前者强调了公民权延伸出来的教育机会平等（教育过程平等），而后者强调了基于心理学基础的精英教育观。导致英国两党各执己见，各行其是。到了 20 世纪 70 年代，综合中学的组织模式取得了决定性胜利，但到了 80 年代，综合中学的质量备受诟病。因此，这一阶段，教育政策明显体现出与福利国家政策一致的公平取向。

---

① ［英］考恩：《1944 年以来的英国教育改革》，瞿葆奎主编：《教育学文集·英国教育改革》，北京：人民教育出版社 1993 年版，第 771 页。

# 第四章

教育效率优先下的共同课程与多样选择
(20 世纪 70 年代末—90 年代)

在凯恩斯的福利国家政策下，英国建立起庞大的福利国家体系，不仅在一定程度上抑制了贫富差距，而且很大程度上改变了英国社会面貌。但是，经济上"滞胀"和巨大的福利支出使得英国经济在 70 年代中期进入衰退期。为了挽救经济发展的颓势，1979 年在大选中获胜的撒切尔政府接受了哈耶克的新自由主义学说，大刀阔斧进行市场化改革，追求效率成为社会政策的主导价值取向。与此同时，市场竞争原理被运用到公共教育领域，教育效率优先兼顾教育公平成为基础教育政策目标。

## 一、社会和教育背景

### 1. 社会背景

1973—1974 年石油危机爆发，结束了二战后英国二十多年的繁荣期，迎来了经济衰退、失业率上升，社会和经济问题越来越严重。保守党领导的撒切尔政府面临着严峻的经济问题和尖锐的政治冲突。

（1）英国经济出现"滞胀"现象

60年代下半叶，英国经济出现奇怪现象，即一方面发展停滞，另一方面物价飞涨，出现"滞胀"现象，通称"英国病"。这使得凯恩斯理论动摇了。人们发现经济萧条与通货膨胀同时存在，需求与发展的关系似乎断开了。以美国经济学家弗雷德曼为首的货币主义理论认为，要制止通货膨胀，唯一有效的办法是限制货币供应量的增长率，使货币供应量的增长同国民经济中产量的增长相适应。这一理论实际上复活了亚当·斯密的自由经济理论，但为了与之区别开来，人们称之为"新自由主义"。因此，凯恩斯主义和新自由主义是两条相反的发展经济路线。凯恩斯主义主张通过政府干预，促进充分就业，促进经济繁荣；而新自由主义认为应减少政府干预，让市场机制发挥作用促进经济复苏，从而自动吸收就业，国家的调控仅限于货币总量的控制。1976年，工党领袖卡拉汉上台后，为遏制通货膨胀，大力削减公共开支，限制工资，转向了货币主义政策。紧接着，在1979年大选中上台执政的撒切尔政府进行了市场化改革。

（2）撒切尔政府的改革

首先是市场化改革。撒切尔政府认为，过多的政府开支、过高的工资要求和国有企业的低效率是"英国病"的核心原因。政府主要目标是解决长期困扰英国经济发展的病症，实现国民经济高速发展。[①] 因此，英国的经济政策发生了根本性改变。在宏观政策上，以货币主义理论为指导，以治理通货膨胀为主要政策目标，以控制货币发行量、减少公共支出为主要政策手段；在微观政策上，从更多地强调经济的需求方转向强调经济的供应方，从更多地强调社会平等转向强调效率。具体措施有：一是私有化，把大量资产由公有转化为私人所有，实质上结束了1951年以来的"混合经济"。二是税制改革，降低直接税，提高间接税。三是削减社会福利，对养老金、家庭补贴、产假补贴、失业补贴等作出严格限制，福利补助只适用于在一定财产以下的人。撒切尔政府的政策从1983年起开始奏效，到

---

① 李华锋：《英国工党与工会关系研究》，北京：人民出版社2009年版，第179页。

1988 年英国经济已全面好转，超过了美国和欧洲共同体的平均增长水平，通货膨胀率下降，财政收支出现盈余，劳动生产率逐年提高，人均年收入稳步增长。

其次是政治改革。这是为市场化改革扫除障碍。撒切尔政府采取了两项重要改革：一是削弱工会力量，通过《就业法》《工会法》，对工会的权力和责任作出严格的限制，减少其对国家政治生活的举足轻重的影响。二是改革地方政府，不仅削减地方政府开支，进一步控制地方财政，而且将市场机制引入地方服务业，增强地方政府的"责任性"。与此同时，撒切尔政府"埋葬社会民主主义"，在公共事业领域引入私营企业和竞争机制。涉及的领域有建筑物和公路建设、公共卫生、交通服务、教育和医疗保健等。经过撒切尔政府的政治改革，整个 80 年代英国中央政府对地方事务的干预和控制大大加强，明显地表现出权力向中央政府集中的特点。

（3）新自由主义学说的影响

撒切尔政府以政治经济为核心的主张和一系列改革措施通常被人们称为"撒切尔主义"，也被称为"20 世纪 80 年代的保守主义（新保守主义）"。它既保存了传统保守主义的核心价值——洛克的私人财产权和亚当·斯密的个人致富原则，又接受了哈耶克的新自由主义学说。根据"撒切尔主义"，政府必须善于干那些只有政府才能干的事情，维持法律和秩序以及国家的币值和财政收入。以法治保障人们"自由经营"和"自由自在"的生活。人们将之概括为"法律管制下的自由"①。值得注意的是，哈耶克（August von Hayek）的新自由主义学说作为政治意识形态，对撒切尔主义（新保守主义）的形成影响深远。其反对集体主义的计划经济制度，而推崇自由主义的经济制度，因为"计划"完全破坏个人自由、违反法治，因而是通向奴役之路。同时，对福利国家政策牺牲效率换取平等提出批评，指出自由为最高价值，市场机制提供了最高效率配置资源的机

---

① 王振华、申义怀：《撒切尔主义——80 年代英国内外政策》，北京：中国社会科学出版社 1992 年版，第 3 页。

制，在机会面前人人平等。

### 2. 教育背景

1973—1974 年这场世界性石油危机对英国教育的冲击是巨大的。随着经济的衰退，随之而来的是财政的紧缩。在 1960 年至 1970 年间，英国政府在教育上的实际支出增长了 51％。这一增长率持续到 1976 年。教育开支在 GDP 中所占的比例从 1974 年 5 月的 6.4％降至 1988 年 9 月的 4.9％。[①]

（1）基础教育规模缩小

英国的经济衰退与人口下降趋势恰好碰在一起。1964 年，英格兰和威尔士共有 87.6 万人出生，此后出生人数每年下降，到 1976 年下降至 58.4 万人。这使国家在教育方面所受的压力减轻了。20 世纪 70 年代初期，英格兰初等学校的学生数超过 475 万，但到 1983 年时却下降至 350 万。同时，政府削减了师资培训计划。1964 年，职前师资培训人数为 7 万人，到 1972 年时上升到 12 万人，但到 1980 年时下降到 3.6 万人以下。[②]

（2）基础教育质量问题突显

最早对英国教育质量发难的是 1969 年和 1970 年发表的三份黑皮书。这些黑皮书对综合教育、平等主义、"进步主义"教学方法和高等教育大发展发起了猛烈攻击，主张初等教育回归传统的正规教学方法的年代中去；对中等教育采用分轨制，恢复文法学校的学术地位；高等教育应该回到"尖子主义"的时代。[③] 由于黑皮书的观点明显是保守的，因此受到人们普遍的批评，也未能引起政府的足够重视。同时，工业界也对基础教育质量提出批评。1974 年，全国青年就业委员会曾就雇主对青年工人的看法做过一项大规模的调查，其主要结论是大量的雇主对学校培养出来的学生越来越感到失望。还有，新闻媒介对综合中学进行了激烈批评，指出学生成绩标准已经下滑，学校课程对读写算的基本技能给予注意太少，教师缺

---

① 孙洁：《英国的政党政治和福利制度》，北京：商务印书馆 2008 年版，第 101 页。
② 徐辉、郑继伟编著：《英国教育史》，长春：吉林人民出版社 1993 年版，第 344 页。
③ 徐辉、郑继伟编著：《英国教育史》，长春：吉林人民出版社 1993 年版，第 341 页。

少适当的专业技能，这使得教育制度已不适应英国在高度竞争的世界中的根本需求。

（3）政府对教育质量问题的回应

1976 年，英国教育和科学部发表了一份名为《英格兰的学校教育：问题和倡议》（*School Education in England：Problems and Initiatives*）的黄皮书，分析了社会上对教育制度的批评，并提出了政策建议，例如，设立国家统一课程，或称"核心课程"；扩大成绩评定机构的职权范围；加强学校和职业的联系等。同年 10 月，工党政府首相卡拉汉（James Callaghan）在牛津大学拉斯金学院发表讲演，要求人们更多地关注教育质量，改善教育与工业界关系，因而发起了一场关于学校标准的大辩论。至此，课程统一问题已成为政府和社会关心的焦点问题。

## 二、基础教育理念

这一时期，英国基础教育政策研究转向了课程领域。其主要代表人物是教育社会学家麦克·杨和伯恩斯坦、课程专家劳顿、教育家和教育史学家西蒙、比较教育学家和教育史家格林。20 世纪 60 年代末，伯恩斯坦首先关注了学校知识传递过程中的不平等。70 年代初，麦克·杨和伯恩斯坦高举"新教育社会学"大旗，将不平等研究的视角转向课程领域，开始思考如何设计一种适合所有儿童的新课程，如何才能从共同文化中进行筛选以建立适合于广大公立学校的课程。英国教育学者考恩把对这些问题的研究称为"知识政治学"[①]。

### 1. 麦克·杨：知识分层造成教育不平等

英国教育社会学家麦克·杨（Michael Young）对学校中的知识如何得到选择、组织和评估，学校知识的分层如何与社会分层产生联系作了研究。其代表作是《知识与控制——教育社会学新探》。

---

① 考恩：《1944 年以来的英国教育改革》，瞿葆奎主编：《教育学文集·英国教育改革》，北京：人民教育出版社 1993 年版，第 773 页。

(1) 教育不平等的现象依然存在

麦克·杨认为，几十年来，尽管教育获得了全面的扩展，但不平等的现象依然存在；然而，那些关注提高机会均等的研究都把注意力集中在学业失败的特征、早期离校生和中途辍学问题上。由于研究者从改良主义的社会政策来说明工人阶级子女学业上的失败，因此这样的解释模式无法说明教育特点的社会结构，但这正是工人阶级子女学业落后的根本原因。例如，工人阶级子女对文法学校课程的某些特定内容往往感到无能为力，16岁学生被迫学习十门不同的学科，而这些学科之间与其他事物间都没多大的联系。所以，此前教育社会学家主要从社会学的角度而不是从教育的角度提出了一种狭义的分层。在这种分层研究框架内，教育的内容被认为是"给定"的，而且不需要经过社会学的质询，"教育的失败"成为一种"异常"。

(2) 课程中的知识是分层的

麦克·杨认为，课程知识的主导价值的模式与酬劳和权力的分配以及知识组织之间存在某种联系。从英国学校课程情况来看，具有严格的知识分层的学术课程统治了当前英国的教育系统。对教师来说，高地位（和酬劳）的课程领域有三种：一是正式评价的；二是传授给"最能干"的孩子；三是在具有同样能力的群体中传授的，这些群体中的孩子在这样的课程中具有非常出色的表现。由于这类高层次知识标准与占统治地位的利益群体的价值观联系在一起，因此与高层次知识相联系的任何改革或创新都将受到抵制。麦克·杨得出结论：学生学业失败和离校年龄提高，是社会对知识控制的结果，而不是学生的智力发展问题。[①]

(3) 降低课程的专业化程度

麦克·杨认为，既然我们已经假定存在着一些与课程相连的社会关系，那么把课程改革看作沿着单一或更多维度，趋向减少或增加知识的分

---

① 麦克·F·D·扬：《关于作为社会知识组织的课程的研究方法》，麦克·F·D·扬主编：《知识与控制——教育社会学新探》，谢维和、朱旭东译，上海：华东师范大学出版社2002年版，第50页。

层、专门化和隔离度的运动，这可能是十分有用的。如果知识的支配方式与知识组织间的关系确如上所述，那么我们可以期待，只要知识的支配方式也发生类似的变革，就有可能降低课程的专业化程度，促进学科间的融合，拓展社会对知识评价的标准。因此，麦克·杨建议，降低课程的专业化程度，打破学科间壁垒，拓展知识评价标准，让更多的孩子都能接受这种知识"平民化"的教育。

2. 伯恩斯坦：语言传递影响教育不平等

英国教育社会学家伯恩斯坦（B. Bernstein）1971 年发表的代表作《阶级、代码与控制：教育传递的理论》，解释了阶级制度通过语言传递对儿童成绩不良产生的影响，曾在教育社会学界产生重大影响。此后，他与麦克·杨一起，将视角转向学校课程的研究，于 1973 年发表的《论教育知识的分类和组织》试图揭示课程、教学和评价与社会阶层、权力与控制之间的联系。

（1）不同语言类型对儿童成绩产生不同的影响

伯恩斯坦认为，语言形式（语法、语句、语词、语意等）与社会关系是连动的，不同语言形式代表不同的社会关系形式，而不同的社会关系形式产生不同的语言形式。[①] 根据皮得·霍金斯对中产阶级出身儿童和工人阶级出身儿童的言语分析实验结果，他断言，两组儿童使用了两种不同类型的语言代码：中产阶级出身的儿童所使用语言是精密型代码，能够用准确的语法表达意义，因而能够产生普遍性意义，即规范的语言；而工人阶级儿童所使用的语言属于封闭型代码，这种语言只有联系特定的语言背景才能被理解，只能产生特殊性意义，非规范语言。伯恩斯坦进一步分析了英国学校对语言的选择。英国学校教育尽管"通过教育获得精密型代码的机会也在扩大，但这种机会是由阶级制度支配的"。因此，中产阶级儿童

---

① 王瑞贤：《B. Bernstein：符码与教育论述导论》，谭光鼎、王丽云主编：《教育社会学：人物与思想》，上海：华东师范大学出版社 2009 年版，第 267—298 页。

从这种学校制度中受益较多，获得较好学业成绩；而工人阶级孩子则反之。[1]

（2）教学信息系统对知识分配不平等的影响

伯恩斯坦认为，教学信息系统（课程、教学和评价）会影响知识分配的不平等。一个社会如何选择、分类、分配、传递和评价知识，实际上反映了权力的分配和社会控制的原则。[2]因此，正规教育知识的传递能够通过三种信息系统得到实现：课程、教学和评价。课程规定有效知识范围；教学规定被传授者和有效知识传递方式；评价规定被传授者有效地获取这种知识。他用"分类"和"构架"两个概念来分析这三种信息系统的基本结构。因此，从上述分析框架出发，伯恩斯坦区分出了两大类课程："集合型"（Collection Type）课程与"整合型"（Integrated Type）课程。前者坚守等级制，知识的传递往往是通过强"构架"来进行的，它控制了知识的选择、组织、测试和知识学习的进度，因此，这种课程只有精英学生才能进入，从而获得意识并形成身份认同，进而维持了等级制社会现状。后者的"分类"力度明显要弱，学科间分化不太严格，教师权威减弱，学生自主权扩大，师生关系较为平等。评价上不会允许较大差异的存在，因此，会产生一种向共同教学和共同评价系统发展的趋向。换句话说，整合编码也许便于教师创造教学实践中的同质性。在伯恩斯坦看来，"整合型"课程是一种改变社会权力结构的重要因素，课程中的教育编码比较灵活，使之成为一种潜在的平等主义教育的编码。

3. 劳顿：文化分析视角下的共同课程理论

早在1961年，英国教育学者雷蒙·威廉姆斯（Rarmond Williams）针对课程领域的不平等，提出了为所有学生设置"共同课程"的设想，但没

---

[1] 巴兹尔·伯恩斯坦：《社会阶级、语言和社会化》，张人杰主编：《国外教育社会学基本文选》，上海：华东师范大学出版社2009年版，第331—348页。
[2] 巴兹尔·伯恩斯坦：《论教育知识的分类和构架》，麦克·F·D·扬主编：《知识与控制——教育社会学新探》，谢维和、朱旭东译，上海：华东师范大学出版社2002年版，第61—89页。

有提出具体的课程方案，引起一批教育学者参与这场关于共同课程的讨论。英国课程专家劳顿（D. Lawton）不仅提出共同课程的系统理论，而且还提出共同课程的方案。

（1）综合学校应该实施共同课程

劳顿认为，20世纪60年代建立的综合中学虽然是一种群众性学校，但其课程水准低，没有反映英国工业技术发展对广大青少年的要求。为了达到这个要求，必须在综合中学设置一种共同的课程，即具有全国统一标准和统一计划的适合所有学生的课程。他说："在过去，学校过分强调个体差异而不是个体之间的相似性和共同经验。学校过分重视有天赋的学生和学习缓慢学生的需要，而不是所有学生所共有的需要。当然，个体差异很重要，那共同需要呢？我们都是同一社会的一部分，分享着相同的文化的各个方面，那么肯定的是对所有社会个体，不管种族、阶层或智力能力，教育需要也是共同的。"[①]

（2）共同课程的理论基础

劳顿认为，课程是文化选择的结果，共同课程产生于共同的文化。英国中小学能否建立共同课程，就要看英国工人阶级与中产阶级是否具有共同文化。为此，劳顿分析了英国文化，并指出英国工人阶级的文化自1932年产生以来，工人阶级的生活条件和工作条件已经发生了很大的变化，所以，自20世纪60年代以来，英国工人阶级确有与中产阶级共同的文化，包括音乐、美术在内。而且，英国社会中存在着一系列矛盾和问题，这不仅表现在经济的衰落，而且表现在道德、信仰方面的危机。要解决这些矛盾和问题，就必须加强学校教育。课程内容的选择要反映重视共同文化这一要求。这为建立共同课程提供了理论依据。

（3）共同课程的原则和范围

"共同课程"后来慢慢地演变为"国家课程"。劳顿认为，"国家课程"

---

① Denis Lawton, *What Kind of Common Curriculum*? Forum for the Discussion of New Trends in Education, 1980（22），3：80—81.

至少应体现以下七点原则：第一，所有学生应有权利学习有价值的课程；第二，在义务教育总目的、总目标上，全国应尽可能地达成共识；第三，应强调全国学生的教育机会均等，减少各地在教育质量上的差别；第四，共同的学校应通过共同的课程来传播共同的文化；第五，所有的学校应有共同的标准以确保教师的期望合理；第六，国家课程应使学生的转学更加便利；第七，国家课程应增强学校及其教师的责任心。①

劳顿不赞成按照孤立的科目来设计中小学课程，而强调按照综合学科来设计。共同课程的方针和大纲由全国统一规定，但不同的学校可采取不同的课程模式。他主张在中学设置六类学科：数学，自然和生物，人文和社会学科，表现和创造艺术，道德教育，交叉学科作业。各相邻学科之间要保持密切联系，在一至五类学科的学习中，每个学生应达到每一学科的最低标准，在此前提下学生可适当选学其他科目。②

4. 西蒙：全面提供平等的教育资源

西蒙（Brain Simon）是英国教育家和教育史学家，一直是工党推行综合中学政策的支持者，因为他认为综合中学不是以选择性考试和能力分组为前提条件的。20 世纪 80 年代后，他曾对保守党的撒切尔政府和梅杰政府的教育政策进行了激烈的批评。

（1）资本主义英国不可能实现教育均等

从阶级利益冲突的观点出发，西蒙分析了 1870 年以来的教育发展和教育立法，明确指出在政府的干预下人民自己控制的免费普及教育是最终不能实现的。例如，《1870 年初等教育法》根据不同的阶层来划分学校教育，建立一种封闭式的学校体制，这实际上代表了中上层阶级的利益，而违背了工人阶级的实际利益，使工人阶级的子女被剥夺了那些他们此前一直享有的教育利益。又如，《1902 年教育法》形成了一个选择性和等级性的教

---

① 张华、石伟平、马庆发：《课程流派研究》，济南：山东教育出版社 2000 年版，第 459—460 页。

② 廖哲勋：《英国课程理论略览》，江山野主编：《英国学校课程》，石家庄：河北教育出版社 2001 年版，第 237 页。

育制度，这实际上是反映了上层阶级利益的政策，使得公立学校制度受到严重的威胁。因此，西蒙指出，只有在社会主义社会里，每个人才能均等地获得全面发展的机会。

（2）实施综合中等学校教育有利于教育公平

西蒙认为，要使每个人都接受中等教育，就要实施综合中等学校教育，因为它不是以选择性考试和能力分组为前提条件的。他批判了20世纪40年代英国实行的"三轨制"中等教育以及70年代后上台的保守党政府在中等教育上制定和实施的一系列教育法令。他指出，保守党在综合学校上保留平行学校，在13岁或14岁实行内部分化制度，实际上是有利于加强选择性教育和能力分组教育的，在一些方面严重地削弱了公共教育。因此，西蒙强调指出："在'选择'口号的旗帜下，一种新的、有社会基础的、分化的结构正在公立学校制度中建立。"在他看来，要建立真正的综合性地方教育体制，就要全面提供平等的教育资源，对处境不利的学校提供优惠待遇。同时，应该根据人民群众的直接利益，对教育进行改造，那就是："必须关心教育水平——必须关心保证最低限度的识字和计算水平。"[1] 只有这样，才有利于教育的公平。因此，西蒙指出，对于地方教育当局来说，"它有责任使教育对所有人是公平的——重点是在'所有人'这个词上"[2]。

## 三、基础教育政策目标与策略

这一时期，英国基础教育政策主要体现在《1980年教育法》、1981年的教育和科学部绿皮书《学校课程》、《1981年教育法》、1985年的教育白皮书《把学校办得更好》和《为了所有儿童的教育》、1987年的教育和科学部绿皮书《国家课程（5—16岁）——一份协商的文件》、《1988年教育改革法》和1992年的教育白皮书《选择与多样化——学校的新框架》上。

---

① 西蒙：《教育与右派的进攻》，瞿葆奎主编：《教育学文集·英国教育改革》，北京：人民教育出版社1993年版，第537—541页。

② Brian Simon, *What Future for Education*? London：Lawrence & Wishart, 1992：40.

基于教育效率优先兼顾教育公平的目标，这一时期英国的教育政策凸显出以下策略：（1）地方教育当局要关心学校教育内容和质量；（2）扩大家长参与学校管理和择校的权利；（3）关注特殊教育需要的儿童和深化融合教育；（4）关注边远地区教育和少数民族教育；（5）所有公立学校必须实施国家课程，设立平衡和基础广泛的课程；（6）在多样化教育下保证全体儿童接受共同的高质量教育的机会；（7）发展技术教育为重点的特色学校及改造失败学校和薄弱学校；（8）实施教育行动区计划。20世纪80年代以后，英国政府渐渐地把更多的注意力移向基础教育质量，体现了明显的教育效率取向。但是，英国基础教育政策目标转向教育质量和教育效率是渐进的、有层次的。

1.《1980年教育法》（1980）

基于提高教育效率和质量的目标，在刚刚担任教育大臣的撒切尔夫人的主导下，英国颁布了《1979年教育法》，以替代《1976年教育法》，并将11岁选拔考试权力还给了地方教育局。紧接着，又颁布了《1980年教育法》。

（1）扩大资助学额计划

《1980年教育法》推出了扩大资助学额计划（Assisted Places Scheme），旨在向学习优秀的、来自贫困家庭的儿童提供公款资助，使他们能上得起一些顶尖的学术性私立学校。[①] 该法案第十七条规定："为了能够使所有学生，包括那些可能自己无法得到私立教育机构教育机会的学生受到本法案的保护，国务大臣应该制定与运作以下方案：（a）所有参与本方案的学校免除本应该由相关的各地学校选择上来的学生交取的费用；（b）国务大臣要补偿学校减免学生的费用。"[②] 根据这一条款，预计每年将提供7000万英镑公共资金注入独立学校，支付1.2万—1.5万名儿童进入私立学校学

---

① 惠迪、鲍尔、哈尔平：《教育中的放权与择校：学校、政府和市场》，马忠虎译，北京：教育科学出版社2003年版，第21页。

② Department for Education and Science, *Education Act* 1980. 2014年8月，http：//www.educationengland.org.uk/history/pdfs/1980-education-act.pdf.

习，他们约占适龄儿童2%—3%。①同时，该法第二十二条废除了地方当局有义务提供免费牛奶和午餐的规定，除非儿童来自接受补充福利家庭或收入补助家庭。

（2）扩大家长参与学校管理的权利

在家长参与学校管理上，《1980年教育法》对中小学董事会进行改革，增加了家长董事（Parent governors）的条款，在学校董事会中增设家长董事。该法案第二条第五款规定："郡立或受控学校董事会至少有两名家长董事，在注册学生家长中产生（受助或协议学校董事会中至少有一名家长董事）。"② 按照《1944年教育法》，英国中小学校要设立学校董事会对学校的发展以及重大事务作出决策。因此，董事会成员的构成非常重要，它决定了学校的发展方向。该法案对学校董事会成员的构成做了详细规定。每所学校制定一个管理文件确定董事会人数，但最少不应少于六人。公立学校董事会，2/3董事由地方教育当局任命，1/3董事由下级教育当局任命；民办学校董事会成员分为"基本董事"和"非基本董事"，基本董事是出资方代表，一般占1/3—2/3比例，地方教育当局只能对非基本董事进行任命。

（3）赋予家长在公立学校中的择校权

《1980年教育法》首次赋予家长在公立学校中的择校权。因为竞争有助于学校改弦更张，提高办学效率，从而提高教育质量。该法案第六条规定："每个地方教育当局应当对辖区内家长为孩子选择学校的表达作出安排。"③ 如果家长的愿望不能实现，那么家长有权提出申诉。

在市场竞争激活学校反应和促进提高质量的理念下，《1980年教育法》在家长参与学校管理和家长择校权上迈出了第一步。而且，政府的教育资

---

① 西蒙：《教育与右派的进攻》，瞿葆奎主编：《教育学文集·英国教育改革》，北京：人民教育出版社1993年版，第540页。

② Department for Education and Science, *Education Act* 1980. 2014 年 8 月，http://www. educationengland. org. uk/history/pdfs/1980-education-act. pdf.

③ Department for Education and Science, *Education Act*，1980. 2014—8，http://www. educationengland. org. uk/history/pdfs/1980-education-act. pdf.

金从公共部分流向私立部分，重点支持有天赋的学生，以期产生最大的教育效率。

2.《学校课程》（1981）

1981年，英国教育和科学部发表了一份题为《学校课程》（*The School Curriculum*）的绿皮书。尽管这份绿皮书主要是论述学校课程问题的，但它也体现了英国基础教育公平和教育效率双重取向。

（1）地方教育当局要关心学校教育内容和质量

绿皮书《学校课程》在"引论"中明确指出，"学校的根本目标是：教育应当为每个学生的个人需要服务。……它意味着学校教育的内容和方式，应使所有的儿童都能最大限度地发挥自己的潜力"。因此，"责成地方教育当局保障本地区有足够、有效的初等和中等教育以满足本地区的需要。这意味着，地方当局如同中央政府，不仅要提供教育设施，而且要关心教育的内容和质量。为了在国家的教育组织中有效地履行自己的责任，地方教育当局应在本地区起领导作用，根据本地区的需要和具体情况，解释国家的政策和目标"[①]。

针对教育资源紧张的情况，该绿皮书提出，尽管在一定时间内这种情况不能得到根本的改观，但政府要采取一些措施来缓和这一矛盾。

（2）学校课程应该促进学生的平衡学习

绿皮书《学校课程》指出，在整个初等教育和中等教育过程中，"每个学校都必须保证所有学生的课程都具有一定的广度。……每个学生的学习计划都应是平衡的，符合他学习进度中的个人需要"[②]。在学生发挥自己的能力上，该绿皮书提出，认识和开发每个学生的能力是教师的职责。"无论是普通学校还是特殊学校，都不仅需要为那些接受慢、学习有困难或有特殊需要的学生，而且同样需要为那些最有天赋的学生，接受这一挑

---

① ［英］《学校课程》，瞿葆奎主编：《教育学文集·英国教育改革》，北京：人民教育出版社1993年版，第437—439页。
② ［英］《学校课程》，瞿葆奎主编：《教育学文集·英国教育改革》，北京：人民教育出版社1993年版，第446页。

战的任何群体的需要都不应该是从属的。"① 例如，在中等教育阶段，为
11—16 岁学生提供具有广泛共同性的课程。也就是说，必须设法以最适合
学生具体情况的方式，安排完全符合每个学生教育需要的课程。同时，需
要把教育目标制定成文，并以此为依据，定期对每个学生的教学计划的效
果作出评估。

该绿皮书还提出了课程上的男女平等问题。"法律规定的男女平等需要
得到课程的支持。保证男女生在选修课程方面有真正均等的机会是至关重要
的。"② 此外，它还提出，保证男女学生就业机会的均等是至关重要的。

3.《1981 年教育法》(1981)

随着残疾儿童教育在英国的发展，1981 年英国又颁布了《1981 年教
育法》(*Education Act* 1981)，对残疾儿童教育做了进一步的规定。

(1) 提出"特殊教育需要"的概念

《1981 年教育法》正式提出了"特殊教育需要"的概念，并做了法律
上的界定。该法案第一条规定："有特殊教育需要的儿童"包括：与大多
数同龄人相比，在学习上有较大困难的儿童；身体有残疾，不能使用普通
教育资源和设备的儿童；存在以上两种情况或没有得到特殊教育服务的
儿童。

该教育法案还规定，对儿童的特殊教育需要进行评估和鉴定。它指
出，要根据"特殊教育需要诊断报告"提供所需要的特殊教育服务，使
"有特殊教育需要的儿童"可以受到适合他们特点的教育。

(2) 强调深化融合教育

《1981 年教育法》规定，在不影响其他儿童的教育的情况下，"有特殊
教育需要的儿童"应该尽可能在普通学校接受教育。此外，家长可以就他
们孩子接受的特殊教育服务进行咨询或上诉。在后续教育政策中，特殊教

---

① [英]《学校课程》，瞿葆奎主编：《教育学文集·英国教育改革》，北京：人民教育出
版社 1993 年版，第 447 页。

② [英]《学校课程》，瞿葆奎主编：《教育学文集·英国教育改革》，北京：人民教育出
版社 1993 年版，第 444 页。

育需要儿童被看作是有别于普通学生群体而需要给予额外帮助的一个群体。

《1981 年教育法》的颁布，极大地推进了英国残疾儿童的融合教育，进一步强调了有特殊教育需要的儿童接受教育的公平权利。如果说《1976 年教育法》首次以法律形式确立缺陷儿童在普通学校就学为主的融合教育政策，那么《1981 年教育法》则在《沃诺克报告》基础上为"特殊教育需要"儿童的教育进行了专门立法。

4.《把学校办得更好》(1985)

1985 年 3 月，英国教育和科学部向议会提交了一份题为《把学校办得更好》(Better Schools) 的教育白皮书。该教育白皮书对英国学校教育的改革和发展提出了许多建议，在一些建议上体现了强烈的教育效率取向。

（1）学校课程的基本原则

教育白皮书《把学校办得更好》指出："现在我国的学生取得的平均成绩，既没有达到应有的标准，也不能适应面对 21 世纪世界的需要。""大多数班级里的优生得不到充分发展，差生得不到恰当帮助。"为此，政府的目标是："提高各级学校教育的能力标准；保证教育投资取得尽可能好的效益。"具体体现在课程设置、考试制度和评估、教师和师资管理的专业效能以及学校体制和家长、雇主及教育部门以外单位为办好学校教育所能做出的贡献等四个方面。因此，在课程设置上，课程应该建立在广博性、平衡性、相关性和因材施教四项原则基础上。这样的课程"将有助于发挥每一个学生的潜力，使他们都具有负起公民责任的条件，为迎接未来世界劳动生活的挑战做好准备"[①]。

（2）提高学生的学习成绩水平

教育白皮书《把学校办得更好》指出，尽管提高成绩水平这个任务是艰巨的，但政府的长远目标是提高能力不同的所有学生的学习成绩水平。

---

① ［英］《把学校办得更好》，吕达、周满生主编：《当代外国教育改革著名文献》（英国卷·第一册），北京：人民教育出版社 2004 年版，第 7 页。

具体来说，就是使 80%—90% 的年满 16 岁的学生达到目前要求的成绩水平。

在提高效益的总目标下，该教育白皮书还提出了提高落后学生成绩的目标。"采取措施，减少差生，包括许多少数民族学生中的差生。"①

（3）扩大家长参与学校管理的权利

教育白皮书《把学校办得更好》进一步强调了家长的作用："家长也是教育者，学校应当向他们解释自己的目标和政策，同他们保持密切合作。……学校不能把只有教师才适合做的工作推给家长，但是，对于家长在家怎样才能做好学校希望做的事情，在日常工作上能帮助学校做些什么，学校的视野应当更开放一些。"②

（4）关注边远地区教育和少数民族教育

在边远地区教育和少数民族教育上，教育白皮书《把学校办得更好》指出，对于边远地区教育来说，政府应该使边远地区的学校拥有一定数量的教师，并应该增加其教育经费，以便使那里的学生受到良好的教育；对于少数民族教育来说，政府不仅要制定相关的政策，而且要在教育经费上予以资助，还要从少数民族中培养更多的教师。同时，学校应当继续将少数民族学生教授英语放在头等重要的位置上，由政府提供经费资助；让所有学生了解英国社会存在多民族群体的状况，并树立积极的态度。这些目标都具体体现在普通中等教育证书考试的全国性标准中，体现在为所有教师职前培训制定的新标准中。

5.《为了所有儿童的教育》（1985）

1979 年，卡拉汉政府设立了以斯旺（Swann）为主席的"少数族裔儿童教育的调查委员会"。该调查委员会在撒切尔政府执政时期继续其工作。1985 年，该调查委员会发表了最终报告《为了所有儿童的教育》（*Educa-*

---

① ［英］《把学校办得更好》，吕达、周满生主编《当代外国教育改革著名文献》（英国卷·第一册），北京：人民教育出版社 2004 年版，第 4 页。

② ［英］《把学校办得更好》，吕达、周满生主编《当代外国教育改革著名文献》（英国卷·第一册），北京：人民教育出版社 2004 年版，第 11 页。

*tion for All*），也称《斯旺报告》（*The Swann Report*）。《斯旺报告》提出，解决少数民族儿童教育问题必须超越"同化"（assimilation）和"融合"（integration）教育的理念，实行"多元文化教育"（multicultural education）。

（1）提出多元文化教育的理念

"同化"和"融合"教育的理念的共同目标是吸收少数民族群体进入社会，使其尽可能少地影响多数群体生活。但到 20 世纪 60 年代末、70 年代初，政府越来越意识到"同化"和"融合"不能达到目的——现行政策不能满足大部分少数民族学生的教育需求。

《斯旺报告》认为，政府之前的政策在许多方面造成了负面影响。解决少数民族教育问题，应该在多元民主社会的框架下考虑"为了所有儿童的教育"，即多元文化教育。该报告指出："在一个民主多元的社会……政府有义务通过法律确保所有群体成员得到平等的待遇和保护，以及平等地接受教育和就业，平等的自由和机会，特别是完全参与（地方的和国家的）社会和政治生活，自由平等的文化表达和自由平等地对待所有人的意识。……同样，少数族裔群体在实践中不能保持他们的所有文化元素和生活方式整体上不变，如果他们确实希望这样的话，在许多情况下，他们不可能分享到更广泛的多元社会价值观。"因此，"民主多元化的社会寻求一种平衡，一方面，维护和积极支持各民族文化元素和生活方式，另一方面，接受所有群体共享社会价值观"①。

相应地，多元民主社会框架下的多元化教育，是"为了所有儿童的教育"，其含义是少数民族教育不再是独立部分，而是所有儿童教育组成的一个部分。具体来说，"无论其来自何种民族群体，都要理解我们社会的共同价值观并欣赏构成这个社会和宽广世界的生活方式、文化、宗教和语言背景的多样性。为此，不仅应给予所有学生积极促进塑造多元文化的英

---

① The Committee of Enquiry into the Education of Children from Ethnic Minority Groups, *The Swann Report*, London: Her Majesty's Stationery Office, 1985: 6.

国社会所需的知识和技能，而且还要将他们从决定他们个体身份的社会预先设定的、强加的'位置'中解放出来。因此，学校也有责任，在一个灵活和以儿童为导向的传统教育体系中，以积极和支持的方式满足所有学生的个别教育需要，其中一些需求可能产生于少数民族学生的语言或文化背景"①。

（2）实行多元文化教育的建议

多元文化教育与早期的"同化"和"融合"教育在理念上最明显的区别是：后者主要强调寻求"补救"（remedy）少数民族儿童的理解"问题"，并去"补偿"（compensate）他们的理解"缺陷"（disabilities）；而前者通常趋向两个主题：首先满足少数民族儿童的特殊教育需求，其次为生活在一个多种族社会的所有学生面临更广泛的问题做准备。

因此，《斯旺报告》在深入调查的基础上对实行多元文化教育提出了具体建议。

一是反对有意或无意的含有种族歧视的行为。该报告认为，英国学校中存在种族主义和种族偏见，这是影响西印度族裔儿童成绩不良的最重要因素，并对他们在学校的表现产生直接的重要的影响。教师的定型化思维，属于"无意识的种族主义"。

二是加强学前教育。该报告认为，现存的 5 岁以下的学前教育，无论是日间照顾还是幼儿园，都不能在整体上满足整个人口的需求，特别是西印度族裔家庭的需求。地方教育当局应当尽最大努力确保西印度族裔家长意识到充分利用学前教育设施。

三是改革课程内容。该报告认为，所有的学校，无论是少数民族学校还是全白人学校，都应采用"多元文化"课程。学校课程并不追求消除文化差异，也不企图将每个人纳入主流文化，而是借鉴许多文化的经验构建当今的社会，从而拓宽每个儿童的视野。

---

① The Committee of Enquiry into the Education of Children from Ethnic Minority Groups，*The Swann Report*，London：Her Majesty's Stationery Office，1985：316—117.

四是改革考试制度。该报告认为，考试在补充和反映学校中多元文化的课程和社会的多种族性质时起到重要作用。但是，考试委员会不能忽视少数民族学生的特殊需求以及他们的大纲和试卷与学生今日生活联系更紧密的需求。

尽管工党政府早在1977年的《学校教育——一份协商的文件》中强调了多元文化教育的宽泛观点，学校课程必须反映这种新英国人的需求，但是，《斯旺报告》提出了多元文化教育的理念以及实行多元文化教育的建议，拓宽每个儿童的视野，消除种族隔阂，共享多元价值观，从而对英国少数民族教育政策产生了重大影响。

6.《国家课程（5—16岁）——一份协商的文件》（1987）

1987年，英国教育和科学部发表了一份题为《国家课程（5—16岁）——一份协商的文件》（*The National Curriculum：5—16——A Consultative Document*）的绿皮书。尽管这份文件与《学校课程》一样主要是论述学校课程的，但是它标志着向始于十年前那场教育大辩论的义务教育共同目标迈出了重要的一步，体现了教育公平与教育效率兼顾的价值取向。

（1）强调实施国家课程的必要性

在实施国家课程的必要性上，绿皮书《国家课程（5—16岁）——一份协商的文件》明确指出，无论学生在哪里上学，他们所有人都应该有资格享受同样的机会。例如，"确保所有的学生在他们义务教育的整个阶段学习广泛而平衡的系列学科，确保他们不过早地承受学业失败"；"确保所有的学生（不论性别、种族和地理位置）都有机会学习广义上相同的（高质量且相关的）课程和学习计划"。①

（2）使每个学生达到学习标准

在提高教育标准上，绿皮书《国家课程（5—16岁）——一份协商的文件》强调指出："我们必须提高标准，至少应该像竞争对手国家那样迅

---

① ［英］《国家课程（5—16岁）——一份协商的文件》，瞿葆奎主编：《教育学文集·英国教育改革》，北京：人民教育出版社1993年版，第659页。

速提高标准。……政府希望以更快的速度推进，以确保这件事的实施，保障所有公立学校中的学生都学习这样一种课程：它能使他们具备成人生活和就业所需要的知识、技能和理解力。"①通过全面而有效地推行国家课程，把教育标准提高到这样一个水平，即每个学生都将为达到这个标准而学习。这就是英国义务教育的共同目标。政府希望通过评定来提高标准，确保所有学生不因性别、种族和区域差别而承受学业上的失败。

7.《1988 年教育改革法》（1988）

经过 70 年代卡拉汉在拉斯金学院讲话的造势，再经过 1981 年的绿皮书《学校课程》、1985 年的教育白皮书《把学校办得更好》以及 1987 年的绿皮书《国家课程（5—16 岁）——一份协商的文件》等发表，在舆论上进行了充分的准备，英国政府于 1988 年 7 月颁布了二战以后最重要的一项教育法令，即《1988 年教育改革法》（*Education Reform Act* 1988）。在基础教育方面，该教育法案以立法形式对公立学校管理体制、课程和考试制度以及新的中等教育机构作了规定。1987 年，国务大臣贝克（Kenneth Baker）在该教育法案提交二读时阐释说："提高学校教育标准是本届议会面临的最重要的任务。在以往的四十年里，我们的教育制度建立在 1944 年《巴特勒教育法》所奠定的框架基础之上……我们需要为这个制度注入新的活力。因为它已经成为一种生产者主导（Producer-dominated）的制度，无法对急剧变化的现实作出敏锐的反应。"②

（1）所有公立学校必须实施国家课程

《1988 年教育改革法》规定，所有公立学校必须实施国家课程。为推行"国家课程"，政府还专门成立了两个咨询和课程开发机构"国家课程设置委员会"（NCC）及"学校考试和评定委员会"（SEAC）。国家课程由核心科目和其他基础科目两部分组成。核心科目包括英语、数学、科学；

---

① ［英］《国家课程（5—16 岁）——一份协商的文件》，瞿葆奎主编：《教育学文集·英国教育改革》，北京：人民教育出版社 1993 年版，第 659 页。

② Martin Rogers, *Opting out*：*Choice and the Future of Schools*，London：Lawrence and Wishart Ltd，1992：56—57.

其他基础科目包括技术、历史、地理、音乐、美术和体育，中学的基础学科再增加一门现代外语。小学的学时主要放在核心学科上，中学的核心学科和基础学科占总学时 70%—80%，对各学科的时间分配没做法律规定。

该教育法案还规定了成绩目标，即不同能力、成熟度的学生在某个年龄阶段应该掌握的"知识、技能、理解力"的目标。中小学生义务教育阶段划分为四个关键阶段：5—7 岁、8—11 岁、12—14 岁、15 岁至义务教育阶段结束（一般为 16 岁）。在每个阶段结束时，即 7 岁、11 岁、14 岁和 16 岁都必须参加全国统一考试。同时，根据"成绩目标"所提供的标准对每个学生的学业进行评定，按学校统计的评定结果以"比较表（League Tables）"的方式向公众公布所有学生的考试成绩。

（2）设立平衡和基础广泛的课程

在学校课程上，《1988 年教育改革法》规定，为学校所有处于义务教育年龄的学生开设包括核心科目和其他基础科目的课程。"公立学校的课程是一种平衡和基础广泛的课程，并且能够促进在校学生和社会在精神、道德、文化、心理和身体方面的发展，以及为这些学生在成人生活的机会、责任感和经验方面作准备。"[1] 具体来说，应该在成绩目标、教学大纲和评定安排上做出规定。

（3）公立学校教育完全免费

在公立学校收费上，《1988 年教育改革法》规定，为 5—19 岁年龄的学生提供教育。该教育法案第一百零六条规定："所有公立学校须实行免费入学。……公立学校为注册学生提供的学校教育实行完全免费。……为任何公立学校在校生的交通须完全免费。"还规定："如果学生在任何公立学校接受准备有关考试的教育，则学校不得向在校生收取参加规定的公共考试的费用。"[2]

---

① ［英］《1988 年教育改革法》，吕达、周满生主编：《当代外国教育改革著名文献》（英国卷·第一册），北京：人民教育出版社 2004 年版，第 150 页。

② ［英］《1988 年教育改革法》，吕达、周满生主编：《当代外国教育改革著名文献》（英国卷·第一册），北京：人民教育出版社 2004 年版，第 240 页。

（4）扩大家长参与学校管理和择校的权利

《1988 年教育改革法》规定，扩大家长参与学校管理的权利，进一步改革学校董事会成员结构，将家长董事数目提高到与地方教育当局任命的董事数目持平，此外还引入其他工商业集团的代表。学校董事会要公布年度报告，并召开年度家长会；董事还必须向家长提供有关课程信息。该教育法案第五十二条还规定，注册学生 300 人以上的公立学校或民办学校的学生家长可以通过家长投票表决脱离地方教育当局的管理，申请成为"直接拨款公立学校"。第五十三条又进一步规定，直接拨款公立学校董事会必须有 5 名家长董事，并且必须有 2 名家长董事成为基本董事。① 时任英国首相梅杰（John Major）曾这样说："相信校长们、教师和校董事会能管理好他们的学校，家长们也能为他们的孩子做出正确的选择。"②

该教育法案还进一步鼓励家长择校。该教育法案第二十六条规定，注册学生超过标准数目的学校，可以向地方教育当局或学校董事会（民办学校）提出增加招生计划的建议，获得认可后，可向"国务大臣申请下达提高有关标准数的指令"③。它允许公立中小学在其空间允许的情况下尽可能多地吸收学生，取代了以前为其他学校继续开办而将招生控制在下线或严格的就学区内的做法。因此，在拨款方式上，学校 80％的预算费用将直接取决于学生的数量和年龄，即"按人头补助"。

由于《1988 年教育改革法》规定在所有中小学实施国家课程是最重要的内容之一，因此，该教育法案打破了英国以往教育法案从来不对学校课程做出具体规定的惯例。英国教育学者麦克卢尔（Stuart Maclure）就指出："《1988 年教育改革法》是英国自《1944 年教育法》以来最重要和意

---

① ［英］《1988 年教育改革法》，吕达、周满生主编：《当代外国教育改革著名文献》（英国卷·第一册），北京：人民教育出版社 2004 年版，第 164 页。

② 惠迪、鲍尔、哈尔平：《教育中的放权与择校：学校、政府和市场》，马忠虎译，北京：教育科学出版社 2003 年版，第 24 页。

③ ［英］《1988 年教育改革法》，吕达、周满生主编：《当代外国教育改革著名文献》（英国卷·第一册），北京：人民教育出版社 2004 年版，第 164 页。

义最深远的教育立法。"① 它也是撒切尔政府开启教育市场化改革、以市场力量配置教育资源的重要法案。

8.《选择与多样化——学校的新框架》(1992)

1992 年，英国教育和科学部发表了一份题为《选择与多样化——学校的新框架》（*Choice and Diversity：New Frame in Schools*）的教育白皮书。时任英国首相梅杰在"前言"中指出："使我国每个儿童在生活上有最好的开端，提高学校水平是政府的决心……特别重要的是，坚持使全国每个学生有相同的机会，为核心课程奠定一个良好的共同基础。"②

（1）在多样化教育下保证全体儿童接受共同的高质量教育的机会

教育白皮书《选择与多样化——学校的新框架》在"指导原则"中明确指出，在建立一个丰富而多样化的由国家拨款的教育制度的同时，要始终保证全体儿童有真正的机会接受共同的高质量的教育。其总体原则是"强调儿童个体需要；地方教育当局有义务为特殊教育需要进行鉴定、评估和提供教育设施；参加在这个过程中的家长有作为伙伴的权利；要求有特殊教育需要的学生应在最大可行的程度上和他们在普通学校的同辈一起接受教育；需要对目前的安排随时检查，使教育设施与个体儿童需要和家长愿望相一致。③

就 90 年代的教育任务而言，该教育白皮书提出，要消除严重的在校学生辍学现象，保证儿童上学并能全日留在学校学习，以便得到尽可能最好的教育。因此，"政府政策的压倒一切的任务，是不断提高具有各种能力的全体学生在学校所应达到的水平"④。

---

① Stuart Maclure, *Education Re-formed*, London：Hodder & Stoughton，1992，"Introduction"．

②［英］《选择与多样化——学校的新框架》，吕达、周满生主编：《当代外国教育改革著名文献》（英国卷·第二册），北京：人民教育出版社 2004 年版，第 168 页。

③［英］《选择与多样化——学校的新框架》，吕达、周满生主编：《当代外国教育改革著名文献》（英国卷·第二册），人民教育出版社 2004 年版，第 210 页。

④［英］《选择与多样化——学校的新框架》，吕达、周满生主编：《当代外国教育改革著名文献》（英国卷·第二册），北京：人民教育出版社 2004 年版，第 184 页。

在教育机会上，该教育白皮书提出，保证为所有儿童提供机会均等，给全国各地的学生提供相同的教育机会。"不管儿童的能力倾向如何，也不管在什么类型的学校，所有儿童都学习国家统一课程到同样水平。政府保证在公立学校系统内部不分学校等级，不同学校同样尊重，以便提供家长大量选择机会。"① 基于以多样化、高标准和选择性为标志的教育制度，该教育白皮书提出，其目的是让所有儿童都有机会展现他们的全部潜力。

（2）关注特殊教育需要的儿童

教育白皮书《选择与多样化——学校的新框架》提出，所有公立学校必须公布平等合理的招生政策使家长对他们子女能否获得入学机会有一个尽可能明确的了解。所有公立学校应该根据《学生入学规程》保证学生入学。对于有特殊教育需要的学生，政府保持信守有特殊教育需要的学生应该最大限度地在普通学校接受教育的原则。

该教育白皮书重申，政府保持信守有特殊教育需要的学生应该最大限度地在普通学校接受教育的原则，并为特殊学校申请直接拨款学校地位作出了规定，以便使那些有特殊需要的学生受到高质量的教育。政府应该对所有儿童，例如，有特殊教育需要的儿童、能力特别强的儿童、学习有困难的儿童、行为不良的儿童，都同样关心，满足全体儿童的需要和期望。所有儿童都应该受到一种能使他们紧张地学习和对他们进行鼓励的教育，使他们的各种能力得到充分发挥。

（3）发展技术教育为重点的特色学校

如果说《1988年教育改革法》实现了英国中小学统一的国家课程，那么，教育白皮书《选择与多样化——学校的新框架》则是在统一的国家课程框架下发展教育的多样性，以弥补国家课程的划一性带来的不足。这份白皮书阐明了发展特色学校的缘由：新世纪的需求，要求学校能适应他们的学生、社会和经济变化中的需要。因此，在实施国家课程之外，鼓励中

---

① ［英］《选择与多样化——学校的新框架》，吕达、周满生主编：《当代外国教育改革著名文献》（英国卷·第二册），北京：人民教育出版社2004年版，第180页。

等学校发展特色学科，以满足学生的多样化需求，满足社会对不同专长人才的需求。

该教育白皮书提出，特色学科主要是科学、音乐、近代语言和工艺学等特定课程领域。学生可以在第四阶段在上述领域中选择一个专门化领域进一步发展他们的技能、知识和理解力，并在正式的教学和学习内部或通过课外活动提高。白皮书明确提出，政府正在建立一个特色学校网，其中包括城市技术学院、技术学校和技术学院。因此，当时英国政府重点发展以技术为重点的特色学校。

（4）改造失败学校和薄弱学校

教育白皮书《选择与多样化——学校的新框架》认为，学校失败是管理不善造成的。"失败并非由于缺乏资源。很多学校有许多钱，但教育质量很差，失败通常是学校领导和管理的失败。事实证明，具有坚强的领导和有效的管理，处境不利地区的学校就能够兴旺。"[①]

该教育白皮书还对失败学校的改造程序作了以下规定，被督学报告认定为"危险"的学校，要求它们进行可接受的教育；学校董事会准备一份行动计划，地方教育当局提供述评；地方教育当局有权向"危险"学校增派董事或从这类学校撤回代表；国务大臣有权任命一个教育委员会，从董事会和地方教育当局接管一所或若干所学校；教育委员会将拥有它负责的每一所直拨学校董事会的权力和拨款；教育委员会将管理这些学校，直至国务大臣确信它们已经达到令人满意的工作水平为止。

（5）扩大家长的选择权

教育白皮书《选择与多样化——学校的新框架》指出："1980 年以来，政府一直志在扩大家长的选择权，牢固地确立家长的影响和控制。因为创建一所优良学校，最重要因素之一是家长参与学校的生活和进步。在很多情况下，通过学校的选择所表达的家长的愿望，将推动工作改进。……政

---

① ［英］《选择与多样化——学校的新框架》，吕达、周满生主编：《当代外国教育改革著名文献》（英国卷·第二册），北京：人民教育出版社 2004 年版，第 218 页。

府坚定地信守家长的选择权和参与权，并且在国家统一课程所提供的框架内帮助所有学生争取优异成绩。这是支撑我国教育制度的支柱。"① 所以，充分认识家长的重要性和权利，是所有这些政策的执行所必需的。

为了扩大家长的选择权，教育多样化成为必要条件。该教育白皮书指出，多样化之一是给家长和儿童提供较多的选择机会。家长可以在公立和私立学校、郡立或教会或民办学校之间选择。教育制度是我们改革的重点，即走向多样化、高标准和选择性，旨在让所有儿童展现他们的全部潜力。

《选择与多样化——学校的新框架》这份教育白皮书发表后，质量、多样化、家长选择、学校自主权和责任制成为教育改革的五大主题，是英国基础教育走向多样化道路的开端。

# 小　结

20世纪70年代中期至90年代中期，作为整个战后阶段特征之一的教育机会扩张突然为经济紧缩和人口下降所遏制，英国政府的公共政策（包括教育政策）及其制定政策的指导思想发生了重大的变化，体现了效率优先、质量至上、兼顾公平的价值取向。

在政策理念上，批判工党政府奉行的凯恩斯福利主义路线，认为福利国家政策使英国经济走向颓势，因而转向新自由主义。提高效率是政府公共政策的最高价值追求，教育改革也是在效率优先兼顾公平目标的整体战略下有序、有层次地展开。

在教育改革战略中，课程改革是核心。从国家统一课程及与之配套的四个关键阶段国家统一评定到GCSE考试，旨在教育质量的整体提高，但也考虑是否为所有学生——无论性别、能力、种族和社会背景——的能力

---

① ［英］《选择与多样化——学校的新框架》，吕达、周满生主编：《当代外国教育改革著名文献》（英国卷·第二册），北京：人民教育出版社2004年版，第170页。

发展配备了相应的课程进度。特别是有关特殊需要学生、少数民族学生的政策，体现了强烈的公平取向。但是当此项政策与择校政策、经费政策结合运作时，便会发现公平政策从属于效率政策。正如英国课程专家劳顿所指出的，尽管政府想搞一种"平衡"的国家课程，但是我们从那儿得到的却是一张营养不均衡的"食谱"。政府开出的这张"学科清单"尽管列出了众多对我们有好处的"成分"，但这份"食谱"既不是"营养学家"根据科学原理"配制"的，也没有经过实践的验证，倒像"江湖医生"吹嘘的那种"能治百病"的"偏方"。① 为何政府会出这样的偏方，劳顿认为，是出于"效率"的考虑。比如公布"成绩比较表"，为了便于家长做出理性选择，就有必要向他们提供作为选择依据，因而要求各地方教育当局公布各个学校全国统一考试的"成绩比较表"。劳顿指出，就政府的本意而言，测试并没有被视为加强"国家课程"的一种方式，相反，"国家课程"倒成了测试计划的一种框架。从政治上看，"排行榜"比"国家课程"更重要。这样，他们完全有可能过度地关注"效率"而忽视教育事业的真正目的。②

从政策实施的效应来看，对教育效率的过度追求，在一定程度上损害了教育公平。例如，家长择校政策表面上给家长自由的选择权利，表达自己的偏好意愿，选择适合自己子女的学校教育，并规定学校在未招满学生情况下不得拒绝任何学生，但事实上，政府对超额注册的学校选拔学生又表现出无能为力。此外，所有公立学校必须公布平等合理的招生政策，使家长对自己子女能否获得入学机会有一个尽可能明确的了解，政府也给予家长表达喜爱他们子女进入哪所学校的权利，但实际上，好的学校在招生上可以挑挑拣拣，而差的学校就不能太挑剔，显然择校策略强化了学校分层。还有，公布"成绩比较表"，使得学校不愿意承担学习困难的学生，

---

① 石伟平：《劳顿论当前英国课程改革》，《外国教育资料》1995 年第 3 期，第 27—30 页。

② 石伟平：《劳顿论当前英国课程改革》，《外国教育资料》1995 年第 3 期，第 27—30 页。

因为他们往往会压低整体考试结果，也使得教师关注的不是那些最需要注意的学生，因而有特殊教育需要的学生实际上被忽略了。凡此种种，实质上都损害了教育公平，阻碍了教育的真正目的的实现——全体学生的发展。

# 第五章

## 差异而平等基础上的教育公平与教育效率的融合

### (20 世纪末—21 世纪第一个十年)

随着经济全球化的进程，撒切尔政府和梅杰政府的新自由主义经济政策显得应对乏力。尽管这一政策曾使英国的经济一度复苏，但长期片面的效率追求带来不少社会问题，因而阻碍了经济和社会进一步发展。撒切尔夫人领导的保守党政府执政 18 年后，终于在 1997 年大选中下台，取而代之的是托尼·布莱尔领导的新工党。新工党为了重新执政，经过长期酝酿，根据时代发展的需要，对政党的意识形态进行修正，打出了"第三条道路"的旗帜，推出以教育政策为核心的经济社会政策网，旨在通过提供适切性教育融合教育效率与教育公平的双重价值取向。

### 一、社会和教育背景

#### 1. 社会背景

（1）撒切尔主义的衰微

撒切尔的改革一度使英国经济复苏，"英国病"基本治愈。但是，到 80 年代末，由于开支加大和货币发行增多，通货膨胀率上升，迫使政府采

取收缩政策，导致企业关闭，工人失业。年均 2% 的经济增长只是略微高
出前任工党的政府；高失业率以及反工会的立法，为众多工人带来了劳动
力市场与日益增长的不安全感。① 1989 年人头税的推行，也引起低收入者
的憎恨。1992 年，保守党为了赢得大选，推举处事温和的财政大臣约翰·
梅杰（John Major）参与竞选。梅杰代替撒切尔夫人担任首相后，调整内
外政策，对内控制通货膨胀、增加教育经费、解决住房问题等，对外积极
融入欧洲一体化进程。尽管梅杰政府的措施取得了一定效果，但难以化解
保守党政府一直以来对市场化追求带来的种种问题。

（2）布莱尔主义的崛起

工党在野 18 年，其间卧薪尝胆，根据时代发展要求对党的意识形态、
指导思想和政策理念均作了彻底的改造。1994 年，布莱尔（Tony Blair）
当选工党领袖，宣布要赋予传统的工党信念以现代的内涵，建设一个"新
工党"。1996 年，他出版了重要著作《新英国：我对一个年轻国家的展
望》，系统阐述了新工党在政治理念和政策上的变化。一是区分了社会主
义的目标和手段：社会主义的目的是实现一套普适的公平、正义的价值
观，而公有制仅仅是实现目标的一种手段，为工党制定灵活的经济社会政
策奠定了基础。二是将国家发展置于经济全球化的进程之中。为了参与全
球化竞争，英国下一个时代将成为富有创造力的时代，支配 21 世纪经济的
将是储蓄、投资、创新和最终开发人民的潜力，为此要变革现有的教育体
系。三是创建安全社会，要发挥社区、家庭、就业和福利在创建良好社会
中的作用。这一切最终都指向了教育。正因为如此，1996 年 10 月布莱尔
在英国工党大会上说："要问我的三个政纲，那我告诉你：教育，教育，
还是教育。"这也成为 1997 年工党竞选纲领的首要标题，成为工党第一优
先考虑的公共领域。因此，布莱尔强调指出："我们认为，其中真正的关
键在于教育。抓对了教育，其余自然归位，抓错了教育，可预见经济衰

---

① 比尔·考克瑟等：《当代英国政治》，孔新峰等译，北京：北京大学出版社 2009 年版，
第 74 页。

落，社会状况恶化。"[1]

(3) 作为政治意识形态的"第三条道路"

新工党执政后的突出特点是寻求改革，实现建设"新英国"的各种设想。这些设想被称为"布莱尔主义"。1998年，布莱尔出版了第二本重要著作《第三条道路：新世纪的新政治》，明确打出了"第三条道路"的旗号。"第三条道路"代表了一种现代化的社会民主主义，热情致力于其社会公正和"中左"政治目标，但却是以灵活、创新和富有远见的方式来实现。它主张，社会民主主义转型，既不走老左派"僵化的国家干预主义"的老路，也反对新右派完全自由放任的新自由主义政策，而是在新的历史条件下将社会民主主义与自由主义重新结合起来，在继承社会民主主义自由、公正、互助等传统价值的基础上吸收自由主义市场原则的积极成分，找到一条既能实现社会公正、又让经济有活力的新路。[2]新工党政府赞同和欢迎市场，但它也反对市场产生的不平等；它相信利用国家的力量进行财富再分配，以帮助处于社会边缘的贫穷人口；它仍然相信利用国家力量来分配教育、医疗等领域的机会。[3] 因此，布莱尔的"第三条道路"与撒切尔政府的公共领域市场化改革是有所区别的。

2. 教育背景

20世纪80年代以来，在撒切尔政府提高教育质量的系列措施下，英国基础教育得到了长足发展。国家统一课程和成绩评定与考试制度的实施使中小学教育质量有了显著改善，教育水准有所提高，11、14、16和19岁的成绩接近或已经达到了历史最好水平，薄弱和失败的学校大大减少。但是，市场化改革也给基础教育带来许多问题。

---

① 托尼·布莱尔：《新英国：我对一个年轻国家的展望》，曹振寰等译，北京：世界知识出版社1998年版，第202页。

② 马丁·鲍威尔编：《新工党，新福利国家？——英国社会政策中的"第三条道路"》，林德山等译，重庆：重庆出版社2010年版，前言。

③ 何秉孟、姜辉：《阶级结构和第三条道路——与英国学者对话实录》，北京：社会科学文献出版社2005年版，第152页。

（1）教育领域两极分化严重

撒切尔政府 18 年来的市场化改革从经济领域延伸到教育领域，在"机会面前人人平等"的理念下，导致教育领域两极分化严重——学校两极分化和学生学业成绩的两极分化，教育不公平问题严重。1997 年的教育白皮书《卓越的学校教育》（*Excellence in Schools*）指出：顶端的卓越不能与大多数儿童高标准相比，我们有世界一流的学校和最好的学生，但是与其他工业国家相比，学生的平均成绩是不令人满意的。英国教育领域里两极分化主要表现为学校的两极分化和学生学习成绩的两极分化，这两个方面之间又有一定的联系。在学校方面，文法学校、公学提供了世界一流的中等教育质量，但失败学校也占学校总数的 2％—3％，大约 1/3 的学校没有达到它们应有的良好状态。在学生成绩方面，许多 11 岁儿童的阅读能力都达不到与其年龄相称的水平。例如，1996 年全国性考试中，10 名 11 岁儿童中只有 6 名在数学和英语上达到这个年龄阶段的预期成绩；14 岁儿童的测试成绩情况类似，超过 1/3 的儿童在英语、数学和科学等科目上没能达到这个年龄阶段的预期水平；12 名学生中就有 1 名学生拿不到一个普通中等教育证书。[1]

（2）学校制度不完善

英国现存的学校制度存在种种弊端。一是教育系统中各个阶段教育都存在不足。具体表现为：学前教育不足，小学教育质量低下，中等教育课程和学校组织僵化。二是从学生群体受惠的情况来看，这是一个精英的教育制度。它不仅表现在 11 岁选拔考试上，而且也表现在只有少数学生才能进入大学深造，还有对那些最弱势的儿童和青少年没有提供太大的帮助。与国际相比较，英国成绩最优秀的学生能够拉升平均分，而掩盖了这样一个事实，即中等成绩的学生（大概占学生总数的 40％）并不是成功的，这

---

① The Department for Education and Employment，*Excellence in Schools*，London：Her Majesty's Stationery Office，1997：10.

并没有引起很大的注意，但这正是造成中等学校成绩不良的原因之一。①

（3）学生辍学现象严重

英国政府的教育白皮书《选择与多样化——学校的新框架》（1992）中将学生辍学作为 20 世纪 90 年代英国的一个严峻的教育问题。"这种现象破坏了我们的教育制度。这意味着一些学校对辍学现象熟视无睹，一些家长没有使他们的子女上学校以履行他们的合同，尽到他们的法律责任。最坏的情况是辍学会导致学生本身很大不幸。辍学的男孩和女孩，或者注了册而学习日的大部分时间缺席的人，生活不会愉快，不能发展他们的才能，不能合格毕业，最坏的情况是一些人陷入犯罪。"② 尽管这份教育白皮书中将学生出席情况作为督学团考察学校的一个重要指标，但学生辍学问题依然难以根治。

## 二、基础教育理念

在新工党酝酿第三条道路下的教育改革思路的同时，教育理论界（特别是教育政策研究学者）也对 20 世纪 80 年代以来撒切尔—梅杰政府推行的"择校"和"教育消费权"政策进行了批判和反思。在这一时期，基础教育理念上的主要代表人物是教育社会学家鲍尔、教育社会学家惠迪以及新工党领袖布莱尔。他们都对新自由主义者在教育消费权上的狂热追求提出了严厉的批评，并对教育公平内涵给予了全新的诠释。

### 1. 格林：公共教育制度与教育公平

格林（Andy Green）是英国比较教育学家和教育史家。1990 年，他在《教育与国家的形成：英、法、美教育体系起源之比较》（*Education and State Formation：The Rise of Education Systems in England，France and the USA*）中对英国、法国和美国国民教育制度发展进行比较的同时，也

---

① Department for Education and Skill, *Five Year Strategy for Children and Learners*, London：TSO Shops，2004：16.

② [英]《选择与多样化——学校的新框架》，吕达、周满生主编：《当代外国教育改革著名文献》（英国卷·第二册），北京：人民教育出版社 2004 年版，第 174 页。

论述了公共教育和教育公平的问题。

(1) 公共教育制度在一定程度上保证教育平等

格林认为，民族性国家教育体系是一种普及的和公共的制度。在欧美国家，随着公立学校制度的建立，教育涉及社会的每一个人，不仅每个人接受初等教育成为一种普遍现象，而且中等教育也从原来范围狭小的精英模式中走出来。随着民主化进程对教育发展产生巨大而深远的影响，教育机会均等原则成为福利政府时期教育的主旋律。由国家自上而下地组织开展的公共教育承担了促进国家道德、文化和政治发展的基本任务。可以说，公共教育既是共和统治的结果，又是共和政府的工具，因此，公共教育制度在一定程度上保证教育平等。例如，在美国，人们普遍认为，公共教育可以给工人提供机会，使他们从教育中得到好处。"美国和欧洲一样，教育在形成民族和国家意识上起了很重要的作用。"①又如，在英国，《1870年初等教育法》奠定了国民教育体系的基础，使得政府第一次承担了普及公共教育的责任，第一次把初等教育送到了每个英国人的家门口。

(2) 新自由主义政策下的教育改革会加剧教育不平等

格林认为，在欧洲大陆国家，教育标准化和理性化的措施早已被视为保证教育平等的关键。但是，自20世纪80年代以来，英国的保守党政府试图建立一种以19世纪新自由主义自由市场原则为基础的社会秩序。新自由主义的新右翼一直在呼吁建立一个教育券制的半私有化的独立学校体系。实际上，自由的传统"在许多方面是有害的。它导致了对独立性和灵活性的狂热追求，而忽视了教育的普及与平等"。在格林看来，自由市场论的逻辑是极端粗糙的。所谓市场化的教育体制提倡自由放任的模式，反而会在教育上更强调供给和产出的不均等。它不仅会加剧独立学校的阶级划分，而且还会削弱现存的公共教育。例如，公学教育在英国就极大地破坏着公共教育。因此，格林强调指出："所有这些结果当然是产生一个新

---

① 安迪·格林：《教育与国家的形成：英、法、美教育体系起源之比较》，王春华译，北京：教育科学出版社2004年版，第216页。

的精英教育等级制度，从而加剧教育的不平等。"①

### 2. 鲍尔：择校使强者更强而弱者更弱

教育社会学家鲍尔（S. Ball）对新自由主义者强调的择校进行了研究和批判。市场机制会使强者更强而弱者更弱，因而损害了弱势群体的利益，扩大了社会分化。

（1）"市场乌托邦"

鲍尔认为，消费者选择的理由可以归纳为以下三个方面：一是私立学校的业主有强烈的动机去取悦学生和家长，所以学校能更灵敏地反映市场；二是学校之间的界限被打破，使学生和资源能从那些不受欢迎的或反应能力不足的学校转移到热门的和反应灵敏的学校；三是营造了一种自然选择的机制，不受欢迎的学校将被迫关闭或改弦更张。但是，鲍尔指出，这是"市场乌托邦"②。

（2）市场选择的机理

鲍尔对于市场选择的机理进行了细致的分析。一是市场选择加剧了学校制度分化。在家长自由选择模式下，那些"成功"的学校恰好可以通过选择来保护其地位。这样造成的结果是学校制度的分层，一部分学校有能力拒绝某些顾客，而另一部分学校就不能太挑三拣四。二是市场成为阶级再生产的机器。因为市场的理念建立在"理想家长"的模式之上，并将"理想家长"与一般家长等量齐观。在市场里的所有人都是自由而平等的，所不同的是人们算计各自利益的能力，市场通过对那些不能选择的人和糟糕的选择人贴上"糟糕家长"的标签，将上述人们之间的差异合法化。这种排他性知识和区别对待的学校制度，强化和衍生了中产和上层阶级在国家教育中的相对优势。三是教育市场竞争的结果偏离了提高质量的目标。最好的学校并不是那些能最大限度地提高学生学习成绩的学校，而是那些

---

① 安迪·格林：《教育与国家的形成：英、法、美教育体系起源之比较》，王春华译，北京：教育科学出版社 2004 年版，第 342—343 页。

② 斯蒂芬·鲍尔：《教育改革——批判和后结构主义的视角》，侯定凯译，上海：华东师范大学出版社 2003 年版，第 143 页。

能最充分地筛选和选择学生的学校。

### 3. 惠迪：寻求消费权与公民权的平衡

惠迪（Geoff Whitty）是英国教育社会学家。在他与鲍尔（S. Power）和哈尔平（D. Halpin）合著的《教育中的放权与择校：学校、政府和市场》（*Devolution and Choice in Education：The School，the State and the Market*）中对自 20 世纪 80 年代在西方国家兴起的教育重建运动进行了分析，论述了基础教育公平的问题。

（1）以市场为导向的教育改革在很多方面破坏了教育公正

从教育社会学的角度出发，惠迪认为，尽管公共学校制度没有成功地解决社会弱势群体的问题，其结果上的差异反映了人们在社会经济地位上的差别，但是，以市场为导向的教育改革也没有像其支持者所宣扬的那样更为公平，而且可能会破坏教育公正。在新自由主义政策下的重建公共教育和办学形式多样性，并没有使学校把教育资源更多地分配给社会教育中的弱势群体，以满足他们基于公平理念的各项需求。例如，为了满足重视"天才儿童"和选拔"优等生"的需要，那些学习较差的学生尤其是困难的学生得到的资源往往就很少，因而使得学校没有加大对那些处于弱势群体的学生的支持。惠迪指出，这实际上是"某些群体在追逐自身利益的同时损害着别人的利益"[①]。在接受美国批判教育学者、加利福尼亚大学洛杉矶分校教授托里斯（Carlos A. Torres）的访谈时，惠迪更是强调指出："随着公立教育日益走向市场化和私有化，与正在行使的消费者权利相对立的公民权利的机会渐渐消失。国家将公立教育移交给原子化的个人来做出决定。然而，个人却不具备做出那些决定的相同资源。因此，可能出现的情况是，国家暂时显得很公正，而不平等现象却成倍增加。"[②]

（2）在考虑教育消费权的同时要重视教育的公民权

---

① 惠迪、鲍尔、哈尔平：《教育中的放权与择校：学校、政府和市场》，马忠虎译，北京：教育科学出版社 2003 年版，第 138 页。

② Carlos A. Torres, *Education，Power，and Personal Biography：Dialogues with Critical Educators*, New York：Routledge, 1998：107.

　　惠迪认为，在教育政策上必须考虑教育公平。例如，择校政策进一步削弱了本来就处于弱势地位的群体，这使得人们十分担忧择校的措施对教育公平和社会公正所造成的影响。惠迪强调指出："只要人们倾向于按照学校优异的单一尺度来评价学校，择校就不可能如其倡导者所言会导致更加多样、灵活的办学形式，相反，它会加强基于学术考试成绩和社会阶级的现存学校分层机制。"① 在他看来，在教育重建中必须更多地关注教育公平问题，要增强择校制度中的公正性，在考虑教育中的消费者权利的同时重申教育的公民权。针对选择理论，惠迪还指出："处于严重不利地位的人们有使决策者意想不到的其他优先考虑的事情。有一种理念认为，代用券政策将带给贫民的裨益甚至比带给在该制度以外生活得相当好的人们的裨益更多。但这一理念没有顾及这些群体的信息缺失。"② 因此，应该唤起人们对更为平等的教育改革政策的支持。如果不想损害公正的话，择校就应慎重地加以规范。

　　惠迪还提出重新解读公民权以适应时代的发展。他说，只有超越强调"同质的、统一文化的、特性与差异被排除在外"的传统公民观，才能着重思考"另一种公民观——接受和认同差异"。③ 也就是说，现代的公民权含义不仅包含每个公民具有平等的权利，而且也包含了尊重个体的差异，这种差异性不再定义为阶级、种族、性别或条件，而是表示宗教、肤色、残疾人、年龄、个人兴趣、能力倾向等的差异，因而不再有高低之分，只有差别而已。通过提供同一水平上的多样化教育，达到消费权和公民权的平衡，这样，教育的消费权和公民权之间的界限就会消解并走向统一。

　　4. 布莱尔：有质量的教育公平

　　英国首相托尼·布莱尔（Tony Blair）是一位卓越的政治领袖。他对

---

　　① 惠迪、鲍尔、哈尔平：《教育中的放权与择校：学校、政府和市场》，马忠虎译，北京：教育科学出版社 2003 年版，第 149—150 页。

　　② Carlos A. Torres, *Education, Power, and Personal Biography: Dialogues with Critical Educators*, New York: Routledge, 1998: 102.

　　③ 惠迪、鲍尔、哈尔平：《教育中的放权与择校：学校、政府和市场》，马忠虎译，北京：教育科学出版社 2003 年版，第 173 页。

教育公平的诠释大胆突破了以往工党对同质的教育公平目标追求，在《新英国：我对一个年轻国家的展望》中系统地阐述了他的教育理念。

（1）承认综合中学政策造成的偏差

布莱尔提出了改善学校制度的设想。他强调说："在教育方面，我们应要求教师和学校提供选择机会和严格的标准，但运作我们的系统时应让所有的孩子得到那种选择机会，实行那些标准，而不只是享有特权的少数人才能得到。"① 布莱尔承认了老工党在综合中学改组路线上的偏差，认为应该从综合体系中总结经验、吸取教训。因为综合中学改组在追求更大的机会均等的过程中，也引导教育向同质化方向发展。虽然不应该在儿童11岁时就将他们分为成功的和失败的，但这也并非意味着一刀切或降低水准，而是要针对不同能力和不同兴趣的儿童，提供他们所需要的高质量的教育。因此，布莱尔还说："我希望能有一个工党政府引导英国教育体制的改良运动，使综合教育体系现代化，实现所有人接受高水准教育的目标。"②

（2）差异而平等

布莱尔认为，真正的公平应该是帮助儿童发挥人的最大潜能。因为儿童是有差异的，应该为每一个儿童提供最适切的教育。他明确地说："能力差异不能否认。"当前的教育必须改革，要远离每一个一定年龄段的儿童以同样的速度在每一课程中向前进，开发一个针对每一个学生特别才能和兴趣的教育体系。承认儿童差异，针对不同能力、不同兴趣的孩子提供他们所需要的高质量教育，即最适切的教育。

（3）重塑教育公平与教育质量之间的关系

布莱尔还很好地诠释了平等与质量的关系。他说："公平不能与质量为敌。真正的公平意味着给每个人提供受教育的机会，帮助他们发挥最大

---

① 布莱尔：《新英国：我对一个年轻国家的展望》，曹振寰等译，北京：世界知识出版社1998年版，第40页。

② 布莱尔：《新英国：我对一个年轻国家的展望》，曹振寰等译，北京：世界知识出版社1998年版，第188页。

的潜能。这其中的含义是为有需要的人提供特殊帮助，为普通学生提供挑战性教育，使智力超常者的能力全面发展。换言之，不管你是聪明、普通还是愚钝，一个公平的良好的教育并不是让所有人都在同一个课堂学习，而是为你的特殊需要提供最适合你的学习经历。这便是我提议的在综合学校将学生进行分组的灵活体系，以确保每个人都能享受最适合自身需求的教育。"① 也就是说，教育公平与教育质量并不是天然对抗的，真正的教育公平应该是有质量的教育公平；教育公平不再定义为每个人达到相同的结果，而是每个人在原有的基础上个人潜力得到最充分的发展，因而应向每个人提供最适切的教育，即个性化教育，这便是有质量的教育，也是最公平的教育。这种阐述结束了英国教育中同质与差异、公平与质量之间的争端，使教育公平与教育效率趋向融合，从而为英国进入 21 世纪的教育改革提供了理论基础。

## 三、基础教育政策目标与策略

21 世纪初以来，英国基础教育政策主要体现在 1997 年的《追求卓越的学校教育》、《2002 年教育法》、2002 年的教育白皮书《传递结果：一个面向 2006 年的战略》、2003 年的《新的特色学校制度：转型中的中等教育》、2004 年的《为儿童和学习者的五年战略》、2007 年的教育战略规划《儿童计划：建设更加美好的未来》、2008 年的《2008 年教育和技能法》以及 2009 年的教育白皮书《你的孩子，你的学校，我们的未来：建设一个 21 世纪的学校制度》上。基于提供最适切的教育使每一个儿童都成功的目标，这一时期英国的教育政策凸显出以下策略：（1）使儿童有一个卓越的开端，使所有儿童在小学阶段都达到学习目标和在中学阶段都达到学业标准；（2）使每一所学校拥有优质教师；（3）制定促进优质教育的方案和对学生提供适切的教育；（4）倡导和进一步深化个性化教与学计划；（5）建

---

① 布莱尔：《新英国：我对一个年轻国家的展望》，曹振寰等译，北京：世界知识出版社1998 年版，第 204 页。

立一个高质量和选择性的学校制度；（6）创建一个世界一流的学校制度和实施国际水平的教育；（7）加强学校合作、学校改善和学校支持；（8）创建一个新的特色学校系统和发展走向伙伴关系的特色学校系统；（9）政府提供教育或教育服务，确立对所有家庭的支持政策；（10）发展"城市学园"和推广"城市学园"计划的成功经验；（11）将离校年龄提高至18周岁。

### 1.《追求卓越的学校教育》（1997）

1997年5月，以布莱尔（Tony Blair）为首相的新工党政府上台，把教育作为政府最优先考虑的工作。在"第三条道路"（市场社会主义模式）执政理念的指导下，同年7月，教育与就业部发表了一份题为《追求卓越的学校教育》（*Excellence in Schools*）的教育白皮书，提出了英国1997—2002年的教育发展规划，旨在追求每一所学校的成功。正如教育大臣大卫·布伦基特（David Blunkett）在这份教育白皮书的前言中所指出的：教育白皮书既是政府为了迎接未来挑战而装备全国人民，也是政府向所有人提供平等机会和更高标准的核心承诺。"为了使机会平等成为现实，要克服经济上和社会处境不利，必须为根除大多数被剥夺地区学业成绩不良而奋斗，绝不妥协"，而且，"必须克服精神上的处境不利，这种处境不利表现为代代相传的教育系统中的落后甚至失败"。①

（1）提高处境不利学生的学习成绩标准

教育白皮书《追求卓越的学校教育》提出，英国教育问题的症结是两极分化，所以，政府的教育政策要着眼于大多数学生而不是少数学生。政府要致力于实现教育机会平等，提高学生的学习成绩标准，尤其要消除处于不利地位的学生的厌学情绪和学习成绩低下的情况。

该教育白皮书对50—60年代工党中等教育综合化政策进行了反思。在20世纪50—60年代，对更多平等机会的追求导致了综合学校的产生，所有中等学校变成统一的模式。追求机会平等，在某种情况下变成一种统一

---

① Department for Education and Employment, *Excellence in Schools*, London：Her Majesty's Stationery Office，1997：preface.

的趋势，在这一理念下所有的儿童有同样的权利发展他们的能力，太容易变成这样的教条：所有儿童有同样的能力。这表明，新工党政府开始承认教育机会平等不等同于每个儿童有相同的学习能力。

（2）实施教育行动区计划

教育白皮书《追求卓越的学校教育》提出，制定教育行动区计划（*Education Action Zone*），以帮助处于不利地位的地区和教育成绩不好的学校，实现所有学生的发展和所有学校的卓越。每一个教育行动区必须制定一个行动计划，并得到教育与技能部的认证。强调加强学校与家庭的合作伙伴关系，吸收社区和企业参加行动区的管理与运作。具体来说，在伦敦和其他主要大城市建立 25 个试点教育行动区的设想，为期 2—3 年，在行动论坛（action forum）基础上运作。行动论坛由家长、地方工商界人士、社会团体以及参与学校和地方教育当局的代表组成，起草行动计划，提出行动目标。

在教育白皮书《追求卓越的学校教育》发表后，英国于 1998 年颁布了《学校标准与框架法案》（*School Standards and Framework Act*），拓展教育行动区计划，在一个教育发展相对较差的地区，几所学校组成一个合作体接受政府和地方企业的资助。1999 年 3 月，又提出了一个为期三年的行动计划：《追求卓越的城市学校》（*Excellence in Cities*），通过整合区域教育资源、建立学生发展支持体系、提供多样化教育方式和增加教育经费投入，以提高城市地区中小学的教育质量。因此，从 1998 年实施到 2001 年短短的三年里，教育行动区计划初步显示了对薄弱地区教育的促进作用。

（3）发展特色学校

教育白皮书《追求卓越的学校教育》中将特色学校与综合学校改革、教育行动区计划结合在一起，促进薄弱学校、综合学校向特色学校转型。"我们承诺给所有的学生平等的学习机会，这并不意味着提供单一类型的学校教育。我们要鼓励多样化，鼓励学校发展自己的独特身份和特色。特色学校——突出技术、语言、运动和艺术——应当成为当地人民和周围学校可利用的资源。"① 该教育白皮书还提出了发展特色学校的两条途径：一是在教育行动区内建立特色学校。要确保每个教育行动区内有一所学校在有目的的支持下成为一所在技术（或语言、运动、艺术）方面的特色学校，使其在振兴该地区教育中成为中坚力量。二是综合学校改造。综合学校政策追求平等的机会在某些情况下变成统一的趋势，因此，进入新世纪，我们必须拥有现代化的综合中等教育——承认不同的儿童按不同的速度以不同的能力前进。2000 年 1 月，托尼·布莱尔宣布要在接下来的三年里把上百所的综合学校转变为"特色学校"。

（4）关注薄弱学校

教育白皮书《追求卓越的学校教育》指出，至今英国尚有 300 所学校被教育标准局认定为失败学校，有必要考虑重新开张那些没有足够证据显示复兴的学校。"教育标准局将持续监督这些学校，地方教育当局也可请求教育标准局提前实行全面监督，以免这些学校滑入失败学校之列。"② 也就是将薄弱学校从"事后评定"转变为"事前防范"。

（5）构建新型伙伴关系

教育白皮书《追求卓越的学校教育》明确提出："我们必须在地方层面构建有效的伙伴关系，帮助学校一起工作，为提高标准这一共同目标而努力。"③ 通过在国家、市场、社会各个层面上建立的新型伙伴关系，加强由社区学校、基础学校和受助学校之间合作伙伴关系，以提高教育效率。例如，增加学校董事会中家长董事的数额，以加强学校和社区的联系；转变地方教育当局的功能，从强调控制转向支持学校自我决策等。

2.《2002 年教育法》（2002）

2002 年 6 月，英国又颁布了《2002 年教育法》（*Education Act* 2002）。

---

① Department for Education and Employment, *Excellence in Schools*, London：Her Majesty's Stationery Office，1997：11.

② Department for Education and Employment, *Excellence in Schools*, London：Her Majesty's Stationery Office，1997：29.

③ Department for Education and Employment, *Excellence in Schools*, London：Her Majesty's Stationery Office，1997：13.

这是英国在刚刚进入 21 世纪后所颁布的一个教育法案，对教育、培训和儿童保健作出了新的规定。

（1）建立均衡的、宽基础的课程体系

在学校课程结构上，《2002 年教育法》提出，为了促进学生教育达标率的提高，必须"建立起能够促进社会和学生精神、道德、文化、智力和身体各方面发展的均衡的、宽基础的课程体系"①。

（2）政府提供教育或教育服务

在教育财政资助上，《2002 年教育法》提出，政府提供教育或教育服务，提供儿童保健或与此相关的各种服务，在学生接受教育的过程中为他们提供基本的维持学习的费用等。

（3）发展"城市学园"

城市学园是由企业以及志愿团体向原先的技术学校或城市技术学院注入资金建立的。自 2000 年 3 月计划建立"城市学园"网络后，赞助商可以参与到这些城市学园的管理中，这些学园也将不在地方当局的管控范围之内。《2002 年教育法》中将城市技术学院、技术学校以及城市学园等有技术教育特色的中等学校全部转变为学园，并将学园延伸到农村地区。

3.《传递结果：一个面向 2006 年的战略》（2002）

2002 年 12 月，工党政府于 2001 年 6 月才成立的教育与技能部就发表了一份题为《传递结果：一个面向 2006 年的战略》（Delivering Results：A Strategy to 2006）的教育白皮书，提出了 2002—2006 年英国教育政策的框架，其中包括幼儿教育、初等教育、中等教育、高等教育和继续教育。教育与技能部国务大臣克拉克（Charles Clarke）在"前言"中强调指出："如果我们要实现一个国际水平的教育制度，以及保证我们的劳动力有能力与世界上最好的国家进行竞争……我们就需要继续改革和改善学

---

① ［英］《2002 年教育法》，吕达、周满生主编：《当代外国教育改革著名文献》（英国卷·第二册），北京：人民教育出版社 2004 年版，第 245 页。

校。这个经过修订的教育战略框架陈述了我们所面对的主要挑战。"① 制定 2002—2006 年英国教育政策框架的出发点是，政府正在努力使英国成为这样的社会："全体的社会：创造机会和消除障碍以确保每一个人能充分发挥他们的潜能；成功的社会：使每一个人能够发展他们保持职业和从事国际竞争的商业所需要的技能。"②

（1）使儿童有一个卓越的开端

在幼儿教育上，教育白皮书《传递结果：一个面向 2006 年的战略》提出，为更多的儿童提供更高质量的早期教育和儿童保育，在教育中给儿童一个卓越的开端，使他们未来的学习有一个更好的基础。确保英国所有的 3—4 岁儿童都能接受免费的幼儿园早期教育。制定《全国幼儿保健策略》，确保每一个父母都能获得幼儿保健机构的帮助，使幼儿保健与幼儿园早期教育、学校教育和家庭教育相互补充。

（2）使所有小学儿童都达到学习目标

在初等教育上，教育白皮书《传递结果：一个面向 2006 年的战略》提出，继续初等教育已有的进步，继续为小学儿童扩大学习机会，使更多的 11 岁学生打好升入中学的基础，能够有效地读写和运用数学。确信所有学区的学生都能达到学习目标，努力缩小不同教育行政区以及同一教育行政区的不同小学学生成绩的差距。

（3）使所有中学生都达到学业标准

在中等教育上，教育白皮书《传递结果：一个面向 2006 年的战略》提出，通过提高所有年轻人的教学和学习质量来变革中等教育，提高 11—14 岁教育的学业标准，发展一种灵活的和具有挑战性的 14—19 岁教育。为所有的学生提供达到技能标准的教育，尤其对那些环境复杂地区学习成绩较低的学生提供有目的的支持，以提高学习成绩水平和缩小学习成绩差距。

---

① Department for Education and Skill, *Delivering Results*: *A Strategy to* 2006, Westminster: DfES Publications, 2002：2.

② Department for Education and Skill, *Delivering Results*: *A Strategy to* 2006, Westminster: DfES Publications, 2002：6.

（4）制定促进优质教育的方案

教育白皮书《传递结果：一个面向 2006 年的战略》提出，制定促进优质教育的方案，支持最缺乏教育资源地区的中学的发展。鼓励每一所学校办出特色而成为特色学校，并对薄弱学校和失败学校进行更早的和更有效的干预。

进入 21 世纪后，英国新工党政府连续颁布了《2002 年教育法》、2002年教育白皮书《传递结果：一个面向 2006 年的战略》，延续了 1997 年教育白皮书的精神。

4.《新的特色学校制度：转型中的中等教育》（2003）

为了进一步发展特色学校，2001 年教育和技能部颁布了教育白皮书《学校：迈向成功》（School— Achieving Success），设定了特色学校发展目标，到 2005 年时有 1 500 所中学将转变为特色学校，特色学科扩展到科学、工程、管理、数学和计算机，学校获得企业资助总额从 10 万英镑降到5 万英镑。紧接着，2003 年，教育与技能部又颁布了教育白皮书《新的特色学校制度：转型中的中等教育》（A New Specialist System：Transforming Secondary Education），试图以更大范围和更高水平的合作，推动特色学校涵盖整个中等教育体系。

（1）创建一个新的特色学校系统

教育白皮书《新的特色学校制度：转型中的中等教育》提出，每所特色学校都有自己的特色和精神风貌，并且学校之间为创造学习氛围而共同合作。计划到 2006 年时，达到 2 000 所特色学校；长远目标是每一所中学成为特色学校。同时提出，取消申请特色学校必须具备赞助商 5 万英镑赞助的资格条件，使所有中等学校都有机会申请成为特色学校。

（2）扩大特色学科和特色学校的范围

教育白皮书《新的特色学校制度：转型中的中等教育》提出，扩大特色学科的范围，在现有的艺术、语言、运动、技术、科学、工程、商业、数学和计算机信息等八个特色学科基础上，增加人文（包含历史、地理或英国史）和音乐两个特色学科，共设十个特色学科。此外，扩大特色学校的范围，除公立学校外，还将一些优秀的教会学校、文法学校纳入特色学校体系。这样，使中等教育体系中特色学科更加多样，质量水平更加均衡，家长选择机会更多。

教育白皮书《新的特色学校制度：转型中的中等教育》确立了英国中等学校全面特色化发展的方案，推动了英国特色学校政策取得重大的进展。特色学校政策不再是局部的修补，而成为整个英国中等教育体系改革的策略。

5.《为儿童和学习者的五年战略》(2004)

2003 年，女孩维多利亚·克列姆比（Victoria Climbié）惨遭阿姨与其同居男人受虐致死事件引起英国朝野震动。同年政府颁布了绿皮书《每个儿童都重要》（*Every Child Matters*），对于儿童的健康成长给予全面关注，并要对包括学校在内的儿童服务系统进行彻底的改革。为了落实绿皮书的精神，2004 年 7 月，英国教育与技能部发布了《为儿童和学习者的五年战略》（*Five Year Strategy for Children and Learners*），对 2004—2009 年英国教育改革目标作了规划，奠定了转向以儿童服务为中心的五年教育改革战略。

这个五年教育战略主要包括早期教育、初等教育、中等教育、高等教育、成人技能、教育管理等方面。教育与技能部国务大臣克拉克（Charles Clarke）在"前言"中强调指出："前进着的综合教育不仅正在对精英主义提出挑战，而且正在使每一个人受到更好的教育。这表明它有助于提高学业标准，尤其是对在选拔制度中已被安排在废物堆的那些 11 岁儿童来说。"① 他还指出，这个五年教育战略在基础教育上将要求：每一个儿童在一生中得到尽可能好的开端；每一所小学在基础学科上提供高的学业标准；每一所中学提供优质的教学、使人受到激励的课程以及积极的和有吸引力的环境；每一个 14—19 岁年轻人有一条适合他们工作、继续学习和成

---

① Department for Education and Skill, *Five Year Strategy for Children and Learners*, London：TSO Shops，2004：2.

人生活的道路；每一个处于困难环境的儿童和年轻人能得到他们所需要的额外支持。

(1) 各种教育问题的根源在于教育机会不平等

教育白皮书《为儿童和学习者的五年战略》指出，那些来自社会高层经济团体的人在教育系统的每个阶段总是比那些社会底层的人表现更好。一般来说，那些以前表现优异的人在以后能表现得更好，而那些表现不好的人会远远落后。数据表明，超过 85% 的 11 岁儿童不能达到他们年龄所期望的水平，意味着 16 岁毕业时将不能得到 5 个良好的成绩；95% 的学生在 14 岁时达不到所要求的水平，意味着在毕业时将不能得到 5 个良好成绩；在成人劳动力中，高素质的劳动者比低素质的劳动者获得更多的培训和投资机会。因此，"在英国的教育系统中，学习优秀者和学习不良者的差距通过教育在扩大。与任何国家相比，这个国家中的这种差距不仅在显著扩大，而且与社会经济地位的关系越来越密切。"[1]

(2) 建立一个高质量和选择性的学校制度

教育白皮书《为儿童和学习者的五年战略》明确提出，在教育改革原则上，实施更大的个性化和选择性，尽可能地满足所有的儿童和学习者以及家长的愿望和期望；教育服务向各种新的不同种类的学习者开放；与家长、志愿者和支援组织合作，最大限度地增加儿童和学习者的生活机会。

由此，该教育白皮书提出了适切性教育的设想。教育与技能部国务大臣克拉克在"前言"中更是明确地指出：迈向卓越需要一个新的系统。它不是建立在那种最低共同要素的基础上，其主要特征将是个性化，因此，"让系统适应人，而非让人适应系统"。这一系统必须是自由的和更加的多样化、更多的灵活性，以满足个性化需求，特别是课程和办学类型之间有更多的选择，以便有可利用的真正的有差异的和个性化的机会。[2] 在一个

---

[1] Department for Education and Skill, *Five Year Strategy for Children and Learners*, London: TSO Shops, 2004: 15.

[2] Department for Education and Skill, *Delivering Results: A Strategy to 2006*, Westminster: DfES Publications, 2002: 6.

高质量和选择性的学校制度下，将给每一个中学生提供：基于学生个人实际知识的优质教学，帮助所有人发挥他们的潜能；一种有更多选择和更多机会的广泛而充实的课程；创新地使用先进的教学技术和设备；良好的纪律；一种支持学习的文化；学校处于社区的中心，并与家长一起工作。

（3）未来五年教育的主要改革目标

在早期教育和中小学教育上，教育白皮书《为儿童和学习者的五年战略》强调指出，"在早期阶段所有的父母都能通过那些儿童中心在保育、教育、健康等方面得到支持"；"在小学阶段每一个儿童在阅读、写作和数学方面都能取得尽可能最好的进步"；"在中学阶段每一个学生进一步提高教育、教学和学习质量以及切实扩大有意义的选择范围"。[①]

该教育白皮书特别指出，在未来五年中将在基础教育上进行八项主要改革：一是政府保证每一所学校从 2006 年起的三年经费预算以及每一所学校最低的生均经费增长，以便校长和董事会可以更好地对学校的未来作出计划。二是创设更好的特色学校，每一所学校都能成为一所特色学校并建立一个优质课程中心。三是所有的中学都有权利拥有自己的场地和建筑、管理自己的资产、雇佣教职员等。四是所有成功的公立学校可以申请扩大，并得到政府基金的资助。五是地方教育当局与学校建立一种新的关系，使学校提供高水平的教育和教学质量，并确实得到改善。六是建立更多的新学校，到 2010 年时提供 200 所新学园。七是每一所中学都能重新修订或制定 10—15 岁的现代学业标准，并拥有新的建筑、设备和信息技术等。八是建立合作伙伴基金，使学校联合起来，以提高学业标准和承担更广泛的责任。

（4）发展走向伙伴关系的特色学校

教育白皮书《为儿童和学习者的五年战略》指出，随着特色学校全面推进，政府再次推动教育系统向着更加多样性、更具灵活性方向发展，以

---

① Department for Education and Skill, *Five Year Strategy for Children and Learners*, London：TSO Shops, 2004：7—8.

便适应儿童的不同需要。以儿童发展为核心的特色学校体系，在策略上将重点放在建立新型的伙伴关系上。首先是地方教育当局和学校之间建立新型的伙伴关系。为使教育服务机构满足每个人的需要，就意味着学校必须有创新和改进的自由。因此，要转变地方教育当局角色，从管理者、直接提供教育服务者转变为学校的支持者、合作者。具体来说，就是简化计划、投资和问责系统，从而赋予特色学校更多的独立性。当然，这种独立性是相对的，是在公平入学、全面问责和推动改善强有力伙伴关系的框架内运作的。其次，特色学校之间形成资源共享的伙伴关系。"将近三分之二的中等学校已经获得特色地位。这些学校承诺提高标准，通过将某一课程领域发展成为卓越中心，进而通过特色学科带动整个学校提高质量。目前它们已经从工业界获得资助并与社区建立强有力的联系，在完成自身使命以及自我改进的能力上已经大大提高。随着特色学校类型和数量的增加，学校应该利用其特色学科在整个课程领域的教与学方面逐步发展相互支持，使有特殊天赋和兴趣的学生得到额外支持和更多的选择。"[1]

(5) 倡导个性化教与学计划

教育白皮书《为儿童和学习者的五年战略》提出了个性化教与学 (Personalised Teaching and learning) 计划。"一个好的中学其核心是有效教学，教学是针对学生个体的需要，定期评估其进步。"[2] 所谓个性化教与学，就是对儿童不同群体直至个体给予最适切的教育，使其潜能得到充分发展。

该教育白皮书指出，个性化教与学计划要在六个方面进行加强。一是关注小学进入中学新生群体的特点。因为不能从小学很好地过渡到中学，是中学学业成就低的最大原因之一。二是实施新的教与学战略。主要提高"阶段3"（即11—14岁儿童乃至覆盖11—16岁儿童）的教学。其中包括：

---

① Department for Education and Skill, *Five Year Strategy for Children and Learners*, London：Her Majesty's Stationery Office, 2004：44—47.

② Department for Education and Skill, *Five Year Strategy for Children and Learners*, London：TSO Shops, 2004：59.

加强对资优学生的支持，特别是那些处境不利的资优学生；对低学业成就的少数民族群体更多关注；给有特殊教育需要学生额外支持。三是以信息技术支持个性化教与学。信息交流技术是帮助教师解释困难概念、提供大量案例和资源以及方便与学生交流的强有力的工具，也是个性化学习至关重要的工具。四是实施有效的学科教学。对所有关键学科任命首席顾问，领导这个学科并规划改进，包括对教师特定学科的更好培训。五是丰富中等教育课程。国家课程应该向每位学生提供广阔、丰富的课程，但它需要适应年轻人不断变化的生活和成年时工作的要求。六是有效地改善行为和提高出勤率。因为好的行为是良好学习和成为好公民的根本，低的出勤率会影响学业成绩以及导致脱离群体、反社会行为和街头犯罪。

(6) 推广城市学园计划的成功经验

教育白皮书《为儿童和学习者的五年战略》中决定推广城市学园计划的成功经验，特别指出，到 2010 年时将建立 200 所新学园（在伦敦有近 60 所新学园），其中一些学园是在原来那些较差学校的基础上重建的，另一些学园是完全新建的。这些学园将定位为：具有某种特色学科，旨在为社区服务的全能学校（all-ability schools with a specialism, a community mission），并致力于提高教育标准、期望以及机会。[①] 赞助商根据他们所希望的那样在法律和入学标准要求的范围内自由创新，以期改善该地区长期以来低水平的教育服务。政府将在治理、管理和其他方面给予持续支持的承诺。学园运行开支与其他公立学校一样由政府提供并接受教育标准局检查。

(7) 在"管理转型"中拓展合作的伙伴关系

《为儿童和学习者的五年战略》提出，在"管理转型"中将合作的伙伴关系拓展到三个层面：在国家层面上，教育和技能部与其他政府部门一起工作，联合起来思考教育政策；在区域层面上，通过区域伙伴关系，确

---

① Department for Education and Skill, *Delivering Results: A Strategy to* 2006, Westminster: DfES Publications, 2002: 50.

保提高教育成绩和技能水平的行动；在地方层面上，政府将继续与地方教育当局结成强有力的伙伴关系。教育和技能部国务大臣克拉克在"前言"中就指出："我们需要合作的伙伴关系，以便教育是多样化的而不是不连贯或片断的，因此，人们可以得到无缝服务（seamless services）。这不能只是一种国家机构合作，而是志愿者及社区、企业和民营企业要成为这一伙伴关系中的组成部分，提供联合服务。……他们必须竭尽全力追求卓越。"①

教育白皮书《为儿童和学习者的五年战略》奠定了布莱尔新工党政府基础教育政策目标转移到儿童的差异发展上，同时将提高底部标准拓展到每一个儿童都成功。

### 6.《儿童计划：建设更加美好的未来》（2007）

从 2003 年起，英国政府已先后发布了一系列绿皮书，例如，2003 年的《每个儿童都重要》、2004 年的《每个儿童都重要：为了儿童的变革》、2007 年的《每个儿童的未来都重要》（*Every Child's Future Matters*）等。2007 年 6 月，以关注教育改革的布朗（Gordon Brown）为首相的工党政府上台后，成立了"儿童、学校和家庭部"及"创新、大学和技能部"两个部来取代原来的教育和技能部，凸显出儿童发展以及家庭、社区和学校的伙伴关系成为政策中心。在布朗首相强调的"机会平等"（equality of opprtunity）理念下，同年 12 月，儿童、学校和家庭部就颁布了教育白皮书《儿童计划：建设更加美好的未来》（*The Children's Plan：Building Brighter Futures*），提出了英国儿童发展和教育未来十年战略规划。

（1）确立 2020 年英国的教育目标

《儿童计划：建设更加美好的未来》确立了 2020 年英国的教育目标。正如儿童、学校和家庭部国务大臣鲍尔斯（Ed Balls）在"前言"中所强调指出的："我们的目标是使英国成为世界上对我们儿童和青少年成长来

---

① Department for Children, Schools and Families, *Five Year Strategy for Children and Learners*, London: TSO Shops, 2004: 3.

说最好的国家。……我们制定《儿童计划》就是要把家庭、儿童和青少年的需要作为我们所做的每一件事情的中心。""我们需要做更多的工作，以确保每一个儿童得到一种国际水平的教育……为每一个儿童提供国际水平的学校和优质的教育。"①

为了使每一个儿童和青少年都走在成功的道路上，在他们的成长时期能够幸福、健康和安全并为成年生活做好准备，该儿童计划提出了一个能够实现和应该实现的 2020 年教育目标（2020 goal）。其中包括：每一个儿童都应该为学习的成功做好准备，至少有 90％ 的 5 岁儿童达到早期教育的标准；每一个儿童都应该为中学学习做好准备，至少有 90％ 的儿童在英语和数学学科上达到或超过所规定的标准；每一个青少年都应该具有成年人生活和继续学习的技能，到 19 岁时至少有 90％ 的人在中等教育普通证书（GCSE）考试中有五门课程达到高级水平的要求，至少有 70％ 的人有两门课程达到 A 级水平的要求。

（2）实施国际水平的教育

《儿童计划：建设更加美好的未来》明确提出，创建能使儿童和青少年走向成功的 21 世纪学校制度，通过提供国际水平教育的方式来保证每一个儿童的发展，使每一所学校为学生提供国际水平的教育服务和达到国际标准；采取各种满足儿童需求的措施，使每一个儿童充分发展自己的潜能而走向成功。例如，提供教育经费实施"每一个儿童是读者"、"每一个儿童会计算"和"每一个儿童是作家"等项目。

该儿童计划还指出，应该通过学校的改善、完善的问责以及家长参与学校管理，继续减少失败学校数目，确保每个儿童得到世界一流的教育。为此，提出了儿童发展和教育的五条原则：一是儿童的抚养责任主要由家长承担，但政府要通过各种政策措施对家长进行帮助和支持；二是所有的儿童都具有成功的潜能，应该提供各种条件确保他们的潜能发挥；三是儿

---

① Department for Children, Schools and Families, *The Children's Plan：Building Brighter Futures*, London：TSO Shops, 2007：3.

童和青少年应该尽情地享受他们的童年，同时为成年人的生活做好准备；四是教育服务应该对儿童和家庭负责，不设置任何的障碍；五是努力防止教育失败，将危机消除在萌芽状态之中。[①]

（3）提高离校年龄和提供更多的选择

《儿童计划：建设更加美好的未来》提出，为了确保每一个青少年发挥和实现他们的潜能，应该提供有效的教学和更多的机会；同时，通过立法提高学生的离校年龄，2013年提高到17岁，2015年又提高到18岁。

此外，在科学、人文和外语领域设计三种新的证书，为青年学生提供更多的选择。

（4）进一步深化个性化教与学计划

为了提供最适切的教育，《儿童计划：建设更加美好的未来》继续深化个性化教与学计划，并确立了以下的策略：一是对特定学生群体的支持。其中包括：第一，加大对资优学生的支持。所有的4—19岁的资优学生有资格获得由"资优青年"（Young Gifted and Talented）提供的支持。每所学校可以先后获得资优教育引领教师（a leading teacher）和一个广泛的国家培训和支持项目。第二，关注对少数族裔儿童的支持。政府将继续密切关注不利条件、种族与其他社会和环境因素对少数族裔儿童的进步和成绩所产生的作用。第三，继续为有特殊教育需求的学生提供额外支持。个性化的教学和学习方法有助于主流学校（Mainstream schools）为所有学生提供更好的服务，包括有特殊教育需要的儿童，能够提供高质量的支持。为此，政府将在未来的三年中投入1800万英镑，改善有特殊教育需要儿童的教学质量。

二是为每个儿童提供个性化支持。其中包括：（1）一对一辅导策略。这主要针对学习进步缓慢但又非有特殊教育需求的学生。政府将在未来三年中追加12亿英镑支持个性化学习，包括支持儿童的特殊教育需求和一对

---

① Department for Children，Schools and Families，*The Children's Plan*：*Building Brighter Futures*，London：TSO Shops，2007：5—6.

一辅导。（2）建立个人导师（personal tutor）制度，为每个中学生配备个人导师。个人导师熟悉每个儿童的所有学科学习方面的进步，认同课程学习目标，帮助儿童做出课程选择，支持他们适应学习阶段的过渡，鉴别儿童课外学习中遇到的困难。个人导师还在与家长的沟通中发挥重要的作用，向家长报告他们孩子的进步情况，讨论他们在家里和学校里所应该得到的支持。

（5）确立对所有家庭的支持政策

《儿童计划：建设更加美好的未来》明确指出："政府并非儿童的抚养者，家长才是儿童的真正抚养者，因此政府应当采取更多行动以对家长和家庭提供相关支持"，"家庭是社会的基石和培育儿童快乐、才能和活力的地方"，因此，"各类服务设施应当依据儿童及家庭的需要而创建，并能对其需求作出良好响应，而并非按照专业标准进行相关设计"。[①] 儿童、学校和家庭部国务大臣鲍尔斯在"前言"中也指出，我们的儿童计划将加强处于生活形成初期儿童的所有家庭的支持。该儿童计划以及儿童、学校和家庭部的成立意味着家庭比以前任何时候，更多地处在优良、综合服务的中心，把他们的需要放在第一位。

基于上述原则，《儿童计划：建设更加美好的未来》提出，家长无论由于何种原因缺少信心、动机和时间参与到孩子的学习和成长中，都可能需要特殊的帮助。这些家庭往往承受代代相传的处境不利，他们的孩子应该从高质量的早期教育和其他帮助中获得最大好处。为此，该儿童计划提出了以下措施：一是政府将在未来三年内投资3400万英镑为每个社区配备两名专业的家长咨询顾问等。二是对最需要的家庭给予深度支持，并确保这些家庭获得支持。通过改善"帮扶服务"（outreach services），确保所有家庭从"确保良好开端的儿童中心"（Sure Start Children's Centres）受益。三是对有残疾儿童家庭的支持。政府在未来三年投入3.4亿，期望在

---

① Department for Children, Schools and Families, *The Children's Plan*: *Building Brighter Futures*, London: TSO Shops, 2007: 6.

2011年转变残疾儿童和家庭的生活，包括对严重残疾儿童和家庭的全方位服务。四是对贫困儿童的支持。通过提高家庭收入、支持就业以及改善家庭生活条件来减少现有的贫困儿童；通过缩小教育、健康和其他结果上的差距，从而使生活在处境最不利的儿童尽可能少地生活在贫困中。五是与家长建立新的伙伴关系。这是贯穿该儿童计划始终的主题，其中包括学校教师要与父母取得联系；父母可以参加新学校的信息反馈会；学生的个人导师要与家长保持联系；家长委员会将确保在学校决策过程中能够听到家长的声音等。

《儿童计划：建设更加美好的未来》是进入21世纪后英国政府有关儿童发展和教育目标的一份纲领性文件。确立了英国2020年的教育目标，实施国际水平的教育，特别是进一步深化个性化教与学计划，使得基础教育政策的重心从外部资源的分配转向儿童的学习过程、从群体差异转向个体差异，以确保每一个儿童获得成功。

7.《2008年教育和技能法》（2008）

2008年11月26日，英国儿童、学校和家庭部与创新大学技能部联合颁布了《2008年教育和技能法》（*Education and skill Act*，2008）。该法案旨在让所有英国年轻人（包括有学习困难的人）从教育或培训中受益。

（1）提高离校年龄至18周岁

该法案规定，年轻人接受教育或者接受培训至18周岁（2013年对16岁学生生效，2015年对17岁学生生效）。年轻人接受教育或培训，可以选择以下三种形式的一种：一是全日制的教育或培训（full-time education or training），可以通过学校和学院的教育或家庭教育（home education）；二是基于工作的学习（work-based learning），比如作为一个学徒；三是部分时间接受教育或培训（part-time education or training），指每周被雇佣、创业或者做义工超过20小时。

（2）改进11—16岁的职业教育

该法案规定，为了改进青少年的职业教育，将原先多部门合作的、为年轻人提供的"综合"服务的责任转移到地方教育当局。

（3）授权地方教育当局对学习困难的青年作出评估

该法案规定，地方教育当局应该对学习困难青年的评估做好安排，使他们能够在义务教育最后一年直至 25 周岁从教育或技能培训中获益。"对学习有困难的青年"，即相比大多数同龄人有非常明显的学习困难，或者由于身体残疾而不能利用教育机构提供的良好设施的年轻人。

（4）普通教育（GCSE）水平与职业教育水平相互沟通

该法案规定，学习和技能委员会（the Learning and Skills Council）要向 19—25 岁青年提供免费的基本技能培训，以及水平 2 和水平 3 的职业资格课程（qualification courses）。该法案对水平 3 资格作出明确说明："在宽度和深度上相当于普通教育证书上两门课程获得优秀的水平。"年轻人如果在普通教育证书考试中两门以上课程获得优秀水平，就可以免除职业技能培训；反之，年轻人获得水平 3 的职业资格证书，即可免除参加普通教育证书考试。

《2008 年教育和技能法》首次以法律形式将义务教育年限提高到 18 周岁。同时，该法案将赋予普通教育证书与职业教育证书在法律上的同等地位，并保障了学习有困难的年轻人获得一定的工作技能，避免失去工作机会。

8.《你的孩子，你的学校，我们的未来：建设一个 21 世纪的学校制度》（2009）

2009 年 6 月，英国儿童、学校和家庭部发表了教育白皮书《你的孩子，你的学校，我们的未来：建设一个 21 世纪的学校制度》（*Your Childs, Your Schools, Our Future: Building A 21ˢ Century School System*）。其目标是通过不断地改善学校，使英国的学校制度成为世界一流的学校制度，确保每一所学校和每一个儿童都能获得成功。正如儿童、学校和家庭部国务大臣鲍尔斯在"前言"中所强调指出的："我们想让每一个儿童都获得成功，我们将不放弃任何一个儿童。这些信念支持《儿童计划：建设更加美好的未来》所提出的愿景，那就是使学校成为世界上儿童成长的最好的地方……确保每一个儿童享有他们的童年，并在 18 岁之前很好地在学校里获得知识、技能和资格，这将给他们在成人生活中获得成功的最好机会。这不仅是每一个儿童和家庭的权利，而且是我们必须做的事情，以保证我们的国家和社会未来的成功。"①

（1）创建一个世界一流的学校制度

教育白皮书《你的孩子，你的学校，我们的未来：建设一个21世纪的学校制度》明确提出，每一个儿童都渴望一种使他们为21世纪挑战做好准备的教育，因此，我们的教育制度就要使每一个儿童和年轻人为他们的成功生活做好准备。对于每一个儿童和年轻人来说。教育成功已变得更加重要，所以，教育制度必须找到能使每一个年轻人获得成功的方式。对于确保每一个年轻人达到高的学业标准来说，最重要的是创建一个世界一流的学校制度。因此，每一所学校都应该提供优质教学，以帮助每一个需要帮助的儿童。在这样的学校里，每一个儿童和年轻人培养了对学习的终身爱好，每一个儿童和年轻人在18岁之前或之后获得了进步，每一个儿童和年轻人通过教育和训练获得了生活的成功。在我们大多数有效的学校里能找到最好的实践。

该教育白皮书提出，在英国建设的21世纪的学校制度是一个反映21世纪需要的学校教育制度，也是一个逐步打破处境不利和低学业成就之间联系的一个制度。它将确保："每一个学生将进入一所有良好行为、纪律严格、有秩序和安全的学校；每一个学生将进入一所设有广泛的、均衡的和灵活的课程（包括学习技能和生活技能）的学校；每一个学生将进入一所采用适应他们需要的方式进行教学并使他们不断得到进步的学校；每一个学生将进入一所他们参与体育和文化活动的学校；每一个学生将进入一所增进他们健康和幸福以及有机会表达他们观点的学校。"② 同时将确保：

---

① Department for Children, Schools and Families, *Your Child*, *Your Schools*, *Our Future*: *Building A 21ˢᵗ Century School System* (June 2009), London: The Parliamentary Bookshop, 2009, "foreword": 2.

② Department for Children, Schools and Families, *Your Child*, *Your Schools*, *Our Future*: *Building A 21ˢᵗ Century School System* (June 2009), "foreword", London: The Parliamentary Bookshop, 2009: 97.

"每一个家长将有机会获得信息和支持以便从他们孩子的利益出发进行选择；每一个家长将拥有一份家庭学校协议规定着他们对自己孩子的学校教育的权利和责任；每一个家长将有机会获得信息和支持以便他们关注和参与他们孩子的学习与发展；每一个家长将可以得到更广泛的服务包括在家长职责上得到支持和提高。"①

（2）加强学校合作、学校改善和学校支持

教育白皮书《你的孩子，你的学校，我们的未来：建设一个21世纪的学校制度》提出，在学校工作上，每一所学校都是在合作中工作的，因为学校不能独自地适应它的所有学生的需要。学生和家长要求学校与其他学校合作，提供更广泛的儿童服务。制定一个合作伙伴的国家支持计划，对每一所学校的工作提供支持。

在学校改善上，每一所学校对它的改善都需要强烈的责任感和积极性的投入。每一所学校都有责任进行自己的改善，每一所学校都应该不断地追求提高。通过学校制度的进一步改革，我们将集中关注每一个儿童的进步和学校所有方面的表现。

在学校支持上，对每一所学校和学校领导的支持是地方和中央政府的重要责任，确保对国家课程和资格制度提供支持，确保从信息、资金和管理上对学校改革提供支持。

（3）使每一所学校拥有优质教师

教育白皮书《你的孩子，你的学校，我们的未来：建设一个21世纪的学校制度》提出，在每一所学校中应拥有受过良好培养和具有较高技能的教师。学校制度的质量取决于教师的质量。我们将继续不断地追求让最有能力的大学毕业生担任教师，并在一位教师的整个生涯中提供高质量的培训和促进其专业发展，使学校更紧密地与更广泛的儿童服务联系起来。如果要使个性化教育达到质量标准上潜在能力的改进，政府需要创建一个

---

① Department for Children, Schools and Families, *Your Child*, *Your Schools*, *Our Future*: *Building A 21ˢᵗ Century School System* (June 2009), "foreword", London: The Parliamentary Bookshop, 2009: 101.

早期教育和学校制度,所有机构都一致获得最好的水平。为此,应该打造一支世界一流的师资队伍,能够提供高度个性化的支持。因此,政府将继续推动那些儿童工作者的素质和工作能力的提高。具体措施有:在未来三年中投入 11700 万英镑,以帮助提高早期教育工作者的专业能力;在未来三年中投入 4400 万英镑,以提高中小学师资水平;促进教师学历达到专业硕士水平;确保新入职教师花最短时间在一年内进修"硕士教师项目";建立教学过渡计划,吸引更多科学、技术和工程背景的人进入教师领域;扩展未来领导计划(the Future Leaders Programme),将拥有领导能力资格的教师安排到城市学校。

(4)对学生提供适切的教育

基于高教学标准和效率,教育白皮书《你的孩子,你的学校,我们的未来:建设一个 21 世纪的学校制度》还提出:"为了取得更大的进步,学校应为不同的学生提供不同的教育。关键是允许学校在课程设置上更具灵活性,特别是在英语和数学上安排更多时间,尤其是已经落后的学生。让学校有更大的范围,根据自己的情况和所管辖地区儿童的需求,提供适切的教育(tailor provision)。""每一个学生将进入一所学校,在那里他将以满足自己需求的方式进行教学。他的进步受到定期检查,其中额外的需要在早期被发现并迅速处置。每一个儿童将有一个个人导师,对他进行全面的了解。"① 因此,明确了提供以儿童发展为核心的适切性教育目标,所有教育围绕着每一个儿童都能获得成功而展开。

(5)拓展伙伴关系的特色学校

为了进一步强调特色学校资源共享的伙伴关系,并从课程领域拓展到学生的行为和出勤管理上,教育白皮书《你的孩子,你的学校,我们的未来:建设一个 21 世纪的学校制度》指出:"没有有效的合作伙伴一切都是空谈。""要全面建立特色学校体系,政府将努力确保在全国范围内通过伙

---

① Department for Children, Schools and Families. *Your Child*, *Your Schools*, *Our Future*: *Building A 21st Century School System*, London: The Parliamentary Bookshop. 2009, "foreword": 6.

伴关系和特色学校网，儿童和青少年有权进入特色学校的最好学科教学和卓越中心。政府希望21世纪特色学校发展成伙伴关系，与其他学校分享专家和设施，向儿童提供更加独立的成人生活所需的技能和信心。"[①] 该白皮书还指出："这些伙伴关系应该与安全校园的伙伴关系相联系。如同处理有特殊教育需求能够阻止行为问题出现，分享专家领域对处理不良行为同样重要。尽管解决行为问题某些时候会脱离课程，但广泛的课程机会和改进行为结合在一起具有重要意义。"[②] 因此，特色学校政策的重心转向了以人的发展为核心来共享学校教育资源。

（6）实施学校问责制

在学校绩效评估上，教育白皮书《你的孩子，你的学校，我们的未来：建设一个21世纪的学校制度》推出了学校问责制。它要求更明确地关注每个孩子的进步和发展；更多地考虑学生和家长的意见；奖励那些有效打破贫困与低学业成就之间的联系的学校。为此，提出了新的"学校报告卡"（School Report Card）制度。这将提供对学校表现的全面评估，让家长及公众人士对每所学校的效能作出更明智的判断。

教育白皮书《你的孩子，你的学校，我们的未来：建设一个21世纪的学校制度》体现了21世纪初期英国基础教育政策公平与效率的双重取向。其目标更加明确，那就是：通过不断地改善学校，使英国学校制度成为世界一流的学校制度，确保每一所学校和每一个儿童都能获得成功。

# 小 结

布莱尔及后来继任者领导的新工党政府将教育政策置于前所未有的重

[①] Department for Children, *Schools and Families*, *Your Childs*, *Your Schools*, *Our Future*：*Building A 21ⁿ Century School System*, London：Her Majesty's Stationery Office，2009：8.

[②] Department for Children, *Schools and Families*, *Your Childs*, *Your Schools*, *Our Future*：*Building A 21ⁿ Century School System*, London：Her Majesty's Stationery Office，2009：46.

要地位,成为社会政策的核心,针对教育领域两极分化严重——学校两极分化和学生学业成绩的两极分化,新工党政府希望既能实现教育公平,又使教育充满活力。

这一时期,教育公平的内涵也发生了变化,英国教育社会学家惠迪对公民权的重新解读——认同和接受差异,弥合了公民权和消费之间的鸿沟;而布莱尔不仅进一步阐述了平等而认同差异的公平内涵,而且重塑了教育公平与教育质量之间的关系:公平与质量并不天然对抗,真正的公平意味着给每个人提供最适切的教育,帮助他们发挥最大的潜力。这种阐述结束了英国教育中同质与差异、公平与质量之间的争端。教育公平也获得了有质量的教育公平的含义,使教育公平与教育效率趋向融合,从而为英国进入21世纪的教育改革提供了理论基础。

其次,在政策目标上,英国政府确立了有差异的平等下使每一个儿童都成功的政策目标。2003年前后政策目标有所不同:2003年之前旨在矫正市场化改革带来的两极分化,其目标是根除失败,提高底部标准,缩小成绩差距。2003年绿皮书《每个儿童都重要》和2004年白皮书《为儿童和学习者的五年战略》颁布之后,英国基础教育政策目标放在提供适切的教育上,旨在让每一个儿童都能获得成功。前后的实质区别在于:前者针对群体,而后者针对每一个儿童。

再次,在实现目标的策略上,英国政府在2003年之前主要采取补偿教育政策,在资源分配上向贫困地区倾斜,比如教育行动区计划,重振日渐衰竭的城内学校;特色学校政策也是与行动区计划紧密结合,完善学校制度着重对失败学校改造以及薄弱学校的预防,力图通过教育资源的重点支持,提高底部标准,消除两极分化。2003年以后,政策重心转移到儿童的发展上来,特色学校政策走向伙伴关系,以更大的灵活性满足儿童的不同需要;支持家庭政策、个性化的教与学策略,以及与之配套的揭示儿童进步状况的评估手段的完善,对儿童的学习过程给予高度关注,以确保每一个儿童都能获得成功。

从基础教育政策效应来看,自白皮书《追求卓越的学校》颁布以来,英国基础教育两极分化的差距在不断缩小。2007 年的《儿童计划：建设更加美好的未来》曾这样指出，学校教育质量的标准不断提高，其结果是现在 11、14、16 和 19 岁等不同年龄阶段学生的学业成绩达到了历史最高水平，薄弱学校或失败学校大大减少，更多的年轻人进入了大学。

无疑，英国的差异而平等基础教育政策理念体现了融合教育公平和教育效率的双重价值取向，期望通过提供最适切的教育，以实现使每一个儿童都成功的目标。

下编

美国基础教育政策演进

就美国基础教育政策演进而言，可以分为五个时期：（1）实行免费和普及的初等教育（1781 年建国后—19 世纪中期）；（2）发展和普及中等教育（19 世纪后期—20 世纪 50 年代）；（3）追求教育结果的公平（20 世纪 60—70 年代）；（4）突出教育优质和教育公正（20 世纪 80—90 年代）；（5）追求每一个学生的教育成功（21 世纪第一个十年）。

实行免费和普及的初等教育时期（1781 年建国后—19 世纪中期）：在基础教育理念上，政治活动家和教育家杰斐逊强调教育是公民的基本权利；公立学校运动领导人和教育家贺拉斯·曼强调实行免费和普及的公立教育；公立学校运动领导人和教育家巴纳德强调普及教育和基础教育公平。这一时期美国的基础教育政策目标是促进公立学校的发展，具体体现在《西北土地法》（1787）、《马萨诸塞州义务教育法》（1852）上。

发展和普及中等教育时期（19 世纪后期—20 世纪 50 年代）：在基础教育理念上，哲学家和教育家杜威强调民主社会与教育平等；教育社会学理论家帕森斯强调班级是一种社会体系；科学家和教育家科南特强调教育机会均等和综合中学发展。这一时期美国的基础教育政策目标是确保更大范围的教育机会均等，具体体现在《"卡拉马祖诉讼案"判决》（1874）、《中等教育基本原则》（1918）以及《关于满足青年的需要》和《为了所有美国青年的教育》（1944）上。

追求教育结果的公平时期（20 世纪 60—70 年代）：在基础教育理念上，社会学家科尔曼强调关注教育结果的平等；经济学家和社会学家詹克斯强调以教育凭证为基础的教育选择；政治哲学家和伦理学家罗尔斯强调以正义为原则的教育公平；经济学家和教育家鲍尔斯、金蒂斯认为教育复制了社会的不平等；社会批评家和教育评论家古德曼强调公立学校制度并不公平。这一时期美国的基础教育政策目标是提供补偿教育以扩大青少年受教育的平等机会，具体体现在《"布朗诉托皮卡教育委员会案"判决》(1954)、《国防教育法》(1958)、《民权法案》(1964)、《初等和中等教育法》(1965)以及《所有残疾儿童教育法》(1975)上。

突出教育优质和教育公正时期（20世纪80—90年代）：在基础教育理念上，教育家范迪尼强调兼顾教育质量与教育公平；教育社会学家和社会心理学家科恩强调学校和教室内部的教育公平；教师教育专家和教育政策分析家达林-哈蒙德强调基于学校和教室层面的教育机会公平。这一时期美国的基础教育政策目标是提供受高质量教育的平等机会，具体体现在《美国2000年教育战略》(1991)、《2000年目标：美国教育法》(1994)以及《美国教育部1998—2002战略计划》(1997)上。

追求每一个学生的教育成功时期（21世纪第一个十年）：在基础教育理念上，小布什总统强调不让一个孩子掉队；奥巴马总统强调确保所有学生接受全面教育；教育家吉鲁强调坚持民主原则的教育公平。这一时期美国的基础教育政策目标是追求每一个学生都有机会成功，具体体现在《数字化学习》(2000)、《不让一个孩子掉队法》(2002)、《美国教育部2002—2007年战略规划》(2002)、《美国教育部2007—2012年战略规划》(2007)、《美国复苏与再投资法案》(2009)以及《改革蓝图》(2010)上。

# 第一章

........................................................

## 实行免费和普及的初等教育

### (1781 年建国后—19 世纪中期)

美国自建国后一直到 19 世纪末，整个基础教育理念和政策都旨在建立公立的初等学校，使每个人都有受教育机会。因此，这一时期可以称为实行免费和普及的初等教育时期。一些政治家、教育家从建设共和国的"民主政治"和"民主社会"视角出发，强调公平地分配公共教育资源，保护公民平等的受教育权利，主张建立免费的和普及的公立教育制度。联邦政府和部分州通过了关于资助教育的法案，支持免费的公立学校发展。

### 一、社会和教育背景

1. 社会背景

美国独立战争（1775—1781）推翻了英国对北美 13 个英属殖民地州的统治，建立了独立自主的资产阶级共和国，为美国资本主义经济的发展开辟了宽广的道路。这也必然为美国教育带来变革。

（1）资本主义经济和工业化发展

由于美国是一个新建立的资本主义国家，因此，它的经济情况落后于欧洲各资本主义国家。但是，到 19 世纪 20 年代，联邦政府调整了对内对外的经济政策，极大地促进了美国社会生产力的发展。与此同时，欧洲各国移民更大规模地涌入美国，不仅为美国经济发展和工业制度的建立提供了丰富的劳动力资源，而且在一定程度上促进了向西部的开拓。可以说，到 19 世纪 40 年代，美国的工业已经大规模地发展起来。尽管美国各地区的工业发展并不平衡，但是它的工业发展速度比欧洲国家快。在资本主义经济和工业化发展的推动下，巨大的都市运动在美国出现。例如，从 1790 年到 1890 年，美国城市的数量已从 6 个增加到 443 个。到 1890 年时，城市人口已占美国总人口的 1/3。因此，工业革命、西部开拓、都市兴起以及移民人口的激增，不仅对 19 世纪美国公共教育发展提出了迫切的要求，而且也是 19 世纪美国公共教育发展的巨大动力。此外，工业化和经济的迅速发展也为美国公共教育的发展提供了比较丰厚的物质基础。

（2）社会改革运动的兴起

随着资本主义的发展，尤其是工厂制度的建立和商业资本的不断集中，美国社会的弊病也日益暴露。都市运动也伴随了不可避免的贫民窟的出现，社会阶级矛盾进一步激化。面对这种状况，"资产阶级中的一部分人想消除社会的弊病，以便保障资产阶级社会的生存"①。一些有组织的劳工在社会改革方面也提出了要求。因此，在美国历史上，从 1820 年到 1860 年这一时期是美国社会改革的一个重要时期，标志着美国社会史的重要转折。在当时的美国，有无数的信仰，有无数冲突的社会派别，也有无数的理想。特别是一种新的"民主"精神正在美国的社会生活中诞生，而这种精神也需要公共教育制度的发展和完善才能得到维持与进一步发展。此外，普选权的扩大也要求选民受过一定程度的教育。总之，美国的社会改革运动强调公共教育制度的发展，无疑推动了公共教育思想的产生。

----

① 马克思和恩格斯：《共产党宣言》，《马克思恩格斯选集》第 1 卷，北京：人民出版社2012 年版，第 429 页。

（3）美国文化的形成和民主精神的诞生

美国是一个移民国家，民族的多样性导致了文化的多元性。在殖民地时期，13个英属殖民地州未能形成具有特点的文化。建国后，美国社会也充斥着无数的思想派别和社会派别。但随着殖民统治的结束和人们思想意识的变化，开始逐步形成不同于欧洲的美国文化，并在社会生活中诞生一种新的民主精神。美国文化和民主精神的维持和发展，恰恰需要实行免费和普及的教育制度。为了把各民族凝聚起来，巩固新的民主国家，新兴的共和国面临着形成新的共同文化的使命，学校教育应该成为培养美利坚民族意识的主要工具。当代美国教育史学家克雷明（Lawrence A. Cremin）曾这样指出："美国革命在政治上是得到肯定的和有启蒙意义的，在教育上也同样如此。它极大地推动了至少形成一代人的教育普及，也为普及教育的发展注入了新的和重要的含义。它引起了教育理论和教育实践上的一些重要革新，而这些革新被看作是这个共和国生存和繁荣的关键。还有，它进一步引起了对教育事务的新的讨论，从而达成了广泛的共识，即共和政府培养全体公民的道德和知识是最高的公共职责。"①

**2. 教育背景**

尽管美国政治家华盛顿、杰斐逊等人提倡公共教育并为之而努力，但是，美国独立后的公共教育状况并不理想，教育机会也很不平等，贫困家庭儿童不但不能入学，更没有享受到公立学校的好处。

（1）落后的教育状况

在独立战争期间，农村中的教会学校大部分关闭，而一些城镇中的私立学校和慈善学校也几乎全部关闭，只有部分城镇的私立学校继续维持。建国初期，学校教育设施落后，教育管理混乱，尚没有形成正规的教育制度。直到19世纪30年代末，大部分公立学校建筑以及设备条件很差，以致人们普遍认为在公立学校里所存在的状况是差的教师、差的教学、差的

---

① Lawrence A. Cremin. *American Education：The National Experience*，1783—1876，New York：Harper & Row Publishers，1980：Introduction，11.

学生、差的校舍、差的设备以及差的课本。教师大部分不称职，仅比他们的学生知道得略多一点点。学校建筑既矮小又破旧，有的没有地图、图表或黑板。为儿童编写的书籍很少，内容贫乏、粗劣，并且公立学校缺乏公众的支持。美国教育家杜威曾这样指出："如果你阅读当时人的著作，你便知道当时的学校是怎样少，是怎样穷，其实际上课时间是怎样短……一般富裕的公民只顾自己孩子的教育而漠视任何人的教育之态度是怎样普遍。"① 很清楚，当时美国的公立学校是需要改善和发展的。随着社会和经济的发展以及人们民主意识的日益高涨，引发了人们对教育权利平等的追求和普及初等教育的要求，于是导致了公立教育运动的兴起。

（2）公立学校运动的兴起

从 19 世纪初至 19 世纪 60 年代，是美国社会改革的一个重要时期。公共教育思想的产生和发展，公立学校改革也成为整个社会改革的一部分。工业的发展促成了工人阶级的壮大和阶级意识的觉醒，开始意识到要改善自己的生活和劳动条件，就要通过公立学校获得知识和技能，因而日益需要免费和普及的初等教育。此外，民众争取民主权利的斗争，也对公立学校教育提出了要求，希望为所有人提供平等的教育机会。在这样的背景下，美国兴起了一场要求实现免费普及教育的公立学校运动，建立一种对所有儿童开放的、依靠公共税收支持和实行公共管理的公立学校制度。这场运动遍及很多州，影响极为广泛，使得面向大众的公立学校得到很大的发展，为美国近代公共教育体制的建立打下了坚实的基础。应该说，公立学校的兴起是美国民主发展史上不可或缺的一笔。当代美国教育史学家克雷明指出："公立学校的兴起是与美国的进步紧密地联系在一起的……促进公共教育是教师和普通公民的共同责任，只有这样才能使美国把握自己的命运。现在，没有人会否定公立学校教育在 19 和 20 世纪美国发展中的

---

① 赵祥麟、王承绪编译：《杜威教育论著选》，上海：华东师范大学出版社 1981 年版，第 408 页。

作用。"①

## 二、基础教育理念

自美国建国起,平等的理念通过其种种表现给美国人的理念增添了一些特殊的魅力。美国第 16 届(1861—1865)总统亚伯拉罕·林肯(Abrahan Lincoln)曾这样说:美国"是一个新型的国家,孕育于自由,致力于人人生而平等的主张"②。因此,平等在美国的地位甚至超过了英国,它赋予了法律面前人人平等的第一原则。早在美国独立之初,一些政治领导人就倡导公共教育的发展。例如,美国的开国元首华盛顿(G. Washington)曾这样指出:"为了普及知识,其主要目标就是要建立学校。政府机关既已给予舆论以力量,它就有必要相应地启发舆论。"③

在这一时期,美国涌现出一批关心美国公立教育的政治家和教育家。他们从不同的角度倡导和支持公立学校的发展,提倡公共教育思想,既反映了当时美国社会经济和政治对学校教育提出的需求,也为公立学校运动的发展提供了坚实的理论基础。在基础教育理念方面的主要代表人物有政治活动家和教育家杰斐逊以及公立学校运动领导人、教育家贺拉斯·曼和巴纳德等。他们的基础教育理念的核心就是提倡免费和普及的公立教育。

1. 杰斐逊:教育是公民的基本权利

作为美国政治活动家和教育家、《独立宣言》的起草人、美国第三任总统,杰斐逊(Thomas Jefferson)从民主主义出发,开创了美国公共教育思想,强调教育的公平。他提出的教育计划被认为是美国公共教育的第一个宪章。英国历史学家、牛津大学教授波尔(J. R. Pole)指出:"整个

---

① Lawrence A. Cremin, *American Education: The Colonial Experience*, 1607—1783, New York: Harper & Row Publishers, 1970, Preface, x.

② J. R. 波尔:《美国平等的历程》,张聚国译,北京:商务印书馆 2007 年版,作者"序"。

③ 方纳编:《华盛顿文选》,北京:商务印书馆 1960 年版,第 74 页。

设想很好地说明了杰斐逊有关自然的平等和社会的平等的观点。"① 应该说，杰斐逊的公共教育思想为美国公立教育制度的确立打下了坚实的思想基础。

（1）公共教育是实现民主政治的根本途径

杰斐逊认为，公共教育是实现民主政治的根本途径，是民主国家的必然需要。他强调说："比一切更重要的是所有公民都受到教育，因为我相信最安全的保障人类自由的方法是使人民都有善良的思想。"② 公立教育向公民提供职业所需的知识和技能，使每一个公民都懂得自己的权利、利益和职责。同时，通过在人民中间广泛传播知识和启发民智可以防止政府变质腐化和出现暴政。他指出："人民本身是政府的唯一可靠的保护者，就必须在某种程度上增进他们的智慧。我们的宪法必须增加一项有关帮助学校教育的补充条款。"③ 杰斐逊提出的"关于进一步普及知识的法案"和"关于建立公共图书馆的法案"就充分体现了这一思想。在"关于进一步普及知识的法案"的前言中，杰斐逊明确写道，国家有义务为大多数人（包括无力受教育的贫困家庭子女）提供三年免费教育，同时通过高水平的教育选拔出那些最优秀的人才。

（2）教育公平促使国家繁荣和人民生活改善

杰斐逊认为，为了促使国家繁荣和人民生活的改善，应该发展公共教育。他说："如果人类的生活像我们所希望和相信的那样应该一步一步地改善的话，教育应该是达到这个目的的主要手段。"④ 杰斐逊以马萨诸塞州为例，指出该州的影响之所以在美国联邦中那么大，究其原因就是因为它十分重视教育。因此，他强调说："除教育之外，任何东西都不能促进一

---

① J. R. 波尔：《美国平等的历程》，张聚国译，北京：商务印书馆 2007 年版，第 133 页。

② Ellwood P. Cubberley, *Public Education in the United States*. Boston：Houghton Mifflin, 1919：89.

③ Roy J. Honeywell, *The Educational Work of Thomas Jefferson*, 1974：13.

④ Roy J. Honeywell, *The Educational Work of Thomas Jefferson*, 1974：147—148.

个国家的繁荣强大和幸福。"①在杰斐逊看来，国家应该尽可能用知识来照亮整个民众的思想，把那些有才能的人寻找出来并给予培养和使用，无论他们来自富裕家庭还是来自贫困家庭。因此，杰斐逊设想了一个关于三级学校（包括初级小学、文法中学、州立大学）的教育计划。他曾这样指出："我将致力于建立一个普通教育体系，使之适用于我们国家的每个公民，不论贫穷家庭子女还是富裕家庭子女。"②杰斐逊的教育计划的最终成果之一是使所有的儿童都通过受教育而学会阅读、写字和计算等。当代美国教育史学家厄本（Wayne J. Urban）和瓦格纳（Jennings L. Wagoner, Jr.）指出："在本质上，杰斐逊认为初等教育对公民的养成是非常必要的，它就好像是对自我管理和人类幸福的一项公共投资——不论是对个人而言还是对社会而言都是如此。"③

（3）公共教育提供均等的教育机会

杰斐逊认为，公民平等的受教育权是《独立宣言》所宣扬的"人生而平等"思想的延伸。因此，所有公民都享有平等的受教育权，公共教育的对象应是全体公民，不论贫富、性别、出身等，每个人都应该得到受教育的权利。他在给友人的信中就提到，支持贫困家庭子女接受教育，主张实行免费的公立教育，政府应当立法来建立统一的公共教育制度，给所有人提供受教育的机会。在《关于进一步普及知识的法案》（*Bill for the More General Diffusion of Knowledge*）的"前言"中，杰斐逊提出了均等与优异的原则。他明确写道：国家有义务为大多数人（包括无力受教育的贫困家庭子女）提供三年免费教育，同时通过高水平的教育选拔那些最优秀的人才。此外，杰斐逊还强调公共教育中性别平等，不论男女都要提供三年免费的义务教育。尽管杰斐逊所构想的免费初等教育体制未能确立，但

---

① Gordon C. Lee（ed.）, *Crused Against Ignorace*, *Thomas Jefferson on Education*, 1926: 120.

② Roy J. Honeywell, *The Educational Work of Thomas Jefferson*, 1974: 9—10.

③ 韦恩·厄本、杰宁斯·瓦格纳：《美国教育：一部历史档案》，周晟等译，北京：中国人民大学出版社 2008 年版，第 100 页。

它为美国各州建立合理可行的公共教育制度描绘了一幅完整的蓝图。当代美国教育史学家克雷明指出："无论如何，杰斐逊的教育思想在 19 世纪和 20 世纪的影响是重大而深远的。……成为美国民众教育的真正的守护神。"[①]

2. 贺拉斯·曼：实行免费和普及的公立教育

作为 19 世纪美国公立学校运动的领导人，贺拉斯·曼（Horace Mann）在使马萨诸塞州成为美国公立学校运动典范的过程中，积极倡导基础教育公平的理念。在担任马萨诸塞州教育委员会秘书的 12 年（1837—1848）里，他的首要兴趣是教育公平，使所有的儿童都能受到公立学校教育，因为这将为他们提供对于公民来说是必要的共同基础。在对公众的教育演讲中，贺拉斯·曼的口号是"教育人民"。因此，公立学校将是免费的，每一个人都能进入公立学校接受教育。在答复参加美国师范学校第一次全国性大会的邀请时，贺拉斯·曼曾这样写道："公立学校曾是我的第一个爱好，也将是我的最后一个爱好。"[②]在他看来，受到公共税收支持的公立学校是对所有人开放的，招收所有不同的种族、信仰和家庭背景的儿童。通过公立学校的教育，实际上为每一个儿童提供了一条免费的、连续的、正确的和可靠的道路。

（1）普及教育有助于实现教育公平

为了实现基础教育公平，贺拉斯·曼强调普及教育的重要性。对于一个共和国来说，不能长期处于愚昧无知的状态，应该尽可能广泛地在人民群众中传播知识，其成就在很大程度上依赖于教育。他明确指出："没有知识的人民，不仅是而且肯定是贫穷的人民。……这样的国家将不能创造出它自己的财富。"[③] 从政治意义来说，公立学校的普及不仅能消除人为的

---

① Lawrence A. Cremin, *American Education：The National Experience*，1783—1876，New York：Harper & Row Publishers，1980：114.

② E. I. F. Williams, *Horance Mann*，*Educational Statesman*，New York：MaCmillan，1937：291.

③ Horace Mann, *Eleventh Annual Report*（1847），New York，1948：42.

社会鸿沟，而且是促进社会公平的平衡器，还能维持和进一步发展一种新的民主精神。贺拉斯·曼在第五教育年度报告中就指出："教育是促使人们状况平等化的巨大的社会机器的平衡轮。"① 从经济意义来说，公立学校的普及不仅能解放人的智力和提高民族的文化水平，而且能提高生产和促进社会经济的发展。从人的发展来说，公立学校的发展承认受教育的权利是人的与生俱来的权利。正因为如此，贺拉斯·曼认为，在一个共和国里，每一个儿童都应该受到免费的教育，受教育的机会应该是他们的权利。具体来说，公立学校不仅免除学费和对所有的儿童开放，而且家长对儿童的逃学和失学要负法律责任。

（2）教育公平要求重视学校课程和学校改善

贺拉斯·曼认为，公立学校课程计划的目的对于所有的儿童来说应该是真正共同的。他强调说："时代起了变化，一个不同的美国需要一种不同的学校。"② 无论在城镇地区，还是在最偏僻的乡村地区，每一所公立学校不仅要有舒适的和合乎卫生要求的校舍建筑，而且要有藏书丰富的图书馆。这样，"一个新的天空将覆盖在每个儿童的头上，一个新的地球将延伸在每个儿童的脚下"③。他还认为，为了体现教育公平，必须重视公立学校的改善和建设。由于没有好的校舍建筑，普及教育就不能取得更大的效果，因此就会影响教育的公平。早在《第一年度报告》中，贺拉斯·曼就论述了公立学校的校舍位置、教室面积、课桌椅种类、教室窗户和灯光、通风和取暖以及操场等问题。在他看来，好的校舍建筑是公立学校的基本要求之一，也是一个必须重视的重要问题。

（3）国家政府领导人必须重视教育公平

贺拉斯·曼认为，没有公立的免费学校，就不可能实现普及教育和养

---

① 鲍尔斯、金蒂斯：《美国：经济生活与教育改革》，王佩雄译，上海：上海教育出版社1990年版，第41页。

② Lawrence A. Cremim, *The Republic and School*，*Horace Mann on the Education of Free Man*，New York：Teachers College Press，1974：61.

③ C. Compayre, *Horance Mann and the Public School in the United States*, New York：Thomas Y. Crowell, 1907：63—64.

成共和国公民的理想。他强调指出："公立学校的优越性是以政治和经济的理由而被提倡的。受过教育的人民将是更加勤奋和富于创造的人民。"① 因此，对于国家政府领导人和政治家来说，他们必须重视教育公平，即重视民众的普及教育，把它当作一件大事来抓。他还明确说："在我们国家和我们的时代里，如果一位政治家在他的全部计划之中，没有包括所有人都应该享有教育机会的话，那他就配不上政治家这个崇高的称号。"② 在贺拉斯·曼看来，一个国家政府必须注意教育公平和普及教育的发展，而不惜其人力和物力。与此同时，它应该首先造成普遍的和强有力的社会舆论，使公立学校的知识之门对所有的儿童敞开，并让他们由此而进入更加宏伟的场所。

### 3. 巴纳德：普及教育和基础教育公平

同样作为 19 世纪美国公立学校运动的领导人，巴纳德（Henry Barnard）在改善和发展公立学校的过程中，也积极倡导教育公平的理念。在担任康涅狄格州教育委员会秘书（1838—1842）、罗得岛州教育委员会秘书（1843—1849）以及美国联邦教育部第一任教育长官（1867—1870）期间，他始终坚持强调普及教育和教育公平的重要性。

（1）受教育机会平等体现教育公平

巴纳德认为，在一个共和国里，教育是一项神圣的事业，获得受教育的机会应该是每一个公民的天赋权利。因为知识对所有的人都是有用的，所以，每一个儿童都应该获得受教育的机会，而建立公立学校的目的就是使所有的人都能受到教育。按照巴纳德的设想，在每一个地区都设立一所公立学校，免费提供给所有 4—14 岁（甚至 3—18 岁）的儿童和青少年就学。社会和公民的进步与公共教育的发展是成正比例的，一个国家持久繁荣和发展的希望是建立在普及教育的基础上的。正因为如此，巴纳德指

---

① Lawrence A. Cremim, *The Republic and School*, *Horace Mann on the Education of Free Man*, New York: Teachers College Press, 1974: 2.

② Lawrence A. Cremin, *The Republic and the School*, *Horance Mann on the Education of Free Men*, New York: Teachers College Press, Columbia University, 1974: 20.

出："一个国家的财富是它的有才智的人。……随着美国教育的发展，美国的文明才能得以进步。"①

（2）教育公平需要改善和发展公立学校

为了实现教育机会公平，巴纳德强调要努力改善和发展公立学校。他认为，作为一种适应美国教育需要的最好的机构，公立学校应该是由州建立的，是对所有儿童开放的。在公立学校里，要建立藏书丰富的图书馆，以促进课堂的教学；要改善校舍的建筑，符合健康卫生的条件；要每半年发布一份详细的报告，总结学校工作的情况，提出改进学校工作的建议。因此，巴纳德在担任联邦教育部第一任教育长官时就明确指出："公立学校被看成是公立的，不再因为它是低廉的、低级的以及仅仅是穷人和那些对他们孩子的教育不关心的人进入的，而是它如同光线和空气是共同的一样，它赐福于所有的人，是所有人都能享受的。"② 与此同时，巴纳德拒绝私立学校教育。他认为，私立学校经常根据学生家长的财富、学识等外在条件把学生从公立学校分流出去，并施以不平等的教育，进而从根本上给人们划分了等级。③

### 三、基础教育政策目标与策略

早在殖民地时期，马萨诸塞州就先后颁布了两个强迫教育法令，即《马萨诸塞州 1642 年教育法》（*Massachusetts Education Laws of* 1642）和《马萨诸塞州 1647 年教育法》（*Massachusetts Education Laws of* 1647）。其所确立的一切儿童必须接受强迫教育和一切市镇必须设立学校的原则，奠定了美国独立后公立学校制度的基础。美国独立后，马萨诸塞州又分别于 1827 年和 1852 年颁布了两个教育法，实施免费义务教育。之后，其他

---

① Vincent P. Lannie（ed.），*Henry Barnard：American Educator*，New York：Teacers College Press，Columbia University，1974：100.

② Vincent P. Lannie（ed.），*Henry Barnard：American Educator*，New York：Teacers College Press，Columbia University，1974：10.

③ C. F. Kaestle，*Pillars of the Republic：Common Schools and American Society*，1780—1860，Toronto，1983：116.

各州也制定了相似的学校法。美国学者波尔（J. R. Pole）指出："当美国人批准《独立宣言》的时候，通过这个行动他们表示赞同一种植根于不可让予和不可改变的权利的平等理念。尽管政策可以变化，但是这些权利却是不能破坏的，不能随着不同的社会或时期而改变。……美国由于它自己所宣称的理想，成为平等问题一个动荡的但在某程度上幸运的检验场地。它公开宣布致力于平等赋予它一个引人注目和率先垂范的责任。"①

这一时期，美国基础教育政策主要体现在 1787 年的《西北土地法》以及 1852 年的《马萨诸塞州义务教育法》和 1874 年的《纽约州义务教育法》等州义务教育法上。基于促进公立学校发展的目标，这一时期美国的教育法规文本凸显出以下策略：（1）鼓励开办学校和用出租或售卖公共土地的费用作为开办学校的经费。（2）用税收支持公立学校。（3）学龄儿童应该进入市镇公立学校接受教育。（4）市镇学校委员会和市镇司库负有儿童入学的监督责任。

1.《西北土地法》（1787）

美国建国初期，教育属于各州的事务，联邦政府很少干预各州的教育决策。在教育政策方面，这一时期虽未实现免费的公立教育，但各州纷纷制定法案为教育拨款。联邦政府于 1787 年制定和颁布了处理西部公共土地的《西北土地法》（*Northwest Land Ordinance*），为学校提供资助。

《西北土地法》是鉴于当时教育税收的现状而制定和颁布的。在 18 世纪 30 年代前，虽然有部分地区通过了一些法律允许地方征税用于教育，但由于实施不力，这些法律仅在个别地区得以实施。因此，美国大多数州还没有为教育而征收的税款，仍然依靠捐款兴办学校。这种状况不利于维护新建的共和国政体和保障人民的民主权利。于是，1787 年 7 月 13 日美国联邦议会通过了《西北土地法》。该法令以 1784 年杰斐逊起草的《关于弗吉尼亚让出的西部土地组建方案》为基础，具体规定了处理俄亥俄河以北

---

① J.R. 波尔：《美国平等的历程》，张聚国译，北京：商务印书馆 2007 年版，第 434—435 页。

阿勒格尼山脉与密西西比河之间公共土地的办法。

（1）鼓励开办学校和运用教育手段

《西北土地法》提出，宗教、道德和知识对于良好的政体和人类的幸福是必不可少的，因此联邦政府应该促进学校和教育的发展。该法令第三条明确规定："由于宗教、道德和知识为良好的政体以及人类的幸福所必需，所以学校和教育手段将永远得到鼓励。"

（2）出租或售卖公共土地的费用作为开办学校的经费

《西北土地法》规定，每一市镇按 1785 年《土地条例》（Land Ordiance）之规定划分为 36 个镇区，共 36 平方英里的面积；每个镇区有 1 平方英里（即 640 英亩）的面积。在每一市镇，有 4 个镇区由联邦政府支配，其中在地理位置上最接近市镇中心的第 16 镇区作为公共学校用地，可出租或售卖，将租金和售款作为开办学校的经费。

《西北土地法》颁布后，各州都利用出售原有的土地和划拨的公共土地以及其他收入建立了永久性的教育基金。根据该法令，由于西部地广人稀致使地价偏低，联邦政府根据具体情况于 1850 年从加利福尼亚州建州开始，又增加了一块 1 平方英里的土地作为市镇开办学校的资源。据美国教育史学家估计，这些公共土地作为开办公立学校的经费高达约 50 亿美元之巨。①《西北土地法》的颁布，无疑奠定了西部公共教育资源的坚实基础，也标志着联邦政府支持免费的义务的公共教育的开端，极大地促进了美国公立学校的发展。

尽管联邦政府已拨了大量土地作为教育永久基金，但随着移入西部的人口和学校耗资的不断增加，到后来公共教育经费还是不够充足。因此，一些有识之士便提出了"各州的财富要用于各州的儿童教育"的口号，每个学区的居民按照财产开始纳税，州政府对学区给予补助，最初从教育永久基金所得的收益中拨款进行补助，再从小量捐款以及各地方税款所得的收益中拨款进行补助。于是，教育税征收成为美国西部教育发展的经费

---

① 滕大春：《美国教育史》，北京：人民教育出版社 2001 年版，第 152 页。

来源。

### 2.《马萨诸塞州义务教育法》(1852)

美国建国后，联邦宪法第十修正案规定："凡本宪法所未授予联邦，也未禁止各州行使的权力，均由各州或人民保留。"由于联邦宪法对教育并未提及，因此，教育应由各州掌管，称为"保留权力"。应该说，这一时期美国基础教育政策主要体现在州一级教育立法中。马萨诸塞州 1827 年颁布的《马萨诸塞州教育法》(*Massachusetts School Law of* 1827) 规定，取消"税票"制，用税收支持为所有儿童开办的公立学校，并宣布所有公立学校免费。1852 年 5 月 18 日该州又颁布了《马萨诸塞州义务教育法》(*Massachusetts Compulsory School Law of* 1852)[①]，共五条。

(1) 8—14 岁的儿童应该进入市镇公立学校接受教育

《马萨诸塞州义务教育法》第一条规定，每一个人都应该把他所监管的 8—14 岁的儿童送入所居住的市镇公立学校接受 12 周的教育。如果市镇公立学校一直开办的话，这些儿童每年至少要接受连续 6 周的公立学校教育。第二条又规定，每一个人都必须遵守上述规定，如果违反的话，那就要受到起诉或控告，并处以不超过 20 美元的罚款。

但第四条也规定，义务教育仅适用于有固定地点并且交纳税金家庭的儿童，那些居住在偏远地区的儿童、在其他公立学校受到足够时间教育的儿童、因身体和心智缺陷而无法入学的儿童以及因家庭贫穷不能入学的儿童可以例外。

(2) 市镇学校委员会和市镇司库负有监督责任

《马萨诸塞州义务教育法》第三条规定，市镇学校委员会的责任是调查违反该法令第一条规定的情况，并查明其原因。若有违反的话，市镇应该在他们的年度报告中报告这样的情况并说明原因。第五条又规定，市镇司库的责任是揭发所有违反该法令的行为。

---

① Sol Cohen（ed.），*Education in the United States：A Documentary History*，Vol. 2，New York：Random House，1964：1115—1116.

作为第一个义务教育法，在儿童入学上，《马萨诸塞州义务教育法》对美国普及义务教育的实施和公立学校的发展起着重要的作用。

建国初期，虽然各州都相继制定了有关公立教育的法规，但由于连年战争、国家财力空虚、教育设施损坏严重以及相关教育法令不完备等原因，实际上在南北战争之前，除了极个别州（马萨诸塞州、纽约州、康涅狄格州、密歇根州）外，大部分州的教育法规并未切实予以实施，以承担起公立教育的责任。即使有的市镇开设了一所学校，也只能容纳少量的学生，学生还需交费入学，因此，直到18世纪末，多数州的教育法规中关于实施免费教育的内容都只流于形式。

# 小　结

独立战争及战后的重建时期直到美国建国初期，是美国教育史上停滞和衰退的时期。由于生产力发展水平和学校规模都不足以实现平等的教育机会，国家也无力推行普及教育，因此，美国建国后的数十年间，私立学校一直是社会中层和上层家庭子女的首选。然而，随着资本主义经济的发展，民主平等理念的传播，以及教育民主化意识的不断高涨，社会民众对受教育权的要求也与日俱增，希望开设公立学校和普及初等教育。

入学机会均等的理念对美国公立学校发展产生了最大的影响，它意味着在美国每个人都有机会平等地受到教育。华盛顿（George Washington）、杰斐逊等共和国的缔造者作为一代政治家，从建设新兴的资产阶级共和国的角度提出教育是立国之本，学校具有培养拥护共和国和民主政体的公民的任务。美国教育家贺拉斯·曼、巴纳德等教育家的公立教育思想和公立学校实践，也为促进美国普及义务教育奠定了最初的且最重要的基础。随着公共教育思想的广泛传播，美国兴起了公立学校运动，推动了美国公共教育制度的确立，对美国基础教育公平理念和实践产生了重要的影响。美国教育家杜威不仅充分肯定了18世纪欧洲国民教育制度建立的重要影响，而且高度评价了19世纪美国公立学校运动的深刻意义。

　　尽管在殖民地时期 1642 年和 1647 年马萨诸塞州通过的教育法令规定教育是强迫的、义务的，但它并没提供学校或者教师，也没有规定教育是免费的。美国建国初期，虽然有部分州通过了一些法律允许征税用于教育，但也仅在个别州得以实施。后来，1827 年的《马萨诸塞州教育法》和1852 年的《马萨诸塞州义务教育法》以及其他州的相关义务教育法还是在免费和普及初等教育中产生了很重要的影响。从 19 世纪 30 年代起，随着公立学校运动兴起和发展，初等教育在美国得到快速发展，各州也逐渐建立了教育管理体制，制定了征收教育税的办法，进一步推动了初等教育的普及。到 19 世纪 60 年代，公立教育制度已在全美国范围内建立起来。到1890 年，美国已有 27 个州通过了义务教育法。

　　虽然这一时期联邦政府无意控制教育，也未制定专门的教育法案，但其间所颁布的其他联邦法案对促进平等的公立教育还是产生了重要影响，例如，1787 年的《西北土地法》和 1791 年的《权利法案》。自《西北土地法》颁布之后，各州宪法中进一步承认政府应设立公立学校，明确指出受教育权是公民天赋的平等权利。例如，1816 年的印第安纳州宪法中就提到学校免收学费，不能以家庭背景或财富来拒绝任何人享受平等的教育权利。应该说，这一时期美国主要致力于免费和普及的初等教育。

# 第二章

## 发展和普及中等教育
### (19 世纪后期—20 世纪 50 年代)

南北战争成为美国发展历史上的新的里程碑，给美国的政治、经济、社会和教育都带来了巨大的影响。这一时期，美国基础教育开始由最初的普及义务的初等教育逐渐演变成为发展和普及中等教育。基础教育理念以强调教育机会均等为主导，因而基础教育政策以确保更大范围教育机会均等为核心。当代美国教育学者库克森（Peter W. Cookson，Jr.）等人指出："穷人和处境不利的人群，尤其是美国黑人在教育上不平等的结果，已成为这一时期全国所关注的争论焦点。⋯⋯在 20 世纪 40 年代后期和 50 年代，种族和教育之间的关系以及学校隔离问题处在政治、教育和道德冲突的中心。"①

### 一、社会和教育背景

作为现代美国起点的南北战争为美国资本主义的发展扫清了道路，使

---

① Peter W. Cookson, Jr., Alan R. Sadovnik and Susan F. Semel (ed.). *Internatioonal Handbook of Educational Reform*. New York：Greenwood Press，1992：449.

美国由农业国变为工业国。生产和资本的高度集中，科学技术的成就和工业的迅速发展，以及海外市场的开辟等，又使美国的经济得到了更快的发展。用杜威的话来说，就是"美国已经从早期拓荒者的个人主义进入到一个合作占统治地位的时代"①。与此同时，在初等教育普及的基础上，中等教育也开始得到了较大的发展。

### 1. 社会背景

（1）工业化进程的继续和城市的进一步发展

南北战争后的十余年间，美国进入了重建时期。其间，美国重新统一了分裂的国家和建立新的州政权，并开始了一个经济迅速发展的时期。从1890年到1917年的近三十年间，在美国历史上被称为"进步主义时期"。

这一时期，美国继续了从19世纪初就已开始的工业化进程（主要发生在东北部地区），科学发展和生产技术的革新以及新的机器设备的运用，使美国在经济上发生了巨大的变化。南北战争解放的黑人奴隶，加之欧洲大量移民中包括大部分熟练的工人，为美国工业化提供了大量的劳动力。因此，到19世纪末，美国工业已超过英、德、法等欧洲大国而跃居世界第一位，工业产品总值已超过农业产品的总值，美国已从半农业、半工业国家，转变为高度工业化的国家。同时，受到工业化的影响，美国农业也得到了迅速发展，并使农业逐步走上现代化的道路。在南部的广大地区，由于利用先进的机器进行农业生产，从而形成资本主义化的农场。在工农业迅速发展的推动下，美国的城市化进一步发展，到19世纪末，美国的城市人口已达总人口的50%，这主要是通过乡村居民移居城市而实现的。城市化进程不仅给传统的家庭结构带来了巨大影响，而且也对美国学校教育改革和发展提出了新的需求。

（2）种族平等的需求和民权运动的兴起

南北战争给美国社会带来了巨大变化，统一的国家政府再次建立，南

---

① 杜威：《新旧个人主义》，孙有中等译，上海：上海社会科学院出版社1997年版，第64页。

方各州在政府规定的条件下重归联邦，联邦政府的作用不断得到强化，在美国社会生活中发挥着越来越重要的作用。但是，随着工业化的发展，美国社会的贫富分化现象也开始出现。19世纪70年代的经济萧条给美国社会带来了大量的贫困人口，而同时造就的富裕阶层在短期内却聚集了大量的财富。此外，黑人和白人在政治上并未实现真正的平等，特别在南方地区。这也表现在教育机会的不平等上。因此，南方黑人的不平等和隔离的教育成为20世纪30—50年代民权运动的一个焦点。当然，应该看到，美国内战使黑人奴隶获得解放，不仅使社会进一步走向民主和平等，而且使人权理念也产生了变革。自1866年国会批准联邦宪法第十四修正案，黑人的公民地位在法律上得到承认，被赋予自由、平等的公民权利。1870年，全美29个州议会还批准联邦宪法第十五修正案，确定公民选举权不能因种族、肤色或以往曾为奴隶而予以否定或限制，并且要求通过强制来保持公民权利的行使。随着黑人在法律上摆脱了奴隶的地位，并取得了平等的公民权利，均等的教育机会诉求也日渐明朗，20世纪50年代末、60年代初在美国兴起了民权运动。

**2. 教育背景**

南北战争后经济的迅速发展和第二次工业革命的兴起，资本主义工商业的发展迫切需要掌握近现代科学知识的管理者和产业人才，这就对教育构成了新的需求。

（1）中等教育的发展和普及

这一时期，美国社会生活发生了巨大的变化，给教育体制结构的各方面带来深刻的影响。随着中等教育的服务对象不断扩大，公立中学获得大规模发展，成为面向所有青年的免费的教育机构。这是美国基础教育公平方面的重要进展。纽约州立法机构于1874年通过了义务教育法，要求所有8—14岁的学生都必须每年接受14周的学校教育，而且其中8周必须是连贯的。① 此后，美国其他各州纷纷仿效，到 19 世纪末兴起了义务教育立法的热潮。因此，到 19 世纪末，已基本实现每一个儿童都能免费地进入公立初等学校；到二战前，公立小学已经成为美国初等教育的主要组成部分。与此同时，民众要求各级教育向所有美国人开放。因为美国新兴的市民阶级对"社会平等"要求延伸到教育方面，并始把获得更高水平的教育视为自身解放的手段和途径，因而把争取获得平等的中等教育权利作为一种教育诉求，谋求受教育权的平等。不仅工人农民阶级强烈要求更广泛的受教育权利，而且商人也要求提供免费的和普及的中等教育。特别是 19 世纪 70 年代以后，公立中学以多种方式迅速成长起来。随着要求普及中等教育的呼声的增强，中等教育日益民主化和大众化，这使得公立中学得到大规模发展，并逐渐成为中等教育的主要形式。由于 19 世纪末、20 世纪初开始兴起的进步教育运动使教育机会得到进一步扩展，因此又确立了新的"六三三"学制。随着中学入学人数的增加，中学阶段的教育受到更多的关注。到 20 世纪中期，中等教育在美国基本得到普及。

（2）黑人的中等教育机会存在严重的不平等

南北战争后，虽然黑人的受教育权在法律上得到肯定，但在教育机会上与白人相比，依然存在严重的不平等。因为种族歧视和经济困窘等原因，直到 20 世纪 20 年代，美国南部大部分地区没有为黑人提供中等教育，只有少数地区黑人可以接受中等教育，这导致黑人的中等教育机会非常不平等。很多美国教育家呼吁人们关注教育机会在总体上分配不平等的问题。美国教育学者艾尔斯（Leonard P. Ayres）早在 1909 年的报告中就指出："在全国范围内，具有美国本土父母的土生土长的白人孩子中，文盲率为 44％，而这个数据在移民白人孩子中仅仅为 9％。……当然，这种全国性的差异大部分源自南方白人的最低限度的学校教育。"② 美国教育学者

---

① 厄本等：《美国教育：一部历史档案》，周晟等译，北京：中国人民大学出版社 2008 年版，第 238 页。

② Leonard P. Ayres. *Laggards in Our Schools*：*A Study of Retardation and Elimination in City School Systems.*. New York：Charities Publication Committee，1909：523.

爱德华兹（Newton Edwards）在 1939 年《青年的平等教育机会》（*Equal Educational Opportunity for Youth*）一书中也指出，公立学校事实上可以成为一种被设计出来阻止那些不平等产生的手段。他这样写道："如果正式的教育成就成为进入某些经济和社会领域的条件，以及如果关于教育进步的巨大机会只向某些群体开放而其他教育设施对于其他群体而言依然保持在贫乏的状态，那么，教育显然就会变成一种社会分层的工具和地区及种族不平等的工具。"[①]

（3）新的教育需求和多样的教育思想

二战后，西方国家的社会和经济的巨大变革以及科学技术革命浪潮，不仅猛烈冲击了学校教育，而且也对学校教育提出了新的需求。同时，随着"冷战时代"的到来，美苏两国围绕着广泛的利益在全球范围内展开激烈的竞争，其中以国防、科技以及人力开发方面的竞争态势更为引人注目。尤其是 1957 年苏联人造地球卫星发射成功，引起了美国以及欧洲国家教育界的激烈争论，迫使学校教育更加认真地考虑与应付社会变革、经济发展和科学技术进步的压力。曾经在 20 世纪前半期西方国家教育界占主导地位的进步教育因无法改变它在公众面前软弱无力的形象而逐渐走向衰落。正是在这种社会背景下，各种新的教育思想纷纷涌现，而呈现出多样化的局面。

## 二、基础教育理念

随着美国初等教育的普及，很多教育家开始关注中等教育的发展和普及，并追求更大范围的教育机会均等。基于民主社会和教育平等的视野，相信学校可以作为一项重要的政策工具，借以解决美国社会的许多问题。

这一时期，在基础教育理念方面的主要代表人物有哲学家和教育家杜威、教育社会学理论家帕森斯以及科学家和教育家科南特等。

---

① Newton Edwards, *Equal Educational Opportunity for Youth*. Washington, D. C. : Ameirican Council on Education, 1939: 152.

### 1. 杜威：民主社会与教育平等

作为美国实用主义教育家，杜威（John Dewey）从民主社会和教育民主的角度出发，在《明日之学校》（*School of Tomorrow*）、《民主主义与教育》（*Democracy and Education*）、《人的问题》（*Problems of Men*）等著作中论述了民主社会的教育公平问题，阐述了他有关教育公平的理念。美国教育家、密执安州立大学教授费瑟斯通（Joseph Featherstone）指出：杜威"是一个典型的进步教育的改革家，期望学校能够解决公正和平等的基本问题"①。

### （1）民主社会需要教育公平

杜威认为，民主社会的制度和法律应该使一切人获得平等和维护平等。以机会均等为其理想的民主社会需要一种公平的教育制度，实现教育机会的均等。在《明日之学校》中，他强调指出："随着民主理念的传播和伴随而来的对社会问题的觉醒，人们开始认识到，每个人，无论他们恰好属于哪个阶层，都有一种权利，要求一种能满足他自己所需要的教育，并且国家为了自身的缘故，必须满足这种要求。"② 在杜威看来，民主社会的教育不能只满足一个阶层的人的需要，而要满足数量最多的和整个社会依靠他们提供必需品的阶层的人的需要。也就是说，一切人的教育是民主社会所必需的，教育不仅仅是上层阶级的特权，而且也是平民大众阶级的需要和权利。只有这样，民主社会一切成员的能力才能通过教育而得到发展，才能作为社会的公民更理智地参与民主生活的过程。总之，教育公平可以扫除社会分层的障碍。因此，美国教育学者达根（Stephen Duggan）曾这样指出："杜威从来没有对一个坐在板凳上、可能拥有林肯的才能、衣衫褴褛的小顽童失去信心。因此，机会平等作为教育民主体制的先决条

---

① 费瑟斯通：《见证民主教育的希望与失败》，王晓宇等译，上海：华东师范大学出版社2005年版，第82页。

② 杜威：《学校与社会·明日之学校》，赵祥麟等译，北京：人民教育出版社1994年版，第388页。

件是十分重要的。"①

（2）教育是促进社会平等的重要手段

杜威认为，民主的价值在于社会公正。"民主不仅仅是政府形式，它首先是一种联合生活的方式，是一种共同交流经验的方式。"② 民主意味着对特殊性的、差异性的尊重，意味着尊重个性的充分发展，每个人都是平等的。民主为社会的每个成员都提供了充分的机会与资源，使他通过参与其中的政治、社会和文化的生活而完全实现其特别的能力。教育作为民主的工具，应该为维护和促进民主社会理想服务。同时，杜威指出，教育具有促进社会平等的社会功能，免费和普及的公共教育能够促进人的身心发展和自我完善，改善处于不利地位人群的状态。因为在社会存在巨大的不平等的情况下，教育给人提供公平竞争的机会，促进社会阶层间的流动，能够改善人的生存状态，减少社会的不公平。因此，在民主社会中，教育是实现社会平等的有效工具。

（3）教育公平是一种民主理想

杜威认为，教育公平是民主政治的需要，这是一种民主的理想。在《民主主义与教育》中，他明确写道："一个民主的政府，除非选举人和受统治的人都受过教育，否则这种政府就是不成功的。"③ 在杜威看来，民主政治不仅要求教育不被一个阶级用作更加容易去剥削另一个阶级的工具，而且要求教育能减轻经济不平等对一个阶级的影响。如果民主政治不通过普及教育去训练人民使他们能自己观察、自己思考和自己判断，那么就会如同水和油掺在一起一样，永远是不能相和的。所以，相信平等是民主信条中的一个因素。要实行民主政治，就必须有教育的民主，保证教育的公平。正如当代美国教育史学家克雷明所强调指出的："在学校普及教育方面，杜威看到了在更广泛的民主化过程中具有决定性意义的第一步。……

---

① Harry W. Laidley. *John Dewey at Ninety*. New York：League for Industrain Democracy, 1950.

② John Dewey. *Democracy and Education*. New York：Macmillan. 1916：87.

③ 杜威：《民主主义与教育》，王承绪译，北京：人民教育出版社 1990 年版，第 92 页。

杜威最终认为，只有在扮演适当角色的学校得到普及的时候，民主主义才会实现。"①

(4) 公共教育制度有利于教育公平

为了实现教育公平，杜威强调建立一种广泛的和有巩固的基础的公共教育制度。美国哲学家和教育家胡克（S. Hook）指出："这是杜威的教育理想。"② 因此，杜威不仅肯定了 18 世纪欧洲国民教育制度建立的重要影响，而且高度评价了 19 世纪美国公共教育运动的深刻意义。在此基础上，他强调指出："我们的公立学校制度是在人人机会均等的名义下创立的，不问出身、经济地位、种族、信仰或肤色。"③ 在他看来，公共教育实质上是属于公众的教育，公民所需要的教育只能通过普及免费教育制度来实施。为公共税收所支持的公立学校应该是对一切人开放的。因此，对于一个共和国来说，实施普及免费教育的公共教育制度是最重要的事情。因为这种公共教育制度对社会的影响极大，除了使国家易于统一和易于养成真正守法的国民外，其作用还在于：一是有助于打破阶层区分，二是使每个人有充分发展其能力的平等机会，三是消除社会存在的不公平状况。在公共教育制度如何实现教育公平上，杜威特别提到三点：一是注意小学教育和平民教育，二是注意男女须受同等的教育，三是注意穷乡僻壤的教育。

2. 帕森斯：班级是一种社会体系

美国教育社会学理论家帕森斯（Taleott Parsons）在美国社会学界很有影响，曾当选为美国社会学学会理事长（1949）。他的著作很多，在教育上应用并产生影响的有 1951 年的《社会体系》（*The Social System*）、《当代社会体系》（*The System of Modern Societies*）以及《作为一种社会

---

① Larence A. Cremin, *The Transformation of the School*, New York: A. Vintage Book, P. 126.

② 杜威：《民主主义与教育》，王承绪译，北京：人民教育出版社 1990 年版，"附录"，第 385 页。

③ 杜威：《教育和社会变动》，赵祥麟、王承绪编译：《杜威教育名篇》，北京：教育科学出版社 2006 年版，第 244 页。

体系的班级：它在美国社会中的某些功能》（*The School Classes as a Social System*：*Some of Its Fuctions in American Society*）。尤其是最后的那篇论文，帕森斯阐释了中小学班级的结构与基本功能之间的关系，是教育社会学者论述教育功能时务必引用的。

（1）班级的社会化和选择功能

帕森斯认为，无论是学校体系还是学生个人，都把作为一种社会体系的班级看作正规教育事务实际进行的场所。从功能的观点来看，班级是一个社会化的机构，同时也是一个选择（分类）的机构。他明确指出："学校是一个专门机构，它不仅是一个社会化的机构，还将越来越成为选择的主要渠道，以便使人们在一个日益分化的、逐步向上升迁的社会里所期望的相一致。"[①]

在帕森斯看来，社会化功能可以概括为个体责任感和能力的发展，班级就是形成这些不同的责任感和能力的主要机构。对于个体未来的角色扮演来说，这些责任感和能力是最基本的前提。而选择功能可以概括为对个体的分化或分类。选择过程也就是名副其实的分类过程。始于小学的选择的主要过程是通过学业成绩的比较而进行的。在学校实践中，班级选择功能的重要性非但没有减弱，反而在增大。因此，高社会地位、高能力的儿童非常有可能上大学，而低社会地位、低能力的儿童几乎没有可能。

（2）中小学阶段的社会化和选择

帕森斯认为，无论是小学阶段还是中学阶段，都体现了社会化和选择的功能。就小学阶段的社会化和选择而言，儿童社会化中最主要的一步就发生在这一阶段，而且在这一阶段基本上是沿着单一的成绩序列进行分化选择的。但是，美国的小学班级是机会均等的美国基本价值观的一个具体化身。

就中学阶段的社会化和选择而言，在能力类型分化上，中学是一个主要的跳板。也就是说，教育程度低下的人从这里进入就业，而教育程度较

---

① 帕森斯：《作为一种社会体系的班级：它在美国社会中的某些功能》，张人杰：《国外教育社会学基本文选》，上海：华东师范大学出版社2009年版，第437页。

高的人从这里进入大学。当然，在这一阶段，学生会面临着一个比以前范围更大的等级地位体系。

但是，帕森斯也指出，小学阶段的社会化和选择与中学阶段的社会化和选择是有所不同的。"小学阶段关心的是孩子们成就动机的内化和根据成就的不同能力来选择人才，焦点是对准能力的水平……在中学阶段，重点是成就的性质类型的分化，正如在小学里一样，这种分化不顾及性别角色。……中学阶段的分化也不根据在小学阶段已分化完毕的成就水平。"①

（3）教育机会均等和学生成就差异

帕森斯认为，与19世纪工业革命和20世纪民主革命一样，教育改革的重要性就在于它开始改变当代社会的整体结构。其根本原因在于，这种教育改革的主要特点是极力推进教育机会均等。

但是，帕森斯也指出，即使教育机会是均等的，学生成就上的差异仍然是不可避免的。造成这种差异的因素在于学生能力的不同、家庭对孩子教育的期盼和态度不同以及个人动机的不同。应该看到，学生成就差异也导致了新形态的不公平。中小学阶段的选择功能正是学校里的成就等级和社会上的分层体系之间的桥梁。因此，没有正规教育的帮助而要获得高的地位，注定要成为一种神话。

### 3. 科南特：教育机会均等和综合中学发展

美国科学家、教育家科南特（James Bryant Conant）是要素主义教育思想的主要代表人物，是美国20世纪中期最有影响的美国教育家之一。他在教育方面的著述甚丰，其中1959年的《今日美国中学》（*The American High School Today*）和1961年的《贫民区与市郊：评大都市的学校》（*Slums and Suburbs：A Commentary on Schools in Metropolitan Areas*）两本著作影响最大，集中体现了他教育机会均等的教育思想。科南特提出的教育机会均等理念以及对综合中学改革的建议，为当时美国中等教育改革

---

① 帕森斯：《作为一种社会体系的班级：它在美国社会中的某些功能》，张人杰：《国外教育社会学基本文选》，上海：华东师范大学出版社2009年版，第433页。

指明了新的方向，对于提高教育质量和促进教育机会均等具有重要意义。

（1）教育机会均等与社会民主

受杰斐逊平等思想的影响，科南特非常强调教育机会均等对增强美国民主信念和维护民主社会的巨大作用，并将杰斐逊在政治领域的平等思想发展成为包括教育机会均等的平等思想。他在《今日美国中学》中指出："对众多美国一代新人来说，均等不仅意味着政治均等，而且意味着机会均等。"① 因此，根据机会均等原则，美国的所有青年，不论地域，不分种族、性别，都应受到公平的教育。在他看来，普通教育是全体未来公民的基础教育。通过普通教育可以使所有的学生接受一种文化，追求一种社会理想与目标，可以提高整个民族的素质。普通教育则是针对全体公民。在《分裂世界中的教育》（*Education in a Adivided World*）一书中，科南特又强调指出："免费的、税收支持的学校是我们社会的动力源泉，是独特理想的产物，也是美国民主得以传承给未来公民的工具，共和国的力量最终与公立学校体制的盛衰息息相关。"②

据此，科南特主张，通过教育的途径来消除社会经济地位不平等的人为障碍，达到社会的稳定流动。他非常强调教育机会均等的社会效果，将其视为保证美国社会民主与促进社会流动的最有效的工具。应该允许社会底层或普通家庭的有才能的学生，可以通过平等的教育机会获得自然上升，进入上层社会，进而促进社会平等。因此，在科南特看来，教育机会均等对美国民主社会具有重要的意义。教育机会均等是美国教育民主的目标，"真正民主的教育必须消除一切障碍来促进机会均等"③。

（2）综合中学体现教育机会均等的民主思想

在对美国多所中学进行实地调查的过程中，科南特根据调查结果向全

---

① James Bryant Conant，*The American High School Today*. New York：McGraw-Hill Book Company Inc，1959：5.

② James Bryant Conant，*Education in a Adivided World*：*the Function of the Public Schools in Our Unique Society*. Westport：Greenwood Press，1948：1.

③ James Bryant Conant，*General Education in a Free Society*，Cambridge，Massachusetts：Harvard University Press，1946：10.

国发表了其研究成果《今日美国中学》，其副标题为"给热心公民的第一个报告"（A First Report to Interested Citizens）。在这本著作中，他阐述了教育机会均等思想，并对综合中学进行了充分的肯定，同时也对公立学校中的统一课程进行质疑。在他看来，统一而严格的学术标准不符合教育机会均等的传统，更不利于多种人才的培养。而综合中学更有利于满足所有青年受教育的需要，既开设学术课程、公民课程，也开设职业课程，这充分体现了教育机会均等的理念。

在当时美国中等教育迫切需要改革的情况下，科南特明确指出，最适合美国中等教育的学校类型就是综合中学，因为它的产生既是美国经济发展的结果，也是美国人民追求教育机会均等的民主思想的体现。在他看来，综合中学是一种独具特色的学校，是按社区内所有青年受教育的需要而开设课程的中学。综合中学就是为能力、兴趣、职业志向各不相同的全体适龄青年服务。综合中学应尽力对所有未来公民提供普通教育，并试图在学术方面提供卓越的选修课程教育以及提供一流的职业教育。从综合中学的培养目标来看，升学取向和职业取向的学生都能得到合理的分配，从而达到内部平衡的状态。

因此，科南特认为，综合中学不但可以确保入学机会的均等，而且在教育环境、资源、教育过程中，通过学习过程中的能力分组、公平竞争、教师辅导，按学生的学习能力与兴趣自由流动，给每个学生最适合的教育，从而确保学习过程的机会均等；同时，严格能力测试与考评等措施保证了教育结果的机会均等。

（3）改善贫民窟儿童的教育

20 世纪中期，由于美国在城市化的过程中种族居住方式的变化，少数民族和穷人主要聚居在大城市的中心位置，而富裕的白人则逐渐远离市中心，迁居至市郊并形成条件优越的白人社区，因此，美国市郊公立学校的办学条件和教育资源都远远超过城市中心的公立学校。

基于对促进社会民主功能的重视，科南特非常重视贫民区学校的改善，认为忽视"贫困青年"的教育和就业问题相当于"社会炸药"。他指出，所有学生无论是社会的上层还是底层，无论家境的富贵与贫穷，只要有能力和有才学，就一样可以获得高质量的教育。在对美国中学大规模调查的基础上，科南特专门针对人口稠密的几个大都市地区进行考察，比较了市中心贫民窟学校与市郊富裕地区的学校，发现它们在教育资源和教育效果方面都存在较大差异。他指出，正是贫民窟的社会背景和家庭背景，既使黑人的能力和成就抱负受到压抑，也使黑人在教育、经济和社会方面均处于不利地位。科南特尤其非常关注黑人教育问题，指出黑人教育中存在的严重不平等现象："毋庸置疑，目前所有为中小学制定教育政策的考虑，都忽视了黑人教育问题或完全接受了隔离学校存在的合理性。……我们谈论公立学校制度，谈论它如何适应协调与各种人群及社会阶级的需求，唯独不包括黑人。"①

通过实际调查，科南特得出结论：大都市地区贫民窟与市郊地区的公立学校之间，在教育资源和教育效果方面都存在较大差异，而且在市中心学区几乎没有真正意义上的综合中学。在他看来，贫民窟与市郊学校之间的巨大差距损害了教育机会均等的原则。因此，他主张联邦与州应该加大教育投入，扩大教育机会，促进机会均等，以改善市中心区贫民窟的黑人教育状况。同时，应该合理地考虑各州情况的不同，将黑人聚居的学区和其他学校合并，为黑人创造更多的受教育机会，这实际上是美国所面临的严重的政治问题。

## 三、基础教育政策目标与策略

到 1918 年时，美国的所有州（当时共 48 个州）都已颁布义务教育法令，通过公立学校制度实现了普及义务教育，凸现了美国政府确保儿童受教育权的教育政策导向。正如当代美国教育史家克雷明所指出的："义务学校教育标志了美国教育史上的一个新时代。下层社会儿童以至身心有缺

---

① James Bryant Conant, *The Child*, *the Parent and the State*. New York: McGraw-Hill, 1965: 38—39.

陷的儿童都能进入学校。"① 在 20 世纪 20 年代后，教育机会均等的范围在美国已开始扩大到中等教育领域。这一时期，美国基础教育政策主要体现在 1874 年的《"卡拉马祖诉讼案"判决》、1918 年的《中等教育基本原则》和 1944 年的《关于满足青年的需要》和《为了所有美国青年的教育》上。基于确保更大范围的教育机会均等的目标，这一时期美国的教育法规文本凸显出以下策略：（1）征税开办公立中学是合乎宪法的。（2）民主制度中的教育应满足所有人的需要。（3）建立一个与初等教育相衔接的中等教育系统。（4）所有青年的需要应是规划中等教育课程的基础。（5）实行"综合中学"的模式。

### 1.《"卡拉马祖诉讼案"判决》(1874)

南北战争前，美国公共教育财政主要面向初等教育。一部分州，公立中学的财政来源主要依靠公共学校基金；还有一部分州，公立中学的财政来源依靠收取学费。当时中学的主要功能是为升入大学做准备，教育对象基本上面向部分有升学愿望的学生，而不是面向全体学生。因此，有人认为州无权为中等教育向公众征收教育税。但是，以加利福尼亚州州长卡尔（Ezra Carr）为代表的人士则认为，中学是公共基础教育体系的一个重要组成部分，应该通过征税来开办公立中学。事实上，除新英格兰地区各州外，其他州在制定关于增加教育经费以设立公立中学的法令时都遇到了很大阻力。

于是，在面对州政府增加征税以开办公立中学的情况下，很多公民向法院提起了诉讼。其中最著名的诉讼案是发生在密歇根州卡拉马祖市的《卡拉马祖诉讼案》（Kalamazoo Case）。1872 年，卡拉马祖市学校董事会投票决定增加征收税款用于开办一所公立中学，并雇请一位学校视导长。随后，市民斯图亚特（Charles E. Stuart）向法院提出控诉，要求密歇根州最高法院制止校董会征收新增税款。他认为，法律只将基本教育定为公

---

① 克雷明：《学校的变革》，单中惠、马晓斌译，济南：山东教育出版社 2009 年版，第 114 页。

民所需，而设立免费的中学则超出了法律要求的限度，因为中学的内容不属于基本教育范畴，不应由普遍的税收来承担，所以，州政府没有权利为设立免费的中学而征税。1874年，密歇根州最高法院对该案件做出判决：驳回原告的控诉，支持学校董事会的决定，卡拉马祖市征税开办公立中学是合乎宪法的。

（1）中学可以属于基本教育范畴

《"卡拉马祖诉讼案"判决》回顾了密歇根州从1787年宪法至1850年新的州宪法期间的教育发展史，对"完全的教育制度"进行了总结说明，认为法律从没规定基本教育的极限，在公民和议会的同意下，中学可以属于基本教育范畴。判决书这样写道："把不仅初步教育而且更广泛意义上的教育看作是富人和穷人同样可以选择的为他们提供重大实际利益的事情，而不仅仅看作是与有钱交得起学费的富人们培养文化和造就有关的事情，我们原以为这已经为本州人民所理解。"[1]"我们有一切理由相信，人民期望能得到完备的高等教育。……人民期望在小学学区建立中学的趋势继续发展，直到为每一个能够资助一所中学的地方都提供一所中学，这个论断似乎是无可抗辩的。"[2] 担任该判决书执笔人的法官库利（Thomas M. Cooley）也指出："中学属于公共教育，是连接初等学校与州立大学的重要环节。""公立中学的缺乏将对富人极为有利，人为地阻止了其他阶层的子女进入大学。"[3]

（2）征税开办公立中学是合乎宪法的

《"卡拉马祖诉讼案"判决》指出，征税开办公立中学是合乎宪法的。针对为中学征税的合法性，判决书这样写道："从1817年开始一直继续到现行宪法通过时为止，在免费学校方面本州总的方针就是，可以尽一切力

[1] E.P. 克伯雷：《外国教育史料》，武汉：华中师范大学出版社1991年版，第657页。
[2] John D. Pullian and James Van Patten, *History of Education in Amerian*, Englewod Cliffs：Prentice-Hall, Inc. 1995. 90.
[3] John D. Pullian and James Van Patten, *History of Education in America*, Englewod Cliffs：Prentice-Hall, Inc. 1995：90.

量为本州的全体儿童提供教育，如果他们愿意的话，还可以提供初步古典教育。……我们只要说明一点就够了，无论是在本州的政策还是在本州的宪法中，都没有限定初等学校学区只能教授他们的官员所要教的学科或限定只能办某一等级的学校，只要该学区的投票人正式同意负责费用并为此目的而征税。"①

《"卡拉马祖诉讼案"判决》是美国教育史上具有划时代意义的教育判决。它使通过税收来开办公立中学的理念得到广泛认可，确立了以公共税收为公立中学提供财政支持的基本原则，使中等教育面向所有的青年，扩大中等教育的受教育机会，推动了中等教育大众化的发展，维护了基础教育公平的原则。类似的诉讼案在美国其他州都出现过，伊利诺斯州曾同时受理七件之多，其结果均和此案的判决结果一致，但"卡拉马祖诉讼案"的判决最有代表性。此后，公立中学在美国得以迅速发展，并在随后的二三十年间经历了一个直线上升的时代。

2.《中等教育基本原则》（1918）

为了根据社会的需要对中学的教育目的、职能和内容进行调整，全国教育协会（National Education Association）于 1913 年成立了"中等教育改组委员会"，并在 1918 年提出了《中等教育基本原则》（*Cardinal Principles of Secondary Education*）。

（1）民主制度中的教育应满足所有人的需要

《中等教育基本原则》从对民主制度的教育目的、教育对个人发展的重要作用出发，论证了实现中等教育机会均等的必要性，并提出了美国中等教育的七个主要目标：促进身体健康、掌握基础知识、健全的家庭成员、发展职业技能、胜任公民职责、善于利用闲暇、养成道德品格。该基本原则强调教育目的民主性，即民主制度中的教育应满足所有人的需要，发展每个人的能力，使每个人获得发展的机会。它指出："美国的教育应

---

① John D. Pullian and James Van Patten. *History of Education in Amerian* ［M］. Prentice-Hall，Inc. 1995. 90.

由一种清晰的、关于民主制度意义的概念来指导。……民主制度既不允许社会剥削个人，也不允许个人无视社会的利益。更明确地说——民主制度的目的就在于组织这样一种社会，使每一个社会成员可以主要通过为其同胞的幸福和整个社会的安宁而设计的种种活动，来发展自己的个性。"因此，"民主制度里的教育，无论校内还是校外的，都应发展每个人的知识、兴趣、理想、习惯和能力，凭借这些他将找到自己的位置并利用这些位置使自己和社会向着更崇高的目的发展。"① 对于美国中等教育来说，它必须完全以所有青少年的完满而有价值的生活为目的。每个人都有权利得到发展他身上最好的东西的机会，教育的任务就是发挥这种潜在的价值。

（2）建立一个与初等教育相衔接的中等教育系统

针对过去中等教育仅仅满足少数群体的需要，《中等教育基本原则》要求将教育机会平等扩大至中等教育，使更多的学生可以平等地接受中等教育。现代心理学的研究成果证明，个人的发展是一个连续的过程，初等学校和中等学校之间的连贯的学习过程被生硬地中断是不可取的。该基本原则明确指出："只有通过注意由能力倾向、能力和抱负所表明的个人的群体的不同需要，中等学校方能取得每个学生最大的努力。学校必须利用这时候每个男女学生作艰难而有效的课业的一种最可靠的方法。"② 因此，为了让所有人具有接受中等教育的机会和让更多的人完成中等教育阶段的学业，公立学校的范围不能只限定在初等教育，必须建立一个中等教育与初等教育相衔接的学校系统。其中，初等教育和中等教育各为六年，中等教育分为初级和高级各三年的两个阶段。

（3）提出"综合中学"的模式

为了让更多的学生有机会接受中等教育和完成中学的学业，《中等教育基本原则》要求对中等教育进行调整，并第一次提出了"综合中学"

---

① ［美］《中等教育基本原则》，瞿葆奎主编：《教育学文集·美国教育改革》，北京：人民教育出版社 1990 年版，第 24 页。

② ［美］《中等教育基本原则》，瞿葆奎主编：《教育学文集·美国教育改革》，北京：人民教育出版社 1990 年版，第 30 页。

（comprehesive high school）的模式。它指出："综合学校是民主制度的原型，其中不同的群体必须有作为群体的一定程度的自我意识，并通过对共同利益和理想的认识联合成一个更大的整体，这样的学校中的生活是对民主制度中的生活之自然的和有价值的准备。""将所有课程包容在一个统一的组织之中的综合中学，应是美国中等学校的标准类型。"①

该基本原则建议，使综合中学成为美国中学的标准模式，以便使中等教育面向所有适龄青少年。所有的课程都在一个统一的机构中提供，使所有的学生平等地参加中等学校的课程。因此，综合中学是面对所有学生的，每个学生都可以根据自身的特点和爱好来选择适合的专业。在综合学校中，各种有碍于学生对课程作明智选择的影响，可以被缩减到最小程度。

（4）关注中学女生的学习

《中等教育基本原则》还提出了中学女生学习的问题。它指出："所有课程中的女生应在有效率的指导员指点下，用适当的设备，在家事技艺课业上受到益处。在有很强的家事技艺部的综合学校里，最容易提供这样的条件。"②"美国的中等教育必须完全以所有青年的完满而有价值的生活为目的，因此本报告书所描述的目标必须在每个男孩和女孩的教育中占有位置，这是本委员会坚定不移的信念。"③

《中等教育基本原则》被称为美国中等教育史上的一个里程碑，对美国中等教育发展产生了深刻的影响。它在肯定"六三三"学制和强调综合中学地位的同时，确立了中学是面向所有学生并为社会服务的思想。任何家庭背景的学生都可以进入中学，选择适合的课程，体现了基础教育过程中的平等。它通过突出中等学校的职业训练职责和功能，让所有青年都获

---

① ［美］《中等教育基本原则》，瞿葆奎主编：《教育学文集·美国教育改革》，北京：人民教育出版社1990年版，第33页。

② ［美］《中等教育基本原则》，瞿葆奎主编：《教育学文集·美国教育改革》，北京：人民教育出版社1990年版，第34—35页。

③ ［美］《中等教育基本原则》，瞿葆奎主编：《教育学文集·美国教育改革》，北京：人民教育出版社1990年版，第37页。

得接受中等教育的机会，因而成为 20 世纪前半期美国基础教育政策的核心，进一步推进了基础教育公平的发展。

3.《关于满足青年的需要》和《为了所有美国青年的教育》(1944)

在 20 世纪前半期，全国教育协会政策委员会曾对美国基础教育的发展产生很大的影响。在它的文件中，也清楚地体现了基础教育政策。1944年，全国教育协会政策委员会连续发表了《关于满足青年的需要》（*On Meeting the Needs of Youth*）和《为了所有美国青年的教育》（*Education for All American Youth*）。

(1) 教育应该满足所有青年的需要

《关于满足青年的需要》明确指出了教育应该满足所有青年的需要："第一，所有的青年必须形成有实用价值的技能以及那些能使工人在经济生活中成为有学识且富创造性的参与者的认识和态度，为了实现这个目的，大多数青年需要得到职业上的技能和知识之教育以及在监督指导下的工作经验。第二，所有的青年必须发展和保持健康和强壮的体魄。第三，所有的青年必须理解民主社会中公民的权利和义务，并且作为社会的成员以及国家和民族的公民在履行职责时必须勤奋得力。第四，所有的青年必须理解家庭对个人和社会的重要意义，而且必须了解通往成功的家庭生活的主要条件。第五，所有的青年必须了解如何明智地购买商品以及善于使用各种服务性行业，必须理解消费者得到的益处和购买商品的行为所带来的经济后果。第六，所有的青年必须理解科学方法，科学对人类生活的影响，以及有关世界和人类的性质之主要科学事实。第七，所有的青年必须有机会提高他们对文学、艺术、音乐和自然界之美的鉴赏能力。第八，所有的青年必须能够利用并且善于安排自己的空余时间，要保持为满足个人需要的活动和对社会有用的活动之间的平衡。第九，所有的青年必须学会尊重他人，形成他们对伦理的价值和原则之洞察力，必须能够与他人共同生活，合作共事。第十，所有的青年必须逐渐培养理性思考能力、清楚地

175

表达思想的能力以及理解性地阅读和听的能力。"① 概括起来，就是职业技能和知识、健康和体魄、公民权利和义务、家庭生活、商品和消费、科学和科学方法、美的鉴赏能力、利用和安排空余时间、尊重他人和共同生活以及理性思考能力十个方面。

（2）所有青年的需要应是规划中等教育课程的基础

《为了所有美国青年的教育》再一次重申把所有青年绝对必要的需要作为规划中等教育课程的基础。教师每年都要把应该满足青年的各种需要清楚地规定下来，使课程成为满足所有青年的共同需要。

在此基础上，它还提出了如何组织中等教育课程的建议。其中包括传统课程、连续性课程、综合课程等。在每一年课程的广泛范围内，各个教师和班级可以自由地计划，并组织他们自己的学习。通过有兴趣且有目的的学习过程，就可以导向青年比较复杂和持久的需要。"最重要的是，在所规划的课程中，每一位老师很少有差异很大的学生，而在更加多种多样的环境中有更多的时间同每一个学生一起工作并对他进行观察。"②

《关于满足青年的需要》和《为了所有美国青年的教育》这两个文件再次强调了美国中等教育是针对所有青年的教育，通过对中等教育课程的建议和规划等，提出了平等对待每一个学生的原则，体现了中等教育民主化的要求。正是这两个文件所阐述的思想，成为这一时期美国大多数中学课程计划的基础。

# 小　结

随着美国南北战争后初等教育的普及，在第一次世界大战后，美国社会和经济发展客观上促使中等教育民主化的呼声日益高涨，普及中等教育

---

① ［美］《中等教育基本原则》，瞿葆奎主编：《教育学文集·美国教育改革》，北京：人民教育出版社1990年版，第61—62页。

② Sol Cohen (ed), *Education in the United States: A Documentary History*, Vol. 4, New York: Random House, 1974: 2625.

已成为社会民众的迫切需要。因此，在 19 世纪后期至 20 世纪 50 年代这一时期，当通过"卡拉马祖诉讼案"判决而确立以公共税收为中学提供财政支持的基本原则和扫除公立中学发展的障碍之后，在满足所有青年的需要的理念影响下，公立中学在美国得到了迅速的发展，并成为中等教育的主要形式。特别是 20 世纪 20 年代后，中等教育的机会增加，适龄青少年得以进入中学，美国中等教育得到了发展和普及。中等教育体系也更加完善，不仅形成了面向所有青少年、课程内容丰富、教学方法灵活多样的公立中等教育系统，而且成为连接初等教育和高等教育的桥梁。

1918 年"中等教育改组委员会"发表的《中等教育基本原则》作为一个里程碑，不仅推动了美国中等教育的发展，而且确立了美国中等教育的基本功能和主要目标。该基本原则第一次提出了"综合中学"概念，并把中等教育与社会经济和文化发展的需要以及教育对象的身心发展结合起来，突出了中等教育的大众性、综合性和实用性，并由此形成了独特的中学模式——"综合中学"。到 50 年代，综合中学已是美国中等教育体系的主要模式，成为在美国占主导地位的、具有美国特色的中等教育机构。在这个过程中，美国教育家科南特的中等教育理念起了很大的推动作用，在扎根于美国教育传统的同时反映了社会时代对中等教育的新要求。

在这一时期，美国逐渐实现了中等教育的发展和普及，保障了所有青少年接受中等教育的权利，体现了更大范围的教育机会均等的基础教育政策。正如当代美国教育史学家克雷明所指出的："在第一次世界大战后的 25 年中，美国教育的发展速度是迅猛的，学校逐步扩建，学习时间也得到了延长。……20 世纪 30 年代教育上最重要的事实，就是学校的力量得到了持续稳定的增强：中等学校的入学人数从 1929—1930 年的 480 万人上升到了 1939—1940 年的 710 万人。"① 在中等教育机会均等上，综合中学更有利于推动教育公平。各州政府开始运用税收开办公立中学，中学的目标

---

① Laorence A. Cremin, *The Trasfoemation of the School*, New York: A Vintege Book, 1961: 274.

或是升学或是就业，课程范围逐步扩大也使学生可以进行选择。在某种意义上，这也许为 20 世纪 80 年代在美国开始的学校选择运动埋下伏笔。

应该说，到 20 世纪 50 年代，随着中等教育的普及，中学入学的人数得以增加，受教育的年限得到延长，在美国基本实现了基础教育机会的均等。到第二次世界大战结束时，包括高中学段的普及在美国已成为了现实。50 年代以后，美国高中教育的发展速度进一步加快。但是，在中等教育民主化和普及化的过程中，教育公平的矛盾又凸显出来，更多地表现在教育过程不平等上。人们在追求教育过程平等的过程中发现，学生间的学习成绩的阶级和阶层的差别并未改善。随着综合中学的发展，为满足所有学生的需要的课程逐渐产生了不平等，传统的学术课程常常提供给中产阶级的子弟，而职业教育课程往往提供给学术课程较差的社会下层阶级的孩子。

# 第三章

·································································

## 追求教育结果的公平

### (20 世纪 60—70 年代)

对于美国而言，20 世纪 60 年代是一个骚动、混乱与激进的时代，各种思潮此起彼伏；而到了 20 世纪 70 年代，各种激进与冲突开始渐渐消退，社会上兴起了重新评价与重新定位的思潮。在这一时期，各界学者从不同的视角对基础教育公平问题进行了探讨，并出现了多样化的局面。从基础教育政策来看，出现了追求教育结果平等的新取向。其中，《初等和中等教育法》在这一时期美国基础教育政策中具有里程碑意义，当代美国教育学者库克森（Peter W. Cookson）等人指出："从 20 世纪 50 年代后期起，包括《关于教育机会平等性的报告》（1966）的作者科尔曼在内的社会科学家们的研究结果，把全国的注意力集中在社会经济处境与不平等的教育结果的关系上。……在 20 世纪 60—70 年代，一系列改革的努力趋于提供机会平等和增加各种教育机会。"①

————————————

① Peter W. Cookson, Jr. , Alan R. Sadovnik and Susan F. Semel（ed.）. *Internatioonal Handbook of Educational Reform*, New York: Greenwood Press，1992：449—451.

## 一、社会和教育背景

### 1. 社会背景

20世纪60—70年代，美国的经济在持续增长的同时，也伴随着周期性的不景气，通货膨胀时有发生。由于社会动荡、社会运动迭起、总统频繁更换，因此也影响了联邦政策更好的延续。

（1）经济增长发展中伴随着危机

20世纪60年代美国经济周期正处于扩张阶段，经济持续发展，延续二战后经济发展的"黄金时代"，联邦的财政收入快速增长，因而在西方世界经济中占有明显的优势。这时美国经济发展的重心逐渐向南部和西部转移，使得黑人和移民聚居多的南部和西部地区呈现出繁荣景象。但是，在美国经济增长发展的同时也伴有周期性的经济危机，出现经济衰退，工业生产率下降，产品竞争力下降，失业率增加。到20世纪70年代初期，美国更是出现了经济停滞与通货膨胀并存的两难现象。随着美国经济出现结构性经济危机，特别是经济滞胀的困扰，理论界也出现了反对国家干预、倡导市场机制和改革福利制度的思潮。此外，世界石油危机引发了西方世界的经济危机，随即出现的国际货币危机，使得西方社会承受了巨大的打击，主要发达国家的经济相继进入滞胀阶段，有的国家甚至出现了负增长。同时，工业生产的规模不断扩大，也使大城市市中心的人口高度集中，致使生态环境的污染非常严重。此外，因越南战争升级使得美国政府的财政赤字居高不下。1969—1970年经济危机以后，美国政府采取了扩张性的宏观政策以刺激经济回升。虽然经济有所复苏，但失业率和通货膨胀率仍然分别高达6％和4.5％。

（2）"新左派"社会运动的兴起

在20世纪60年代的美国，"新左派"掀起了轰轰烈烈的社会运动，例如，民权运动、女权运动、反越战运动、反文化运动、性解放运动等。年轻人、少数民族以及女性团体纷纷开展了各种政治抗议活动。国内"新左派"社会运动和国际石油危机，使得美国社会动荡不安，50年代掀起的民权运动在 60 年代开始产生影响。这一时期，种族隔离和贫困问题也成为美国最严重的社会问题。例如，1954 年的布朗案判决激起了一系列美国黑人争取民权的运动；1955 年的阿拉巴马州的蒙哥马利爆发的抵制巴士种族隔离运动；1960 年在北卡罗来纳州格林斯波罗举行的黑人大学生的一系列静坐示威；1963 年由马丁·路德·金（Martin Luther King）领导的华盛顿特区大游行等。这些运动起初都发生在美国南部地区，但很快就席卷全国。民权运动在教育事务上的影响主要是一系列法庭诉讼判决以及随后通过的教育法案，以保障黑人和其他少数民族学生的平等的教育机会。

2. 教育背景

（1）教育民主化的要求进一步凸显

随着美国经济实力的增长和民主思想的传播，黑人和移民群体的民主意识进一步增强，接受平等教育的需求也大大增加。此外，受大规模的民权运动的影响，教育民主化的要求更加凸显出来，对教育机会均等问题表现出极大的关注，促使国会通过了旨在促进种族平等的包括《民权法案》在内的一系列法律。因此，从 20 世纪 60 年代中期到 70 年代初，美国基础教育政策逐渐改变了 50 年代末 60 年代初对"英才"或"天才"这类特殊儿童群体教育的重视，而开始关注另一类特殊儿童群体，即处境不利的少数族群儿童、贫困家庭儿童以及残疾儿童，主张对少数民族儿童采取"反种族隔离"或"种族融合"式教育，以及对贫困家庭儿童和残疾儿童提供补偿教育和特殊教育，以提高这些弱势群体儿童的学业成绩，进而提高整个基础教育的总体水平。由此，对民权的要求使教育机会均等成为扩大反种族歧视努力的中心，并开始了 1964 年《民权法案》和反贫穷计划。到 20 世纪 70 年代，美国社会的冲突和激进主义开始消退，从过度狂热中逐渐转向并进入重新评价和重新定向的时代，这种转向显然对美国教育产生了重要影响。当然，应该看到，虽然 60 年代的基础教育政策部分得到了延续，但由于能源危机和通货膨胀导致了经济恶化，因而使得基础教育政策不能顺利地实施。

（2）联邦政府在教育上的作用日益增强

由于当时美国各州贫富差异较大，教育标准参差不齐，导致各州的教育发展极不均衡，教育水平差距很大，因此，美国民众要求增强联邦政府在教育上的作用的呼声越来越高。之前，在苏联成功地发射第一颗人造卫星后，联邦政府已把培养人才和发展教育作为国家大计，将教育置于国防的高度。1979 年 10 月，卡特总统签署了第 96—88 号公法，即《教育部组织法》（*Department of Education Organization Act*），授权成立内阁级的联邦教育部。根据该法，联邦教育部的首要任务就是确保每个人平等接受教育的机会，补充各州、地方以及私人等提高教育质量的努力。其相应的四大职能：一是制定有关教育的联邦财政资助政策，管理这些资金的分配和使用；二是收集关于学校的信息和督察关于学校的研究，并将这些信息传播给教育工作者和公众；三是找出教育中的主要议题和问题，并在全国范围内引发关注；四是执行联邦法律，禁止受到联邦资金之项目和活动中的歧视，确保每个人平等接受教育。此后，联邦政府在全国教育事务中的影响在广度上和深度上都日益加强，对全国教育事务的管理作用已日益凸显。

（3）国际环境对基础教育公平问题的关注

早在二战结束后，国际环境开始加强对基础教育公平问题的关注，并促进了基础教育公平理念的形成和发展。1946 年 3 月，国际教育局举行的二战后第一次会议将"中等教育入学机会均等"列入大会议程。1948 年，联合国大会通过的《世界人权宣言》明确提出"受教育权"是一项基本人权，从而成为教育平等和教育民主的一个最重要的标志。第 14 届联合国大会于 1959 年通过的《儿童权利宣言》，更进一步确认了儿童的平等受教育权。为了了解各项法律和法规中所保障的教育机会平等现状的落实情况，自 20 世纪 50 年代始，西方各国的社会学家和教育家们进行了大规模的实证调查，阐述机会均等在教育领域中的实际情况，发表了很多相关报告。例如，英国的《普洛登报告》（1966）、美国的《科尔曼报告》（1966）、联合国教科文组织关于各国学生学业成绩差异的系列报告等。

## 二、基础教育理念

20世纪60年代后，随着美国基础教育的改革和发展，尤其是具有重要意义的《科尔曼报告》的发表，标志着对于基础教育公平理念研究的重点开始逐渐转向家庭背景与学校因素如何影响学生接受教育的机会，尤其是如何保证学生获得真正的学习机会。各界学者从不同的角度探讨基础教育公平问题，并在教育机会平等的基础上提出学业成就平等，即教育结果平等。这清楚地表明基础教育公平理念在美国产生了一个重要的转变。这一时期，在基础教育理念上的主要代表人物是社会学家科尔曼、经济学家和社会学家詹克斯、政治哲学家和伦理学家罗尔斯、经济学家和教育家鲍尔斯及金蒂斯、社会批评家和教育评论家古德曼。

### 1. 科尔曼：关注教育结果的平等

科尔曼（James S. Coleman）是美国芝加哥大学社会学教授。1966年，他在对公共教育各个层次调查不同种族、肤色、宗教等平等教育机会的基础上，向美国国会递交了《关于教育机会平等性的报告》（*Equality of Educational Opportunity*），通称《科尔曼报告》（Coleman Report），集中体现了他的教育公平思想。《科尔曼报告》主要调查了四个方面的问题：公立学校中种族隔离的程度；学校向不同种族提供平等教育机会的程度；学生在标准测验中的成绩；学生成绩与他们所上学校的种族组成关系。它也可以说是一个关于美国教育公平的报告。科尔曼重新界定了教育机会均等的内涵，并将人们对教育平等的注意力转移到教育结果上来，使基础教育政策的制定关注教育结果的平等。因此，关于教育机会均等的研究曾被美国教育学者评为20世纪60年代十项最有意义的教育研究之一。

（1）关于教育机会不均等的五种界说

科尔曼将学生学业成就引入到教育机会平等的研究领域，而不是简单地通过对学校投入、师资水平、设备设施的调查来探讨教育不公平问题，并结合校内因素的影响和家庭因素的影响，在教育投入与产出间进行综合分析。因此，他在设计教育机会均等的调查时，提出了五种关于教育不均等的界说：第一种是以社区对学校的投入差异来界说的，表现在对生均费用、学校的设施设备、教师的资历水平、图书馆资源等投入的差异；第二种是根据学校的种族构成所带来的教育不均等来界说的，学校由不同的种族构成就会存在教育不均等现象；第三种是以学校的无形特点和隐性特征所造成的差异来界说的，表现在教师的德行和教学态度以及对学生的期待、学生的学习愿望和兴趣水平等方面的差异；第四种是根据学校对背景相同和能力相同的个人所产生的教育结果来界说的，在个人投入相同的条件下获得均等的结果；第五种是根据学校对具有不同背景和不同能力的个人产生的教育结果来界说的，在个人投入不同的条件下获得均等的结果。①

在科尔曼看来，前三种界说是传统意义上的教育机会均等，即"机会的平等"意义上的教育机会均等，涉及投入资源。其中，"第一种涉及因学校行政的作用而输入的资源（设备、课程和教师）；第二种涉及学生输入的资源……第三种涉及因上述所有因素的交互作用而形成的无形特点。"② 与之对应，第四和第五种界说则涉及教育结果，是"结果的平等"意义上的教育机会均等。这种教育结果的平等不是表面上教育条件、教育投入与期待水平的平等，而是注重教育机会的效果和教育活动的效果的效果平等。科尔曼的报告重新界定了教育机会均等的内涵，教育机会均等的理念并不意味着教育机会效益的均等，教育机会均等不能局限于衡量平等的教育投入，还应该关注教育结果的平等。

（2）美国教育机会依然是不均等的

科尔曼通过他的调查报告指出，教育机会不均等依然存在，从 20 世纪 60 年代开始实施的补偿教育政策收效甚微，并没有取得预期的结果。绝大多数美国儿童在种族隔离的学校学习，除亚裔儿童外，少数民族儿童的学习成绩一般都低于白人儿童。例如，美国公立学校中存在严重的种族隔离

---

① James S. Coleman, *Equality and Achievement in Education*, Boulder: Westview Press, 1990: 24—25.

② 科尔曼：《教育机会均等的观念》，张人杰主编：《国外教育社会学基本文选》，上海：华东师范大学出版社 2009 版，第 155 页。

情况。他还指出，不同地区与种族群体之间存在着严重的教育机会不均等，这些群体间在技能方面存在一定的差距，这些差距会随着年级的升高而增大，而且白人学生与黑人学生之间存在着几乎恒常的差距。例如，在校期间，黑人学生的平均成就水平与白人学生的平均成就水平的差距和他们入学时的差距几乎相等。在科尔曼看来，在黑人与白人学校之间的差异上，最不重要的是设备和课程的差异，其次是教师素质上的差异，最重要的乃是学生的教育背景上的差异。这表明了学校教育对教育机会均等的作用是有限的。

（3）校内因素和校外因素影响着教育的不公平

科尔曼认为，在美国教育不公平受到两种因素的影响：一是一致性校内因素的影响，即黑人学生与白人学生基本相似的影响；二是差别性校外因素的影响，即黑人学生与白人学生之间不同的影响。在他看来，校内因素影响和校外因素影响的相对强度决定了教育制度在提供机会均等上的有效性，只有当全部差别性校外影响因素消失时，才能实现完全的教育机会均等。但是，校外因素的影响不可能完全消失，因此，在这个意义上，教育机会均等只可能是一种接近，而永远也不可能完全实现。由此，科尔曼对"教育机会均等"这一概念进行了重新分析："'教育机会均等'的概念是一个错误的和误导的概念。错误在于它在教育机构中强调'机会的平等'，这就使得人们集中关注教育本身，错误地把教育视为一种以自身为目的的事物，而非正确地把教育视为以成年期的成就为目的的手段；误导在于它暗示着一种超出学校投入之外的，教育机会平等是可以实现的，然而事实上是不可能的。"① 在他看来，这种近似的教育机会均等不仅是通过教育投入的均等来实现，而且是由这些资源的投入对学业成就所产生的效力来决定。就影响学生成绩的因素来说，主要是学生家庭的社会经济地位，尤其是父母的受教育程度。

---

① James S. Coleman, *Equality and Achievement in Education* （*social inequality series*）. Boulder，Colo.：Westview Press，1990：65.

### 2. 詹克斯：以教育凭证为基础的教育选择

詹克斯（Christopher S. Jencks）是美国经济学家和社会学家、新自由主义的代表人物。1972 年，他曾与史密斯（Marshall Smith）等人著有《不平等——对美国家庭教育和学校教育效果的重新评估》（*Inequality：A Reassessment of the Effect of Family and Schooling in America*），通称《詹克斯报告》（Jencks Report），对美国教育与不公平的关系进行了研究，阐明了其"教育凭证制度"（Voucher Plan）的相关理论，体现了其以学校选择制度为基础的教育公平思想。詹克斯主张对于教育权的选择性平等，实际上是以尊重个体和群体的教育权利为前提的。

（1）美国的教育机会是不均等的

20 世纪 70 年代，人们相信教育有助于个人机会均等，学生毕业后的成就完全取决于学校的质量。但是，詹克斯认为，家庭等校外因素的影响已经超过了校内因素的影响，而且学校对儿童的影响难以维持到成年。学校的控制不能成功地评价学生发展所需要的基本条件，即教师的行为和学校生活的质量。通过大量的数据的实证研究，詹克斯指出，教育不公平突出表现在教育资源的不平等、学生就学机会的不平等以及学生选择课程机会的不平等上。在美国教育机会均等上，他提出了以下的结论：一是无论从教育的资源分配来看，还是从进入学校的途径和课程的选择来看，美国的教育机会还远远没有实现平等。二是儿童遗传和生活环境的不平等对认知的不平等产生了重要的影响。那些生来遗传就占据优势的人，后天也得到环境上的优势，这就加剧了教育的不平等。三是家庭背景比智商、遗传基因等对个体教育成就的影响大得多，其影响部分地表现在社会经济地位的影响，部分地表现在文化和心理特征的影响，部分地表现在认知技能对教育成就的影响。四是学校教育的质量对于教育机会的均等没有多大影响，对于学生学习成就以及未来经济的成就也没有明显的影响，其原因在于学业成就只能部分地决定职业成就。五是家庭背景也只能对职业成就产生有限的影响作用，因为家庭背景与职业地位的取得没有直接的联系，而只是间接地和部分地相关。

詹克斯认为，导致教育不公平的原因在于现行公共教育制度使教育失去自由发展的活力。因此，他提出，理想的学校制度应该致力于"探究如何提供多种多样的教育以适应儿童与家长的期望与要求，并使学校成为适合于每一个儿童身心发展特点的有效组织"，因此，"学校制度应重视多样性与选择"。① 只有这样，才能更有效地促进教育平等。詹克斯还认为，人们不应该过度关注"机会的平等"，而应该将目光从"机会的平等"转向"结果的平等"。在教育上应该利用市场机制的作用，通过受教育者的自主选择，增加学校间的竞争，以提高教育质量和实现教育公平。

（2）实行有限制的教育凭证制度

从倡导一种多样化教育并重的选择的平等理念出发，詹克斯提出了一种有限制的教育凭证制度，也称"补偿教育凭证制度"。这种教育凭证制度从保障处境不利群体的利益出发，以多样化学校的创设为前提，通过给予家长选择学校的权利与自由，在教育内部引入竞争机制，从而在整体上提升教育质量，以便实现"多样的平等"意义上的教育公平。其主要措施有设置教育凭证机构、设定教育凭证的基本金额、免费提供校车接送服务等。具体来讲，教育凭证制度通过制定一些名额分配和补差的制度以增进学校教育的效率与公平，当教育凭证不够支付全额学费时，家庭可以自己支付剩余的部分或者对低收入家庭给予第二次教育凭证的补偿，以实现向那些贫富家庭的学生比例严重失调的学校转移资源。学生可以选择任何（无论公立还是私立的）学校来消费教育凭证；学校也可以完全自由地选择学生。教育凭证制度以尊重个体和群体的教育权利为前提，把教育选择的权利交给受教育者自己，由受教育者自己选择最适合自己的教育。

在提出教育凭证制度之前，詹克斯曾提出了授课费补助金制度和学校运营契约制度。前者是指学生如果上公立学校就会得到规定的公用的教育费，这笔教育费称为"授课费补助金"，同样也可用于支付私立学校的教

① Christopher S. Jencks, *Inequality: A Reassemssment of the Effect of Family and Schooling in America*. New York: Basic Books, 1978: 358—359.

育费用。后者是指地方教育行政机构可以在其管辖的地区设置特定的学校，这些学校有权与各种社会机构或团体签订有关契约，拥有学校管理、教师聘任、财政预算以及课程设置等自主权。在一定期限内，地方教育行政机构对这些学校进行监督和评定。不合格的学校将被取消契约运营资格，相反合格学校的契约得以延续。因此，授课费补助金制度和学校运营契约制度成为"教育凭证制度"的基础。其目的就是为了提高公立学校自身的责任意识，鼓励公共教育制度中的多样性与选择性。

詹克斯还认为，从选择的平等理念和保障处境不利群体的利益出发，教育凭证制度以多样化学校的创设为前提；同时强调家长对学校的选择权，通过给予家长选择学校的权利和自由，在教育系统内部引入竞争机制，以实现"多样的平等"意义上的教育公平。

（3）"补偿模型"有助于教育资源的公平配置

詹克斯认为，由于各种因素而处于弱势地位的学生除国家教育财政资助外，很难凭自己的能力去占有教育资源和获得同等受教育的机会，从而实际上损害了教育公平原则。因此，只有对弱势群体的学生进行补偿，使之获得平等的受教育机会，才能实现受教育权的平等。为此，詹克斯提出了"补偿模型"，即对教育经费进行更加公平的配置。在美国，私立学校的教育质量优于公立学校，但收费较高，进入私立学校大多是富有家庭子女，从而造成教育机会的不公平。运用"补偿模型"可以让接受教育凭证的家庭自由地选择学校，贫困家庭子女也可以持教育凭证进入费用较高的私立学校，这样就可实现受教育机会的公平。然而，这种"补偿模型"不允许学校收取超过教育凭证面值的额外费用，但大量招收贫困家庭子女的学校可以得到额外的资助。这样，既保障了学生入学机会的公平，又促使学校间教育资源的平衡，从而实现教育资源较为公平的配置。

3. 罗尔斯：以正义为原则的教育公平

罗尔斯（John Rawls）是美国新自由主义政治哲学家和伦理学家。1971 年，他出版的《正义论》（*A Theory Of Justice*）一书在西方理论界产生了很大的影响，被看作集罗尔斯思想之大成之作。在这本著作中，他提出了"作为公平的正义"的思想，强烈地表达了对社会公平和教育平等的重视。应该说，罗尔斯的正义原则丰富了教育机会均等的内涵。

（1）关于社会正义的三个原则

从伦理学的视角出发，罗尔斯认为，公平的对象是社会的基本结构。他关于"社会正义的一般理念"的表述是："所有的社会基本善——自由和机会、收入和财富及自尊的基础——都应被平等地分配，除非对一些或所有社会基本善的一种不平等分配有利于最不利者。"[①]但是，解决社会不公平的途径就是他所提出的作为正义的公平原理，即正义原则。其包括两个层次的三个原则：平等自由的原则、机会的公正平等原则、差别原则。其中，平等自由的原则为第一层次；机会的公正平等原则和差别原则为第二层次。在罗尔斯看来，第一个层次的原则保证的是基本的个人自由（言论、结社、宗教以及其他），每个人都拥有和其他所有的人同样的自由相容的、最广泛的基本自由的平等权利。第二个层次的原则保证为社会中处于最不利地位的人们提供最大可能的利益；同时保证公平的机会平等，即在公平的机会平等条件下使所有的职务和地位向所有的人开放。

（2）达到个人权利和利益保障的平衡

在罗尔斯关于社会正义的三个原则中，平等自由的原则是一种横向的、平均性的公平，用于处理公民的政治权利；机会的公正平等原则以及差别原则是用于处理社会和经济利益问题。其中，差别原则是一种纵向的、不均等的公平，它突出了在不公平的社会现实中，为处境不利者提供机会或利益的"补偿性"，以帮助弱势人群改变不利地位。上述三个原则可以具体表达为：一是每个人有获得最广泛的、与他人相同的自由；二是使社会中最少受惠者获得最大利益；三是人所获得不均等待遇的职务、地位应该对所有人开放。此外，罗尔斯还进行了价值的优先性排序，规定了两条"优先原则"：第一条优先原则是自由的优先性。自由权具有最高的地位，不能无故地被限制。第二条优先原则是正义对效率的优先。正义原

---

① 罗尔斯：《正义论》，何怀宏等译，北京：中国社会科学出版社 2001 年版，第 303 页。

则"优先于效率原则和最大限度追求利益总额的原则",以及机会的公正平等原则"优先于差别原则"。因此,实现平等主要依靠政府行为对公共利益进行平等分配,对享有资源的不利者进行补偿,也就是说,绝对的平等分配是不公平的,也是无法实现的,合理的做法是达到个人权利和利益保障的平衡。

(3) 正义原则具有实践意义

罗尔斯探讨了关于正义原则的实践意义,即如何使正义原则演化为具体的制度。在他看来,仅仅提出正义原则的理念是不够的,它只不过是抽象的概念而已。所以,他进而描述了宪政民主政体的各项制度。在描述公正社会的基本结构以及赋予正义原则以实际内容的过程中,罗尔斯阐释了正义原则与各种公正制度之间的关系,设想了一个四阶段序列。第一个阶段(即原初状态):人们必须对正义原则加以选择。第二个阶段:确定政治结构的正义并选择一部宪法,设定制度。在这个阶段,主要是确定平等的公民权和各种自由权,以澄清各种基本权利和自由。第三个阶段:法律、经济政策及社会政策的正义问题。在这个阶段,正义的第二个原则(即机会的公正平等原则)发挥主要作用。第四个阶段:法官和其他官员对规则进行实施,公民则普遍遵循规则。

(4) 保障教育机会的平等

罗尔斯认为,为了使平等的机会与差别原则得到维持,克服公平的机会平等与形式的机会平等相反的情况,政府除了维持社会的日常开支费用之外,还应该通过建立一种公立学校体系或者补贴私立学校以保证具有相似天赋和动机的人都享有平等的受教育和受培养的机会。他强调指出:"为了平等地对待所有人提高真正的同等的机会,社会必须更多地注意那些天赋较低和出身较不利的社会地位的人们。这个理念就是要按平等的方向补偿由偶然因素造成的倾斜。遵循这一原则,较大的资源可能要花费在智力较差而非较高的人们身上,至少在某一阶段,比方说早期学校教育期间是这样。"① 他还指出："实质公平的机会平等不同于形式的机会平等，它要求政府除了维持社会的日常开支之外，应试图通过补贴私立学校或者建立一种公立学校体系来保证具有类似天赋和动机的人都有平等的受教育、受培养的机会。"② 在罗尔斯看来，对于教育弱势群体来说，仅仅强调平等对待、机会均等，并不能从根本上消除这个教育弱势群体产生的根源。因此，要达到一种事实上的平等，也就是结果的平等、实质的平等，就要打破形式上的平等。这种平等要求对先天不利者和有利者使用不同等的尺度，需要通过实施补偿教育政策来达到。补偿教育不仅是实现平等社会的前提条件，而且是正义的公平原理的必要条件。

在罗尔斯看来，依据关于正义和公平的理论，并应用于教育的具体领域，就可以得出指导教育公平的实施原则。首先，教育机会均等原则，即每个人都平等地享有受教育的权利。其次，差异原则和补偿原则，教育公平绝非对所有人使用相同的尺度，而是在尊重个体差异基础上以一种不平等为前提的事实上的平等，这样就要求对最少的受惠者进行适当的补偿。应该说，罗尔斯的正义原则使教育公平理论又向前推进了一步，关注了能力主义的平等与补偿教育原则的结合。

### 4. 鲍尔斯、金蒂斯：教育复制了社会的不平等

新马克思主义教育理论是随着新马克思主义的哲学思潮而产生和发展的。第二次世界大战后，新马克思主义者在研究社会政治和经济问题的同时，也开始关注教育问题。20 世纪 60 年代后期，作为新马克思教育理论的代表人物，美国经济学家、教育家鲍尔斯（Samuel Bowles）和金蒂斯（Herbert Gintis）在《美国：经济生活与教育改革》（*Schooling in Capitalist America：Educational Reform and the Contradictions of Economic Life*，原题为《资本主义美国的学校教育：教育改革与经济生活的矛盾》）中运用马克思主义的观点和方法，对美国资本主义教育进行了分析与批

---

① 罗尔斯：《正义论》，何怀宏等译，北京：中国社会科学出版社 2001 年版，第 101 页。
② 罗尔斯：《正义论》，何怀宏等译，北京：中国社会科学出版社 2001 年版，第 276 页。

判，揭露了其教育制度和学校制度的不公平。鲍尔斯曾这样指出：政府的不作为和不可靠导致平等主义的失败，致使不平等现象越发严重。[①] 金蒂斯也指出：美国的公共教育体系运转不畅，学校成为国家官僚的牺牲品，体制造成了教育不平等。[②]

（1）教育变革运动并没有实现教育机会均等

鲍尔斯和金蒂斯认为，美国历史上的三次教育变革运动表面上都提出了"教育机会均等"的目标，但其真正的目的是消除阶级冲突和将资本主义等级制度合法化。例如，第一次教育变革是19世纪中期的免费公立学校运动。免费公立学校运动表面上是使来自不同家庭背景的人受到了相同的教育，实则是消除因经济急剧扩张而带来的社会不安定因素，使学校起到社会平衡器的作用。因而在教育体系内部又产生了一种社会分层体系，进一步产生了新的教育不公平。例如，处于社会上层的人的子女大部分进入私立学校；在公立学校中，公立中学要比公立小学拥有更多的上层社会的子女；上层社会的家庭可以利用金钱和权势使子女进入较好的大学，从而为进入企业界等高级职务提供便利。又如，第二次教育变革是19世纪末20世纪初的进步教育运动。进步教育家主张，教育适应儿童的需要，学校社会化，使学生的课程与实际生活保持一致。但实际上，学校则根据学生的阶级背景把学生纳入不同的课程分轨，为劳动人民家庭的子女开办职业课程，理论课程则留给上层社会的家庭的子女，从而取代了原来的向所有儿童开设同样课程的思想。再如，第三次教育变革是20世纪六七十年代的免费学校运动。表面上这个运动增加了中学后的教育机会，但实际上是由于资本主义经济的发展而引起职业结构的变化，并造成了在社会阶层上的新的不平等。

由此，鲍尔斯和金蒂斯强调指出，美国的教育变革是阶级冲突的产物

---

① Carlos A. Torres, *Education, Power, and Personal Biography: Dialogues with Critical Educators*. New York: Routledge, 1998: 60.

② Carlos A. Torres, *Education, Power, and Personal Biography: Dialogues with Critical Educators*. New York: Routledge, 199: 119.

而非阶级统治的产物，学校虽然扩大教育机会而为普通民众带来了一定的既得利益，但其主要在缓和阶级矛盾和维护资产主义社会秩序方面发挥作用，所以"教育机会均等"的目标几乎不可能实现。

（2）自由派教育理论并不能实现教育公平

自由派教育理论认为，在资本主义社会，学校教育具有三种社会职能：一是统合职能，即学校教育把受教育者按照才能的高低统合到社会政治和经济结构中去；二是平等化职能，即学校教育为人们提供了追求机会平等的条件，并成为获得公平竞争的阶梯；三是发展职能，即学校教育是实现人的充分和圆满发展的重要手段。因此，在现代社会中，不管其出身背景如何，每个人都可以凭借自己的才能和奋斗取得相应的地位和成就。任何阶级、阶层、种族、性别的个人，都可以凭借自己的才能和奋斗，通过教育这个社会流动的阶梯，向较高的社会阶层升迁。正因为如此，教育是消除社会不公平和贫困、实现社会公平和机会均等的有效工具。由此，教育不仅是促进社会公平的手段，而且其本身也具有公平的特性。

针对自由派的教育公平理论，鲍尔斯和金蒂斯在大量的调查研究基础上指出，家庭背景对所受教育的年限和结果有很大的影响，而教育作为公平竞争阶梯的平等化职能在资本主义社会条件下是根本无法实现的。在美国社会中，教育是现存社会不公平的维护者，而不是社会公平的推动者，因为教育的社会基础是社会的不公平性，教育是再生产这种不公平性的工具。学校帮助形成各种身份差别，加强成层意识，从而使经济不平等合法化。因此，在公共教育体制内部产生了社会分层和阶级分层，"教育已经历史地成为将个人定位于各种经济职位的一种手段"①。教育作为一种意识形态的再生产机器，复制着社会经济中的不公平；教育在再生产不公平时的作用是其他系统所不能企及的，同时又具有很大的掩蔽性。

---

① 鲍尔斯、金蒂斯：《美国：经济生活与教育改革》，王佩雄等译，上海：上海教育出版社1990版，第75页。

(3) 资本主义社会的教育并不公平

由"再生产"理论出发，鲍尔斯和金蒂斯认为，在资本主义条件下，学校教育不仅是劳动力和生产关系再生产的工具，而且还是资产阶级统治思想、意识形态和文化价值再生产的手段。因此，在资本主义社会中，教育实际上是不公平的，因为它再现了社会分工。相比之下，那些父母在职业等级制度中占据高层地位的子女比工人阶级家庭的子女受到的学校教育年限要长，并且随之接受教育年限的增加会得到越来越多的公共资助，因而他们所受教育的数量和内容都使他们很容易得到较高等级的职务。因此，对不同社会阶级出身的学生来说，学校教育的结果是大不相同的。这种教育不公平还反映在，学生本身内部结构及学校教育内容的不同也反映了学生社会阶级组成的不同。在每一级学校教育之间也存在着差别。此外，教育的不公平还表现在，对于来自不同社会阶级的学生来说，受教育的目的、家长和教师的期望以及对学生的各种教学和管理模式的反应都是不同的。实际上，对于不同的社会阶级出身的学生来说，其在学校教育的结果是非常不同的。虽然，美国教育的不公平主要存在于不同的学校之间，但即使在某一所学校内不同的学生所受到的教育也是不同的。因此，"教育上的种种不平等现象可以看作是资本主义社会整个网状组织的一部分，而且只要资本主义存在一天，它们就有可能存在一天。"① 资本主义社会的教育制度通过一种貌似公平和客观的英才教育机制把人们安排到不平等的经济地位上，从而使经济不平等和政治生活不平等合法化。经济不平等存在，使得教育就必定是再生产不平等的工具。

在鲍尔斯和金蒂斯看来，理想的教育应该具有以下性质：一是均等主义，实现大、中、小学民主化，使每个人享有均等的教育机会和平等的教育资源；二是以实现经济民主为目标，学生的学业成就和教育质量将成为其经济成就的唯一来源；三是共同参与，吸收家长、劳动者、社会团体和

---

① 鲍尔斯：《不平等的教育和社会分工的再生产》，张人杰主编：《国外教育社会学基本文选》，上海：华东师范大学出版社 2009 版，第 181 页。

年长者参与教育工作；四是个人主义，既有利于个人解放，又有利于政治开明。①总之，教育上的公平不能只通过改变教育制度来达到，通过政府政策的改变来实现教育公平的努力，不过是触及到了教育不公平的表面。因为美国教育中不公平的根源，在于生产关系的等级制以及与此有关的阶级文化的差别。

### 5. 古德曼：公立学校制度并不公平

古德曼（Paul Goodman）是美国社会批评家和教育评论家。作为新激进派的代表、选择学校运动的首倡者，他在 1960 年出版的《荒谬的成长》（*Growing up Absurd*）一书中对美国公立学校制度进行了激烈的批判。后来，在 1964 年出版的《强制的错误教育》（*Compalsory Mis-educacion*）中，他不仅批判美国公立学校制度的弊病，而且甚至否认其存在的必要。在 20 世纪 70 年代后美国兴起的选择学校运动中，古德曼的"自由选择"思想是它的一个重要的思想依据。

（1）社会环境对教育的作用

古德曼认为，在年轻一代的成长中，社会环境具有更大的影响。因此，社会环境应该适合正在成长的年轻一代的内在需要和正当要求。但是，美国社会环境既没有为年轻一代的成长提供有价值的目的，也没有为年轻一代的成长提供良好的和客观的机会。在他看来，年轻一代的成长需要的是一个相对稳定和平衡的社会，而不是一个动荡不安的、前后不一致的社会，否则就会有害于他们的成长。例如，给年轻一代提供一个充满民主精神和生活气息的、开放的社区，使他们拥有真实的生活环境，参与有价值的、展现自己才能的工作。

（2）公立学校制度并没有实现教育公平

古德曼认为，自杰斐逊的时代以来，美国公立学校制度在历史上确实起过重要的作用，那就是推动了移民的民众趋向民主化。但是，这种作用

---

① 鲍尔斯、金蒂斯：《美国：经济生活与教育改革》，王佩雄等译，上海：上海教育出版社 1990 版，第 430 页。

现已发生了变化，因为随着阶级分层的日益僵化，不仅下层家庭的人没有得到平等的机会，而且学校教育已失去了创造和道德的价值，强迫的学校教育实际上已不利于学生人格的发展和社会的改善。例如，许多学生因为学习成绩的原因而中途退学等，这事实上使得教育机会平等成为神话。因此，古德曼强调指出："公立学校的拥挤状况以及政府的干预，已使得它对个性的关注和真正的教学成为不可能。……可以说，提供义务教育的公立学校常常像监狱。"① 在他看来，在这样的公立学校教育下，学校已不能把学生培养成一个具有独立性、好奇心和创造精神以及能发现自我的人。实际上，义务教育制度已成为无处不在的陷阱，已毫无可取之处。

（3）自由选择的学校制度有利于教育公平

古德曼认为，美国学校教育是不平等的社会生产关系和阶级结构的产物，也就必然表现出不平等的特质。因此，资本主义教育实际上不断强化和复制了社会的不平等。在选拔和分流上，教育是按照种族、阶层和性别来分配的，因而限制了社会流动和延续了社会不平等。由"自由选择"思想出发，古德曼强烈要求教育改革，建立一种能更好地促进学生成长的教育体制，提供多样化和小型化的学校教育。他强调说："教育机会应该是多方面的和多样性的，必须减少而不是扩大固定不变的和单一的学校教育制度。"② 在古德曼看来，多方面的和多样性的学校教育才能保护那些家庭境况不良的儿童的发展。

## 三、基础教育政策目标与策略

这一时期，美国基础教育公平的政策主要体现在 1954 年的《"布朗诉托皮卡教育委员会案"判决》、1958 年的《国防教育法》、1964 年的《民权法案》、1965 年的《初等和中等教育法》以及 1975 年的《所有残疾儿童教育法》上。基于提供补偿教育以扩大青少年受教育的平等机会的目标，

---

① Paul Goodman, *Growing up Absurd*. New York：Random House, Inc.，1960：224.
② Paul Goodman, *Growing up Absurd*. New York：Random House, Inc.，1960：61.

这一时期美国的教育法规文本凸显出以下策略：（1）公立学校中禁止种族歧视和种族隔离。（2）联邦对公共教育提供财政资助。（3）为儿童提供更多的且更适当的教育机会。（4）为在学校内废除种族隔离提供技术和财政资助。（5）学校保证所有的儿童在平等的基础上获得联邦资助。（6）对弱势群体儿童的教育提供资助。（7）确保所有残疾儿童接受免费的适合的公立教育。

1.《"布朗诉托皮卡教育委员会案"判决》（1954）

美国宪法第十三和第十四修正案保证了所有美国公民的权利，包括平等地受法律保护的权利；第十五修正案保障了公民的选举权。1875年，国会通过第一个《民权法案》（*Civil Rights Act*），创立了"法律面前人人平等"的原则，并惩处在公共场所的种族歧视的行为。

在美国，依据美国判例法的特点，案件判决在教育立法中具有重要的地位，从法官的判决中推引出法律的原则被称为"活动的宪法"，也是美国教育政策的重要组成部分。

20世纪50年代，具有里程碑意义的"布朗诉托皮卡教育委员会案"由六个独立的种族隔离案件组成。最初这一系列案件由律师上诉于1952年，主要反对在小学阶段的种族隔离。之所以用布朗的案件来命名，那是因为该案件在下级法院案件的众多原告中被列于第一个，于是将这六个案件统合于"布朗诉托皮卡教育委员会案"的名下。① 虽然每一个案件都有其各自的起因，但所有的案件都代表着小学儿童，并涉及比白人学校的质量低劣的黑人学校。最重要的是，每一个案件都主张："隔离但平等"的原则违反了宪法第十四修正案中关于平等保护的原则。

其中，第一个案件是布朗诉托皮卡教育委员会案（*Brown v. Board of Education of Topeka*），是由于黑人与白人在教育资源和设施上的不平等而引发的。该案件的原告布朗（Oliver Brown）认为，依据1868年宪法第

---

① 另一种说法是："布朗诉托皮卡教育委员会案"是由分别在五个地区（堪萨斯州，南卡罗来纳州，弗吉尼亚州，华盛顿哥伦比亚特区，特拉华州）的五个案件组成。

十四修正案中关于法律平等保护的原则——隔离的公立学校是不平等的也不可能达到平等，据此他被剥夺了法律赋予的同等权利。但 1896 年美国联邦最高法院在"普莱西对佛格森案"（Plessy v. Ferguson）中所判决的"隔离但平等"原则，各个种族享有基本同等的设施待遇，即使这些设施是隔离的，也应该被认为是受到平等的对待。据此，地方法院判决托皮卡教育委员会并未违反宪法。第二个案件是 1950 年秋发生在南卡罗来纳州的克拉伦登县的布里格斯诉埃利奥特案（Briggs v. Elliott）。布里格斯是该案件中 20 位教师中的一位，他们起诉克拉伦登县教育委员会的主席埃利奥特（R. W. Elliott）支持县公立小学中的种族隔离，违反了宪法第十四修正案中关于平等保护的原则。第三个案件是发生在弗吉尼亚州的戴维斯诉爱德华王子郡教育委员会案（Davis v. County School Board of Prince Edward County）。该案件起诉弗吉尼亚州学校中的种族隔离规定，违反了宪法第十四修正案中关于平等保护的原则。第四个案件是博林诉夏普案（Bolling v. Sharpe），其起因是在哥伦比亚特区 11 名非裔美国学生无法进入新建的白人高中，因此他们的家长联合起诉哥伦比亚特区教育局主席（C. Melvin Sharpe）。第五个案件贝尔顿诉格布哈特案（Belton v. Gebhart）和第六个案件布拉诉格布哈特案（Bulah v. Gebhart），实际上是两个几乎相同的案件，都是 1952 年发生在特拉华州。前者是贝尔顿在克莱蒙特市起诉，因为他的孩子是非裔美国儿童而不得不进入质量低劣的学校；后者是布拉在霍克森市起诉，因为她是一名白人妇女，收养了一个黑人儿童，然而这个黑人儿童仍然要依照种族隔离的州法律。①

　　1952 年，美国联邦最高法院同意受理这六个案件，这表明学校中的种族隔离问题已成为国家问题，而不仅仅是南方的问题。基于判决的重要性，1953 年 6 月，联邦最高法院决定重新审理这六个案件。1954 年 5 月 17 日，美国联邦最高法院对"布朗诉托皮卡教育委员会案"进行了判决。

---

　　① Order of Argument in the Case, Brown v. Board of Education [DB/OL]. http：//www. archives. gov/education/lessons/brown-case-order/

1955 年 5 月 3 日，又进行了第二次判决。

（1）公共教育是宪法所保障的一种权利

《"布朗诉托皮卡教育委员会案"判决》判决，公共教育是宪法所保障的一种权利，因为教育是州和地方政府最重要的功能，相同的教育机会是一种必须提供给人们的平等权利。允许黑人学生进入质量较好的白人公立学校，扩大了黑人的受教育机会，黑人学生和白人学生能够平等地拥有接受良好教育的权利。在处理这一问题时，必须考虑公立教育的整个发展和它现在美国生活中的地位，公立学校儿童的种族隔离剥夺了少数民族群体儿童同等的教育机会。

（2）公立学校中实行"隔离但平等"原则是违宪的

《"布朗诉托皮卡教育委员会案"判决》判决，"在公立教育领域，'隔离但平等'的原则无效"。"因为种族的原因，将公立学校中的部分学生与相似的年龄的其他学生隔离，会导致这些学生对其在社会中的社区有自卑感，这会对学生的心理造成不可磨灭的影响"。① 公立学校中种族隔离的规定是违宪的，其剥夺了少数民族群体儿童同等的教育机会，要求各州以审慎的速度开始废除种族隔离计划。如果一个州执行公立学校种族隔离政策，那么这个州就违犯了美国宪法。

（3）州公立学校必须实行各种族学生合校

《"布朗诉托皮卡教育委员会案"判决》最初的判决虽然要求所有的州公立学校必须实行各种族学生合校，但并没有规定完成合校的时间和方式。1955 年第二次判决：合校应以最快的速度进行，并宣布明确的合校期限和办法。

美国联邦最高法院的判决虽然要求所有的州公立学校必须实行各种族学生合校，但有一些州还是延迟了合校的进程。一直到 20 世纪 60 年代后半期，美国各州才逐步完成各种族学生合校。然而合校仍受到很大的争

---

① *Brown v. Board of Education*, 347 U. S. 483 (1954). Record Group 21, Records of the U. S. District Court of Kansas, National Archives - Central Plains Region, Kansas City, MO.

议，到 20 世纪 60 年代末，联邦最高法院法庭采取了更强制的方式确定了合校时间表。

尽管如此，《"布朗诉托皮卡教育委员会案"判决》推翻了原来的"隔离但平等"的原则，保障了不同种族儿童教育机会的平等，从而极大地推进了美国的教育机会公平。该判决在美国历史上第一次由联邦法院直接地创造了一种公平的教育体系，被认为是 20 世纪美国最重要的判决之一。该判决还直接影响了美国学校的管理机制，表明在公共教育的领域中"隔离但平等"的原则并不适用。因此，《"布朗诉托皮卡教育委员会案"判决》是黑人教育机会公平的一个转折点，成为美国少数民族迈向教育公平的第一步。由于提升了教育作为公民天生权利的公共意识，同时，它也是美国民权运动的开端，而民权运动的高涨又直接导致了 1964 年《民权法案》的颁布，大大地增加了少数民族学生的受教育机会。美国学者秦亚克（David B. Tyack）指出："1954 年美国最高法院对于布朗种族隔离案的判决给全国的黑人带来了希望；他们对于教育公正的寻求至少得到了法律的裁定。……当然，种族隔离否定了那种虚伪的公立学校意识形态——它在理论上寻求将所有的孩子混合在一起，统一在公立学校的屋檐下。因此，与其说最高法院是在表述一种新原则，不如说是在纠正一个旧原则。"[①] 当代美国教育史学家韦恩·厄本和杰宁斯·瓦格纳也指出："1954—1955 年，'布朗诉教育委员会案'的判决影响十分深远。布朗案涉及一个学校内外都受其影响的教育政策，因此成为一个最不寻常的案件。一项教育政策引发社会关系大变动和学校之外的政策大变动，这类事件在美国的历史并不多见，布朗案却是其中之一。……在学校之外，布朗案引发了一场公民权利运动，使许多美国黑人都行动起来加入到有组织的政治和社会运动中去，为自己的权利抗争。"[②]

---

[①] 秦亚克：《一种最佳体制：美国城市教育史》，赵立玮译，上海：上海人民出版社 2010 版，第 296—297 页。

[②] 韦恩·厄本、杰宁斯·瓦格纳：《美国教育：一部历史档案》，周晟等译，北京：中国人民大学出版社 2008 版，第 394—395 页。

2.《国防教育法》(1958)

二战后，美国社会各界对基础教育质量不高提出批评，教育成为促进经济发展和社会流动的关键，扩大基础教育的入学人数成为民权运动的中心话题。由于当时形成的美苏冷战格局，因此，促使美国在军事、经济和科学技术上展开了激烈的竞争，把改革和发展教育作为冷战中的战略之一。尤其是 1957 年 10 月 4 日苏联成功发射了第一颗人造地球卫星，激起美国社会各界人士猛烈抨击美国教育现状和指责学校教育水平的落后，认为联邦政府和各级政府必须承担更多的对教育的责任，大力改革和发展教育。正是在这个背景下，美国国会于 1958 年 8 月通过了《国防教育法》(*National Defence Education Act*)，共 10 章。

(1) 联邦对公共教育提供财政资助

《国防教育法》以加强国防并鼓励和援助教育方案的扩充和改进，来满足国家国防的需要。该教育法案明确提出，除州和地方社区加强对公共教育的财政支持外，联邦政府对于事关国家安全的教育方案要予以财政资助。在该教育法案的各章中，分别以立法的形式，规定了联邦政府对教育事业发展拨款资助的有关事项和具体办法。从 1959 年到 1962 年，联邦政府拨款 8 亿多美元对各级各类学校进行财政援助，建立"国防奖学金"，以鼓励贫寒家庭学生努力学习和优秀学生从事研究。

(2) 为儿童提供更多的且更适当的教育机会

《国防教育法》以国防需要和国家安全为出发点，扩大教育机会，为学龄儿童提供教育。该教育法案第 101 条第一款指出："国家安全需要最充分地开发全国男女青年的脑力资源和技术技能。目前的紧急状况要求提供更多的且更适当的教育机会。""州和地方社区要控制并必须控制公立教育，并对其负有主要职责。"[①]根据该教育法案的规定，学龄儿童指 5—17 岁的人口成员。

---

① [美]《国防教育法》，瞿葆奎主编：《教育学文集·美国教育改革》，北京：人民教育出版社 1990 年版，第 118 页。

（3）加强"新三艺"的教学

《国防教育法》还规定，为加强"新三艺"（自然科学、数学、现代外语）和其他重要科目的教学而提供援助，"尽快改变只有少数人学习自然科学、数学和现代外语的状况，以及技术训练发展不平衡的状况"①。

（4）关注低收入家庭儿童的教育服务

《国防教育法》对联邦政府如何资助教育从法律条款上予以明确。其中，第303条（a）款第一项规定，资助将用于购置设备和材料，旨在满足低收入家庭儿童高度集中的学区的教育机关提供特殊的教育服务和安排，以使该类儿童能够享受根据本款所提供的设备和材料的利益。

作为二战后美国第一个最重要的教育法案，《国防教育法》第一次以法律的形式规定了联邦政府对教育的责任，即在实现国家安全的目的下，对扩大教育机会和推进教育公平在财政经费上提供援助。1964年和1967年，美国国会又先后通过法令延长其适用时限和扩大其适用范围。该教育法案主要是通过增加联邦政府拨款，以资助低收入家庭等学生群体，使联邦拨款成为美国基础教育财政的重要来源之一，为更多的青年提供教育机会。它扫清了联邦发展教育的宪法性障碍，对学生进行了大范围、高强度、多方位的资助。应该说，《国防教育法》的颁布，表明二战后美国联邦政府加强对教育的干预。但实际上，一直到1965年《初等和中等教育法》的通过，联邦对教育的资助才得以全面展开。②

### 3.《民权法案》（1964）

20世纪60年代，美国民众对学校公平的公共意识日益增强，约翰逊（Lyndon Johnson）总统顺应这一要求而宣布"向贫困宣战"。从60年代中期到70年代初，美国的教育政策逐渐改变了50年代末、60年代初对"英才"或"天才"一类儿童教育的一味强调，其天平开始向另一类儿童群体

---

① 张维平、马立武：《美国教育法研究》，北京：中国法制出版社2004年版，第37页。
② 韦恩·厄本、杰宁斯·瓦格纳：《美国教育：一部历史档案》，周晟等译，北京：中国人民大学出版社2008版，第405—406页。

——处境不利的少数族群儿童、贫困家庭儿童以及残疾儿童教育的倾斜；要求通过对少数民族儿童采取"反种族隔离"或"种族融合"式教育、向贫困家庭儿童和残疾儿童提供补偿教育和特殊教育等方式，提高这些弱势群体儿童的学业成绩，进而提高整个基础教育的质量和水平。由此，对民权的要求开始处于美国国内事务的中心地位，教育机会均等成为扩大反种族歧视努力的中心。于是，美国国会于1964年通过了《民权法案》（*Civil Rights Act*）。

（1）全面禁止种族歧视和种族隔离

《民权法案》旨在全面禁止种族歧视和种族隔离，禁止在包括学校的公共场所内实施种族隔离。该法案规定，允许联邦司法部门对凡是实行种族隔离的公共设施和学校进行起诉，并对继续进行种族隔离的公共性计划停止联邦资助。例如，"第四条：公共教育"规定，联邦教育署有权对教育机会公平的有效性进行一次全国性调查；提供技术资助以帮助州、地方或学区实现学校废除种族隔离的计划；安排训练机构以便使学校教师和其他人员做好准备去处理废除种族隔离的问题。[①]

（2）联邦政府的财政资助不得与种族隔离有关

《民权法案》还规定，联邦政府提供的财政资助不得与种族隔离有关。"第六条：联邦资助计划"规定，任何接受联邦资助的初等和中等学校都要招收儿童入学而不得因其种族、肤色或原国籍原因加以拒绝；接受联邦资助的特殊学校也应该服务于任何的特殊儿童。[②]"任何人不得因其种族、肤色或原国籍而在任何受到联邦财政资助的教育计划中受到歧视，联邦政府的拨款不得与种族歧视有关。特别宣告分配联邦资金给种族隔离计划是非法的，将阻止联邦教育拨款卷入种族隔离问题。""在美国，任何人不得因其种族、肤色或民族血统被排除在联邦资助项目之外，或被否认从联邦

---

① Sol Cohen（ed），*Education in the United States：A Documentary History*，Vol. 5，New York：Random House，1974：3370.

② Sol Cohen（ed），*Education in the United States：A Documentary History*，Vol. 5，New York：Random House，1974：3370.

资助项目中受益，或受到歧视。"①

（3）为在学校内废除种族隔离提供技术和财政资助

《民权法案》授权教育委员会为解决公立学校种族隔离问题提供技术和财政资助。为确保公立学校废除种族隔离顺利进行，该法案规定："向公立学校和保障教育机会均等的部门和机构提供技术援助，授权地方行政部门，在任何校董事会、州、市、学区或其他政府单位管理公立学校的法律责任之上，为申请在准备、采取和实施公立学校隔离的计划的公立学校提供技术援助。这些技术援助将包括为提供信息的机构提供教育署人员，或其他帮助处理类似问题的人员，这些机构应是在应对由于废除种族隔离而引发特殊的教育问题提供有效的解决办法。"② 同时，承担废除公立学校种族隔离工作的相关科研人员可获得培训的机会。该法案授权地方行政部门安排到高等教育机构参加短期和定期训练班，以提高教师、管理者、顾问以及其他初等和中等学校人员的能力，以便这些人员能够有效处理有关废除种族隔离的特殊教育问题。对于参加全日制培训班的个人，地方行政部门将提供包括路费等项目的补贴。

《民权法案》是继"布朗诉托皮卡教育委员会案"之后又一个涉及取消公立学校内种族隔离的法案，它结束了原来的"审慎的速度"政策。它的颁布消除了美国残留的种族隔离问题，加快了美国南方取消学校内种族隔离的进程，南方学校为获得联邦政府资助而不得不向联邦教育署递交取消学校种族隔离的计划。此外，该法案的实施彻底改变了联邦教育署与州及地方学区的关系，使其由单纯的服务机构转变为决策机构，承担起在全国范围内保护公民宪法权利的责任。③ 在《民权法案》颁布后，随着基本的公民权利的保障，黑人的教育状况得到了改善，黑人的受教育程度得到了提高。从该法案颁布至20世纪80年代中期，美国各州在取消学校内种

---

① *Transcript of Civil Rights Act*（1964）．［DB/OL］．http：//www.ourdocuments.gov/
② *Transcript of Civil Rights Act*（1964）．［DB/OL］．http：//www.ourdocuments.gov/
③ 张维平、马立武著：《美国教育法研究》，北京：中国法制出版社2004年版，第182页。

族隔离方面的成绩处于上升阶段，尤其是南方各州在学校内的种族融合成绩明显，黑人学生在白人学校学习的比率逐年上升。

4.《初等和中等教育法》(1965)

随着二战后美国社会的发展，教育民主化成为社会关注的重要问题，贫困儿童的教育机会平等成为问题的核心。20世纪60年代中期，黑人、贫困阶层和其他社会处境不利人群的教育问题困扰着美国社会。但经过约翰逊总统上台后的一系列"向贫困开战"和《民权法案》的实施，使得黑人在选举和教育方面的权利有了一定的法律保障。在此背景下，为提高全体民众素质和促进教育机会平等，联邦政府加大了对基础教育的资助。1965年，国会通过《初等和中等教育法》(*Elementary and Secondary Education Act*)，规定对来自低收入家庭的中小学学生提供补助，旨在解决包括残疾儿童在内的各种社会处境不利儿童的教育机会平等问题。

（1）学校保证所有的儿童在平等的基础上获得联邦资助

《初等和中等教育法》要求学校保证所有的儿童在平等的基础上获得联邦政府的资助。联邦政府的拨款总额为10.6亿美元，特别用于那些有特殊教育需求的贫困学生，其中向那些提交取消种族隔离计划并经联邦教育署批准的地方学区提供资金。其目的是给那些教育上处境不利的儿童提供帮助。"国会借此宣告美国政策是提供财政援助，特别要满足处于教育不利地位的孩子的特殊需要。"[1]第一编（Title I）计划通过增加每个学生的开支，资助低收入家庭（限定为家庭收入每年少于2000美元）高度集中的地区。[2]第一编（Title I）的资金可用于各种目的，包括聘任额外的教师员工、购买教学设备、推进教室管理等方面。

（2）对弱势群体儿童的教育提供资助

《初等和中等教育法》规定，为弱势群体儿童的教育提供资助。第一

---

[1] Joel Spring, *American Educantion*, New York：Longman Inc, 1978：154.

[2] Joel Spring, *The Sorting Machine*：*National Educational Policy Since* 1945, New York：David McKay, 1976：225.

是资助低收入家庭儿童。在给地方教育机关的补助金部分提到，资助对象包括处于贫困线以下家庭的5—17岁的儿童、生活在收容无人照管儿童或过失儿童机构的儿童以及在寄养家庭中用公共基金扶养的儿童。该教育法案第一编第101条明确规定："鉴于低收入家庭儿童特殊的教育需要，以及低收入家庭的集中对地方教育机关维持足够的教育方案之能力的影响，国会因此声明，联邦的政策是向那些服务于低收入家庭儿童集中的区域的地方教育机关提供财政援助，以通过能特别有助于满足教育上处境不利儿童之特殊教育需要的各种办法来扩展和改进它们的教育方案（包括学前教育方案）。"[①] 第二是资助少数民族儿童。资助标准的确立应该满足为印第安儿童开设的中小学校所服务的居留地中那些教育上处境不利的印第安儿童的特殊教育需要。第三是资助有缺陷儿童（包括需要特殊教育的智力迟钝、重听、耳聋、语言障碍、视力缺陷、严重情绪紊乱、脚跛或其他健康有损害的儿童）。在州一级实施的方案中，特别制定了针对有缺陷儿童的方案，为有缺陷儿童提供平等的教育机会，即免费的公立教育。第四是资助5—17岁的流动儿童。在州一级实施的方案中，还制定了直接或通过地方教育机关建立以改进流动农业工人或流动渔民的流动儿童的教育方案。第五是资助无人照管儿童或过失儿童，即生活在收容无人照管儿童或过失儿童机构内的或生活在寄养家庭内用公费抚养的5—17岁的儿童，以及所有正在教养院但即将生活在收容过失儿童机构内的儿童。第六是资助私立初等和中等学校中教育上处境不利的儿童。为这些儿童提供平等的参与机会以及特殊的教育服务和安排。

（3）建立"处境不利儿童教育全国顾问委员会"

为了更好地以促进教育公平的策略资助弱势群体儿童，《初等和中等教育法》还规定，建立"处境不利儿童教育全国顾问委员会"（National Advisory Council on the Education of Disadvantaged Children）。该委员会的

---

① ［美］《初等和中等教育法》，瞿葆奎主编：《教育学文集·美国教育改革》，北京：人民教育出版社1990年版，第271页。

主要职责是"在提高教育上处境不利儿童的教育成绩方面的效果以及那些旨在满足该类儿童的职业和生计需要的方案的效果进行审查和评价,并为改进本编及其管理和实施提出建议。这些建议应考虑到根据本方案和其他为处境不利儿童制定的联邦教育方案所取得的经验,以及在适当的范围内,应考虑根据为处境不利儿童制定的其他公办和私办教育方案所取得的经验。"① 在每年的 3 月 31 日之前,处境不利儿童教育全国顾问委员会还需向总统和国会提交年度报告,内容包括其活动、调查结果和建议等。

(4) 建立联邦、州和地方学区三级教育财政

《初等和中等教育法》规定,在基础教育财政上,由原来单纯以地方学区为主要来源,以及地方学区和州政府共同承担资助教育的责任,发展到联邦、州和地方学区三级分担的财政格局,使美国基础教育财政制度趋于完善。此外,它还对学生之间的平均教育费用如何实现公平、地方教育机关之间如何实现教育财政公平的途径和拨款比例、上下限要求等做了明确规定,完善了联邦政府对于贫困家庭子女教育的财政资助制度。

《初等和中等教育法》是美国基础教育公平政策历程中具有里程碑意义的一部法案,开始了联邦政府大规模资助基础教育的阶段。它使联邦开始直接向地方教育机关予以财政补助,并对如何补助进行了详细的规定,第一次把对地方教育机关的财政补助问题列入联邦法律,使基础教育有了更可靠的财政保障。同时,它突出了教育公平原则,对于低收入家庭和不利背景的儿童的教育问题予以特别关注,尤其是通过联邦政府资助增加弱势群体的教育机会,因而对美国教育机会平等的实现具有重要意义。还有,它使财政公平原则成为美国基础教育财政的一个重要原则,扫除了联邦政府进一步补助教育的三个主要障碍:种族、宗教和联邦控制,并使得联邦政府把贫困学生和少数民族学生高度集中的学校作为其资助的主要目标。该教育法案生效的第一年,美国国会将 7.75 亿美元拨付给各州和各学

---

① [美]《初等和中等教育法》,瞿葆奎主编:《教育学文集·美国教育改革》,北京:人民教育出版社 1990 年版,第 295 页。

区，其占总资金的 78%。正如当代美国教育史学家克雷明（Larence A. Cremin）所指出的："毋庸置疑，《初等和中等教育法》作为力图消除贫困的手段，它最重要的第一编（Title I）批准了迄今为止给处境不利儿童拨的最大的一笔款项，从而结束了国会反对联邦资助学校的历史。"① 这一教育公平的政策模式一直持续到 20 世纪 80 年代。

当然，在《初等和中等教育法》的实施中也存在一些问题。例如，政府资助在贫困学校中的效果不是很清晰、对政府资助如何更有效地使用也没有达成一致的意见等，这些问题构成了该教育法令实施中的主要障碍。随着情况的变化，美国联邦政府于 1966 年又颁布了《初等和中等教育法修正案》，进一步扩大其适用范围，特别是对残疾儿童的教育需要问题作了补充规定。后来，1967 年和 1970 年又分别颁布了《初等和中等教育法修正案》《初等和中等教育法辅助计划》进行了修正，并延长了有效期。但是，第一编（Title I）中资助弱势群体儿童的原则被确立下来。

5. 《所有残疾儿童教育法》（1975）

在美国社会各界维护公民权利的人士的努力下，20 世纪 60 年代以后残疾儿童教育权逐步得到认可，有关残疾人教育立法逐渐增多，虽然残疾人教育得到改观，但残疾人教育的实际状况仍不乐观。1975 年前，很多州都禁止残疾儿童入学，即使已经进入学校的残疾儿童，也没有得到特殊的照顾，只能接受不适合的或无效的教育。据 1975 年初的统计，全美 0—21 岁的残疾儿童与青少年有 800 多万，其中只有一半（大约 390 万）的残疾儿童得到适当的教育。②

为了保护残疾儿童的受教育的权利，1975 年，美国国会通过了《所有残疾儿童教育法》（*Education for All Handicapped Children Act*），即美国国会批准的《公法 94－142》，由美国总统福特（Gerald Ford）签署公

---

① Lawrence A. Cremin, *American Education：The Metropolitan Experience*，1876—1980，New York：Harper & Row, Publishers, 1988：316.

② Thomas B. Parrish, Jay G.. Chambers & Cassandra M. Guarino, *Funding Special Education*, Corwin Press, Inc, 1999：8.

布。旨在为残疾的儿童和青少年提供公平的和公共的教育机会。

(1) 确保所有残疾儿童接受免费的适合的公立教育

《所有残疾儿童教育法》规定，所有残疾儿童教育的具体目标包括：一是特殊教育中相关的服务要适应残疾儿童的特殊需要。二是确保残疾儿童和家长的权利受到保护。三是支持州和地区政府为所有残疾儿童提供教育。四是评估对所有参加儿童教育的有效性。

依据以上目标，该教育法案提出六个基本要求：第一，免费的合适的公立教育。每个州和州内的每一所学校必须向所有儿童，无论其残疾程度如何（"零拒绝"原则），提供一种无须其父母或监护人支付费用的、适合他们特别需要的教育。第二，最少限制环境（LRE）。残疾儿童的教育环境应尽可能地与正常儿童的教育环境相似。如果可能，那么这些儿童就必须与同龄孩子一起在常规的教室接受教育，对残疾儿童的安置必须与其教育需要一致。第三，个体化教育计划（individualized education program）。学校必须为每一个符合《所有残疾儿童教育法》所规定的残疾儿童设计出与评估结果相吻合的个人教育计划。这项计划须包含残疾儿童从教育中受益的特殊教育或相关服务。其必须包括以下几方面内容：当前的学习能力水平；年度目标和与之相应的教学目标；能够提供的教育服务；达到何种程度，学生才能参与到普通教育计划中；实施服务的计划和服务实施的期限；有明确标准的年度评估程序，以判断教学目标是否完成。第四，正当的程序保护。为父母或监护人提供了有关其子女教育方面的几项保护。具体说来，父母或监护人有以下权利：获得机密档案；审查档案；单独评估；得到书面的有关其子女教育分类或安置方面的通知（以父母母语的方式）；当在子女教育计划上产生争端时，能得到公平听证的权利；委托法律顾问的权利。第五，非歧视的评估。学校必须对每一个残疾儿童作出全面的个人评估，评估需显示儿童身心发展存在的潜力及缺陷。在得到教育安置前，儿童必须接受多学科团体进行的对各种可能残疾进行的评估，该评估不能有任何种族、文化或语言上的歧视。第六，父母参与。要求父母积极参与，全面参与到影响其子女教育的决策过程中。

（2）拨款资助残疾教育事业

《所有残疾儿童教育法》决定拨款资助残疾教育事业，每所希望得到本法案拨款的学校，自 1978 年 9 月起，必须向 3—18 岁的儿童和青少年（自 1980 起延长至 21 岁）提供适合其需要的免费公共教育，无论其患有何种形式或多么严重的身心残疾。保证对所有残疾儿童进行不带歧视性的生理测量和心理测量。在该法案的"实施细则"中，规定"障碍儿童"包括聋哑、聋盲、重听、智力落后、多重障碍、肢体损害、其他健康损害、重度情绪困扰、特殊学习障碍、言语损害、视觉障碍等儿童。该教育法案承诺，联邦政府将支付残疾儿童教育所需费用的 40%。

《所有残疾儿童教育法》是美国关于残疾儿童教育的一个最完整和最重要的立法。它为美国残疾儿童的教育提供了法律和财政上的保障，推动了残疾儿童教育的开展。它不仅为残疾儿童提供了平等的教育机会，而且为学校教师有组织和有弹性地实施个别化教育计划提供了法律保障。该教育法案明确了促进残疾儿童教育的国家使命，并规定了财政政策，确保州和地区能够遵守此法案。其功绩在于将残疾儿童纳入公立教育体系之内，为所有残疾儿童提供平等的教育机会和特殊的教育服务，并为残疾儿童教育拨款。

《所有残疾儿童教育法》没有规定终止日期。1975 年后，美国国会先后四次修订《所有残疾儿童教育法》。1986 年进行了第一次修订。1990 年第二次修订时，将其更名为《残疾人教育法》（*Individuals with Disabilities Education Act*）。其最为突出的特点是改变了服务对象的称谓，用"个人"（individuals）取代"儿童"（children），用"有缺陷"（with disability）取代"障碍"（handicapped）。这就意味着服务对象的扩大，不仅仅指儿童，而且也包括成年人。1997 年进行了第三次修订。2004 年又进行了第四次修订，主要是残疾学生的教师素质及特殊教育拨款等，又更名为《残疾人教育促进法》（*Individuals with Disabilities Education Improvement Act*）。应该说，这些教育法案极大地改善了美国残疾儿童的教育。

# 小　结

　　这一时期，美国社会动荡不安、阶级矛盾加剧、社会不平等问题严重。在这样复杂的社会环境中，致使各种思潮此起彼伏，出现了教育公平理念多样化的状况。其出现了两个新的转向：一是开始由入学机会均等和教育过程平等转向对教育结果平等的关注；二是改变以往从教育过程中的基本环节（如入学机会）出发来探讨教育公平的内涵，而从寻求教育公平的策略角度来探讨教育公平的含义。

　　其中，《科尔曼报告》在教育公平理念上具有里程碑意义，当代瑞典教育家胡森评价道：美国的《科尔曼报告》揭示出，在学校之间的学业成绩差距中，社会背景差异比学校资源差异起着更大的作用。[①] 应该说，《科尔曼报告》重新界定教育机会均等的内涵，指出教育机会均等不能局限于衡量平等的投入，还应关注教育结果的平等。同时，一些美国社会批评家和教育评论家以及新激进派教育家对美国公立学校制度也进行了激烈的批判，深刻揭露资本主义教育制度和学校制度的不公平实际上是现行社会等级制度的缩影。

　　因此，20世纪60年代初，美国基础教育政策以教育结果平等为目标取向；但从20世纪60年代中期到70年代，其基础教育政策又转向少数民族和贫困群体儿童。种族平等作为一场运动进入教育领域，要求提供一种社会包容性的教育，提供跨越阶层、性别和残疾状况及种族平等的受教育机会。《"布朗诉托皮卡教育委员会案"判决》以及民权运动和《民权法案》的颁布无疑有助于促进少数民族和其他弱势群体的教育机会均等。随之，美国联邦政府的基础教育政策也开始转向追求教育结果平等，增加国家教育经费的投入，通过补偿教育来扩大青少年受教育机会。自1958年的

---

　　① 马和民、高旭平：《教育社会学研究》，上海：上海教育出版1998年版，第429页。

《国防教育法》提出联邦对公共教育提供财政资助之后，最显著的就是
1965 年颁布的《初等和中等教育法》，这是第一个由联邦大规模补助教育
法案。值得注意的是，1975 年的《所有残疾儿童教育法》是残疾儿童教育
上的一个最完整和最重要的立法，旨在为残疾儿童提供特殊教育，以及为
残疾儿童教育提供法律和财政上的支持。然而，在美国，20 世纪六七十年
代的教育改革并未实现教育公平，少数民族和弱势群体学生仍然接受不平
等的教育。

应该说，这一时期联邦政府相继出台并实施的基础教育政策，大多针
对处于弱势地位的群体，为少数民族或贫困群体提供各种补偿性教育计
划，并投入更多的联邦教育资金。这表明联邦政府开始承担更多的基础教
育责任，主要通过联邦教育立法、提供联邦拨款的形式间接实现联邦对教
育的干预。相比之前，联邦政府对基础教育的干预日益增强，联邦教育政
策的作用日益增大，而成为美国基础教育公平上的一个不可忽视的因素。
美国教育学者威尔克森（Doxey A. Wilkerson）指出："以 20 世纪 50 年代
和 60 年代的来自基金会的赠予为先导，并得到 1965 年《初等和中等教育
法》第一编（Title I）所批准的大量联邦资金的推动，当代美国教育被设
计为提高那些在学校里表现不好尤其是来自穷人和有色人种家庭的学生的
成绩。"①

但是，美国增加联邦拨款的补偿教育政策并未取得预期的效果，对课
程的自由选择也未实现教育结果的平等，不同群体的学生之间的学业成绩
差距日趋增大。就如美国斯坦福大学教授秦亚克所指出的："除了那些生
动而通俗的报道外，20 世纪 60 年代还产生了许多像《科尔曼报告》和
《公立学校里的种族隔离》这样的冷静而细致的研究。……这些研究揭示
出，尽管人们在补偿教育方面作出了一些努力，但是穷人和受压迫的少数

---

① Doxey A. Wilkerson，*Compensatory Education*，Freedomways，1968：340—346.

民族群体的孩子的学习成绩在每一个学校教育年度都趋向于进一步的落后。"① 应该看到，这一时期美国的基础教育公平理念过分地强调了教育与外部社会系统之间的关系，即教育公平研究的宏观取向，而忽视了对教育体系内部机制的考察，即教育公平研究的微观取向。这些情况引发了 20 世纪 80 年代以后美国学者对学校和教室等微观层面不公平的反思。

---

① 戴维·B·秦亚克：《一种最佳体制：美国城市教育史》，秦立玮译，上海：上海人民出版社 2010 年版，第 301 页。

# 第四章

突出教育优质和教育公正

(20 世纪 80—90 年代)

20 世纪 80 年代，国际和国内的局势都发生了变化，美国经济发展进入低谷，联邦政府采取一系列应对措施复兴经济政策。对美国基础教育来说，面临着新一轮的全面改革。国家教育优异委员会发表的报告《国家在危急中——教育改革势在必行》(1983) 引起了美国 80 年代以后的基础教育改革，导致了基础教育政策对教育优质和教育公正的追求。这一时期，基础教育政策目标是提供高质量教育的平等机会。在教育公平的内涵中，突出体现了教育优质和教育公正的内容，并强调基于多样化的教育选择。

## 一、社会和教育背景

1. 社会背景

（1）经济的滞胀与开始复苏

在持续的经济高速增长后，美国于 20 世纪 70 年代末爆发了二战后第七次经济危机。进入 20 世纪 80 年代以后，其经济危机进一步加深。第二次石油危机又加重了美国经济的滞胀，造成生产大幅度下降，曾一度造成两位数的通货膨胀。80年代到90年代初，美国的负债也逐年增加。此外，20世纪90年代初，东欧剧变和苏联解体带来世界的两极格局正式结束，而开始向多极化发展。随着联邦德国和日本等国经济的迅速崛起以及中国等第三世界国家经济的发展，美国经济在世界经济中的比重逐渐下降。在国内经济上具体表现为：工业生产指数连续下降，国民生产总值以及制造业和商业的销售额开始下降，同时工人失业人数增加、失业率上升。应该说，经济的低迷在给美国社会带来影响的同时也给教育带来了危机，例如，毕业生过剩、就业困难、教育质量下降等。直到20世纪90年代中期，美国经济开始复苏。从1996年开始，一直到20世纪末，美国经济大体保持快速平稳增长，失业率下降，财政保持盈余。

（2）联邦政府的经济政策调整

共和党候选人罗纳德·里根（Ronald W. Reagan）在1980年总统选举中当选为美国新一任总统。面对经济的滞胀，里根以货币学派和供应学派的理论为主要依据，对凯恩斯主义进行了一次革命，提出了"经济复兴计划"。其主要内容包括四个方面：一是大幅度减税；二是削减联邦政府开支，逐步减少赤字；三是减少政府对经济的干预，取消或修改不利于工商企业发展的联邦政府限制性规章条例；四是严格控制货币供应量的增长速度。由于一系列经济改革政策相继推行，因此使得美国经济再度出现了繁荣的景象。但是，里根政府采取减少税收和大幅增加军费开支等政策，对联邦财政预算造成了相当大的压力。削减税收和国防开支的增加意味着政府内部的开支所剩无几。这必然会减少甚至完全摒弃了联邦预算中的一些社会扶持项目。此外，1990—1991年海湾战争成为管理部门的主要事务。当战争从公众的视线中退去，经济衰退继而引发了经济萧条和财政恶化的状况，使得公众的视线又转向了国内问题，教育改革再次成为解决国内矛盾以推动社会进步的焦点，仍是国家日常生活中的重要事务。

2. 教育背景

（1）教育环境的变化

20世纪80年代，美国的教育环境也成为社会混乱中的一部分。在当选总统之前，里根就已明确表示，公立教育不在其政府加大扶持力的对象之列。因此，里根政府在经济复苏上的胜利，预示着过去二十年中对贫困和少数族裔群体平等的受教育机会的关注将发生较大的转变。尽管《国家在危急中——教育改革势在必行》的报告导致了基础教育政策对优质和公正的追求，教育公平中加入了优异的内容，即每个儿童都应达到优异的水平，但因为里根政府代表右翼势力而推行"新保守主义"，宣扬建国时期体现在宪法中的传统的自由主义，所以它主张，国家权力的任何扩大都意味着对个人权力的侵犯，从而反对联邦政府对教育事务的干涉，甚至一度计划撤销于 1979 年刚刚升格的联邦教育部。尽管里根政府在向国会提交的《卓越教育》（*Excellence in Education*）的报告书中曾提出了"优质教育"这一概念，并提出了教育"三 E"理念，即追求卓越（excellence）、提升效率（efficiency）、重视公平（equity），但在里根的两个任期内，联邦政府并未对教育改革提出全面的方案。对教育事务的不干预导致的直接影响，就是联邦政府对教育的资助大量减少。在对教育财政政策的调整中，1981 年联邦政府对于教育的资助减少了 18 亿美元，下降了 12%；1982 年，更是大量削减教育经费，基础教育方面的关于补偿政策的基本项目全部被削减了三分之一到二分之一。因此，"国家优异委员会向人们宣布'国家处于危急之中'后八年里，我们并没有改变教育的局势。我们的教育的所有发展大势几乎都平淡无奇"①。里根政府的教育政策遭到了美国民众的强烈批评，80 年代的教育危机更是给里根政府以强大的压力。美国民众也希望联邦政府制定国家标准，并且州和地方政府都应当遵循，以在推进教育公平方面做出更大的努力。例如，1987 年盖洛普（Gallup）调查显示，84% 的美国人认为联邦政府应该要求州和地方教育政府遵循最低的国家标准。②

---

① ［美］《美国 2000 年教育战略》，吕达、周满生主编：《当代外国教育改革著名文献》（美国卷·第三册），北京：人民教育出版社 2004 年版，第 210 页。

② Jennifer Hochschild and Bridget Scott, *Trends: Governance and Reform of Public education in the U. S.* Public Opinion Quarterly，Spring 1998：79—120.

（2）联邦政府基础教育政策的调整

从 20 世纪 80 年代起，美国开始迈入知识经济时代，但低质量的中小学教育令举国上下感到"国家在危急中"。老布什（George H. W. Bush）在 1988 年总统竞选中获胜，出任新一届美国总统。布什政府当政期间，世界发生了很大变化，东西方由对抗转向对话，和平与发展成为当今世界的主题。在日趋激烈的国际经济竞争中，欧共体及日本的经济迅速发展，而美国的经济却处于衰退中。同时，世界范围的科学技术发展也使教育的地位日显重要。因此，布什政府从竞选那一刻起就对科技和教育给予了充分重视。老布什也成为"教育总统"，主张运用联邦的影响来推进学校的发展。1989 年 9 月下旬，在弗吉尼亚州立大学布什总统召集了由各州州长组成的"全国教育高峰会议"，试图通过立法建立国家教育目标以及基于国家标准和评价的教育政策体制，并出台了《美国 2000 年教育战略》。

1992 年民主党候选人克林顿（Bill Cliton）在大选中获胜。1997 年 2 月连任总统后，他在自己的《国情咨文》中把教育提升到首要的地位，建议每年要拨款 510 亿美元，在未来十年里培训超过 200 万名优秀教师；同时进行全国的测试，以提高全国学生的学业成绩。在克林顿总统执政时期，美国经历了其历史上和平时期持续时间最长的一次经济发展，但第一任两年之后共和党在国会大选中胜出。这就意味着，民主党政府要面对一个由共和党操纵的国会两院。这使得克林顿总统想要做任何关于教育改革方面的事情都会遇到强大的阻力。因此，联邦政府想要恢复在教育及其他国内事务上的主导作用已经不太可能了。2000 年 11 月的大选之后，在克林顿离开白宫时，《美国 2000 年教育战略》中提出的那些具体的教育目标，例如，实现 90％的中学毕业率等目标还未实现。

但是，为了减轻经济危机而带来的损失，在经济和科技上赶超德国和日本，保持其在世界上的霸主地位，美国联邦政府对基础教育政策迅速做出调整。经过老布什和克林顿两位总统重视教育的执政路线，以及两次"全国教育高峰会议"中各州长和企业界领导对教育改革的支持，民主党和共和党两党在教育问题上的辩论从以往的联邦政府是否应在教育事务上发挥作用转向如何发挥这种作用。最终，在教育改革的问题上，两党达成了两条指导原则：一是由联邦政府领导和推动教育改革，二是通过制订教育标准、测验、择校、责任制以及继续提供资助的措施提高学生的学业成绩。

## 二、基础教育理念

20世纪80年代后，美国对于基础教育发展的研究更加深化，凸显出融合教育公平与教育质量的新趋势，并更多地关注学校教育内部的公平，以及关注民族和种族的身份特征。它超越了社会层面的教育机会均等的宏观研究，而深入到学校和教室层面的微观研究，更加关注课程教学、教师质量以及学生获得成功机会的可能性上的不平等。这一时期，影响教育政策走向的主要代表人物是教育家范迪尼、教育社会学家和社会心理学家科恩、教师教育专家和教育政策分析家达林-哈蒙德。

1. 范迪尼：兼顾教育质量与教育公平

20世纪80年代以来，在世界范围内出现教育重建运动，美国也提出了"优质教育"这一概念，其核心内容是兼顾教育质量和教育公平。在这样的背景下，美国教育家、马萨诸塞州立大学阿姆赫斯特分校教育学院院长范迪尼（Mario D. Fantini）教授对20世纪80年代美国教育改革趋势与教育论争进行了深入的分析，并在此基础上提出了著名的"卓越教育方程式"。他把教育公平纳入"卓越教育"思想体系，并将其作为基本要素进行理解；主张新时期美国教育结构应该打破教育质量与教育公平相分离的状态，进而实现两者的兼顾。

（1）融入公平的卓越教育

所谓"卓越教育方程式"，是范迪尼用五个概念构成卓越教育的基本要素：卓越教育＝质量＋公平＋效果＋效率＋参与。具体来说，"卓越教育"的内涵为：一是"质量"的概念。指学习者各方面能力的发展和才华的充分发挥。二是"公平"的概念。真正的平等不是只注意于少数学生，而是所有学生均有同等的学习权，即学校负有保障其达到设定的目标的义务。三是"效果"的概念。指开发个别化教学方法，使教师的教学适合学生多样的学习风格（方式），以达到人人能有效地学习。四是"效率"的概念。指教育的资源是有限的，应当求得最经济的方法，即以最小的投入求得最大的产出。五是"参与"的概念。社区、家长参与学校教育的经营管理。[①]

因此，范迪尼的"卓越教育"理念，涵盖了平等的教育权、教育结果平等、多样化的平等的内容，囊括了教育质量与教育公平的双重价值取向。他阐述了学校制度的结构性改革和课程改革的方案，试图给予每一个学习者以高质量的教育。范迪尼提出的卓越教育，意味着教育质量和教育公平的兼顾。这种理念反映了 20 世纪八九十年代基础教育发展的基本走向。

（2）基于课程的教育结构改革

范迪尼批评 20 世纪初的教育结构造成了教育公平与教育质量之间的分离，既没有反映社会时代的需要，也没有反映学习过程的内在需求。这种教学模式和教育结果无法使现代教育走向卓越，也无法实现提高教育质量和教育公平的目标。但是，当人类社会进入后工业时代，社会机构不断增加且日趋多样性，那么学校也面临着现实的挑战。因此，为了实现"卓越教育"的目标，他主张对学校教育制度进行结构性的变革。

范迪尼认为，通过改革和完善传统的公立学校结构，新的教育结构要解决现行结构中教育公平与教育质量分离的状况。卓越的教育意味着教育质量和教育公平的兼顾。从民主主义出发，他主张实施学校选择政策。在文化多样性和社会多元化的美国，固化而单一的教学模式无法适应时代的需求，在自由开放的社会，不能简单地将唯一的教育计划或教育观强加给个人或一定的集团。在范迪尼看来，扩大教育选择，强调的是预防而不是治疗，使人们为其生活和学习承担起比以往更直接的责任。"当我们展望未来时，就会追问什么知识是最有价值的，而只有当我们关注公正、公平

----

① 引自翁文艳著：《教育公平与学校选择制度》，北京：北京师范大学出版社 2003 年版，第 9 页。

和和谐概念，以及推进人类进步和给人类带来最大发展的所有方式，才是真正值得我们关注的。"①

范迪尼对教育的结构改革提出很多设想，包括短期的改革和长期的改革，短期改革中突出了课程和教学的改革，长期改革中强调了整个教育环境的改变。他主张，通过制定教育标准，实现所有人都能具备较高的基础能力，以将教育质量和教育公平结合起来。范迪尼强调复兴传统的核心课程，加强数学和科学等科目的教育，培养"传统的基础能力"，借助个别化教学计划使每个人都掌握语文、数学、理科、社会科学等的基础技能，使所有学生最大限度地达到"基础能力水准"。其中，特别强调所有的学习者应具备阅读能力，因为电信网络的出现使人们可以通过电子手段便捷地获取知识和信息，所以阅读不再是唯一的获得信息的手段，这将导致学习者阅读能力的降低。同时，因为电脑成为获取信息的主要工具，所以在基础读写能力上将使用电子媒介包括进来，这将更有效、更高效地改变世界。此外，随着教师角色的减弱，课程的概念扩展至一系列学习环境，通过社区增加教育专业化的重要性，能够确信对每一个人积极的教育价值，能够保护每一个学习者的利益。②

范迪尼还认为，课程的改革寻求整体学习环境的转变。在这个过程中，学校和学习者或家长开始分享教育责任和教育控制，从而形成教学共同体或学习共同体。其中，学校将扮演协调者的角色，发挥所有环境的运用和课程之间的协调作用，学校为每一个学习者提供卓越的教育，有助于每一个学习者的完全发展，体现涵盖教育质量和教育平等的意义。

2. 科恩：学校和教室内部的教育公平

美国教育社会学家和社会心理学家科恩（E. G. Cohen）将注意力集中于学校内部和教育内部，指出学校内部的语言隔离和能力分组以及教室

---

① Mario D. Fantini, *Adapting to Diversit Future Trends in Curriculum*. NASSP Bulletin, 1985（69）：22.

② Mario D. Fantini, *Adapting to Diversit Future Trends in Curriculum*. NASSP Bulletin, 1985（69）：16.

内的社会机制造成了教育的不公平。因此，如果想要了解教育结果不平等的发生过程，仅仅通过在社会和地区层面上的研究是不够的，更重要的是研究教育机构和教育过程以及学校和教室里学生的教育。

（1）学校和教室中的不平等因素

科恩从微观层面论述了学校和教室内部的不平等因素，例如，分组教学、作业—评价结构等因素。他指出，问题最大的学校是那些位于最贫穷地区的学校，例如，偏远农村地区和城市中心贫民区的学校。这些学校除了学生教育特征上的差异之外，在组织层面上也有着重大差异，具体包括教师准备上的差异、物质设备上的显著差异、教师时间和注意力分配上的差异以及学校人口的总体构成导致的结构性影响等，都造成了教育机会的不平等。此外，语言上的差异使得许多学生在入学后无法领会科学课、数学课和社会科学课等内容，从而导致了教育结果上的不平等。正是语言上的种族隔离和社会经济上的种族隔离的联合，最后产生了学校课程教学质量和数量的下降。[①] 科恩还提出，教育不平等的产生也有学校里能力分组或分流方面的原因，即不同能力分组之间在课程和教学方面存在着很大的差异。例如，在高能力分组的班级中普遍运用"探究式"教学，更强调对问题的解决和对原理的理解。因此，贫困学校不得不将更多的时间和资源投入到那些家中没有教育资料以及教育基础较差的学生身上。同时，这些学校往往只能吸引到较少合格的教师，而且这些教师能留在职位的时间也比较短。

（2）社会不平等对教室里的教育机会的间接影响

科恩认为，外部社会中的不平等会对教室里的教育机会产生间接的影响，因为外部社会的分层通过社会中的社会机制影响到教室里的教育机会不平等。首先，教室里的作业—评价实践通过一个社会比较的过程帮助形成了不平等。他指出，强调打分和社会划分等级具有同样的效果，为学生

---

① G. Cohen, *An Animal Guide to Opportunities-to-learn Standars——Response and Rejoinder*, *Implementing Educational Reform*: *Sociological Perspectives on Educational Policy*. 1966：111—126.

确定其在学业能力和成绩方面的地位提供了客观依据，而这种比较的结果就是对每位同学的"聪明"程度在班级中排出了一致同意的次序。[①] 其次，作业—评价结构导致产生教室内的学业和同伴地位的等级秩序，这种等级秩序一旦形成，就会成为不平等的重要根源。由于人们对不同等级地位的学生有不同的能力期望，因此，不同的能力期望成为学生在自我实现方面的语言，从而导致了等级地位高和地位低的学生之间在努力、参与以及表现上的差别。

3. 达林-哈蒙德：基于学校和教室层面的教育机会公平

达林-哈蒙德（Linda Darling-Hammond）是美国教师教育专家和教育政策分析家。她强调学校和教室层面的教育机会公平，从教学质量、课程质量和教师质量三个方面论述教育机会公平的问题。达林-哈蒙德强调指出："事实上，在工业化国家中，美国教育体系是最不平等的，由于社会地位的不同，学生的教育机会存在严重的不平等。"其根本原因在于"非洲裔学生和少数民族学生学业成绩低的关键因素是他们不能平等地获得教育资源，尤其是具有技能的教师和高能力要求的课程"。[②] 她还在给总统的建议中指出："我们必须给孩子们公平的受教育机会。以往对于纠正不公平的承诺，不能将我们带到我们需要去的地方。"[③] 因此，要想改变少数民族和低收入家庭学生的学术成绩低下的问题，就必须真正解决教育机会不公平的问题。但是，其核心问题是提高每所学校的教师质量，并能够提供高质量的课程教学。

（1）教师质量与教育机会公平

达林-哈蒙德认为，必须平均分配具有资格许可和高质量的教师。她之

---

① 科恩：《变革社会中的平等教室》，莫林·T·哈里楠主编：《教育社会学手册》，傅松涛等译，上海：华东师范大学出版社 2004 年版，第 354 页。

② Linda Darling-Hammond, *Unequal Opportunity: Race and Education*. The Brookings Review, Spring 1998, Vol. 16: 31.

③［美］《教育周刊》编：《奥巴马的教育蓝图》，范国睿主译，北京：教育科学出版社 2010 年版，第 187 页。

所以强调这一点，是因为教师的专业技能与教学和课程质量是直接相关的，学生的学业成绩与学生获得高质量教学的机会之间的关系是不言而喻的。她曾这样指出："黑人学生和白人学生在学业成绩上的差异，实质上是由于学校教育机会的不公平而造成的，尤其是高质量的教师和教学方面的不公平。"[1] 在美国，处于城市中心的贫民区或偏远的农村地区的学校教育条件和教育质量都很差，其学生多为少数民族学生和低收入家庭的学生，他们的学业成绩很低。而白人学生和富裕家庭学生为主的郊区学校，办学条件日益优越，教学资源和师资力量雄厚，学校声誉很好，教学质量很高，学生的学业成绩相应较高。这样，就形成了一种学区间的分化和隔离。

在达林-哈蒙德看来，教师的专业准备会对学生的学习产生很大的影响，其中，任教资格、硕士学位以及教学经验都是影响学生成绩的重要因素。因此，教师质量的不同直接造成了白人学生和黑人学生成绩的差异。如果能平等地分配具有资格许可的教师，黑人学生的成绩与白人学生之间的成绩差距将会逐渐缩小。导致教师资源分配不平等最主要是教育政策方面的原因，这致使弱势群体的学生的学业成绩越来越差，进而影响学校内其他稀缺资源的获得。她指出："对于少数民族学生和低收入家庭学生来说，只能分配到专业准备不足、教学经验缺乏和质量低下的教师，这是因为政府的资助不公平、当地政府的分配政策不当和雇佣程序的不妥等原因共同造成了教师缺乏的情况。"[2] 但是，通过聘用专业准备不足的教师来解决贫困地区学校教师缺乏的问题，实际上只会进一步加剧低收入家庭学生和少数民族学生教育的不公平，造成区域间的师资力量更趋向两极分化。

因此，达林-哈蒙德指出，只有进行教育政策的改革才是实现教育机会平等的希望。联邦政府应该在加强教师教育和教师分配方面担任领导角

---

① Linda Darling-Hammond, *New Standards and Old Inequalities*: *School Reform and the Education of African American Students*. The Journal of Negro Education，2000（69）：271.

② Linda Darling-Hammond, *New Standards and Old Inequalities*: *School Reform and the Education of African American Students*. The Journal of Negro Education，2000（69）：272.

色，为美国学校特别是大部分的城市学校提供足够的、高质量的教师。例如，在国家范围内制定政策，相应提高教师资格许可的标准，使教师能够接受在低收入学校中工作的挑战；针对所有新教师，设计指导和评价规划，为教师专业发展投资，对薄弱地区给予特别援助；针对需求高的新教师（包括短缺学科领域的教师、高需求的教师和少数民族教师），制定相关的津贴、奖金和可宽限的贷款等政策。与此同时，州政府也应该制定相关政策，支持教师教育的发展和提高教师的待遇。由于教师专业准备程度不同导致了教师资格许可和教师专业技能的不同，这是影响学生学习能力和教育结果的一个重要原因，因此，达林-哈蒙德强调要加强教师教育，培养更多具有资格许可的教师。在她看来，具有专业技能的教师是高质量的教学和高能力要求的课程的根本，是实现学校和教室层面教育机会公平的起点。

（2）教学质量与教育机会公平

达林-哈蒙德认为，入学分数和种族背景相似的学生由于教学质量的不同，就会造成他们在教育结果上的差异。也就是说，在获得高质量教学方面的不平等，正是造成学业成就上种族差异的重要因素。例如，在美国，非洲裔学生和白人学生相比，由于非洲裔学生接受的教学质量比白人学生的要低得多，因此，非裔学生的学业成就总体上远远低于白人学生。

达林-哈蒙德还认为，城市学校与郊区学校教学质量差异的原因也在于教学质量上，低收入家庭学生多的城市学校在教学上更多地注重死记硬背的基本技能，而高收入家庭学生多的郊区学校在教学上更多地关注较高水平的技能，例如，问题的解决、运用练习册进行引导等。因此，为了使城市学校内的少数民族和低收入家庭学生得到高质量的教学，达林-哈蒙德指出，首先要改变城市学校落后的教学模式，即改变教学仅仅是讲授的传统模式，而使教学成为一种与学生发展密切相关的反思性活动。因为教师的教学模式和学生的学习方式是密不可分的，所以，在学生所及的范围内，为学生设置较高的目标，以学生自己的兴趣和特长为学习的出发点。

由此，达林-哈蒙德强调指出："如果要想改变少数民族学生和低收入家庭学生的学业成绩，就必须改变他们面对的学习机会的数量和质量。"①
在她看来，高质量的教学不应该只是面向少数精英学生，而应该是面向所
有的学生。教学不仅需要教师具备熟练而又多样的教学技能，而且还需要
进行针对每一位学生的有效教学。因为有效教学注重培养每一位学生更高
要求的思维过程，包括假设的能力、预判的能力、评价的能力和综合思维
的能力。在某种意义上，有效教学能推动高质量教学的平等。

（3）课程质量与教育机会公平

达林-哈蒙德认为，教师和教学的质量最终会影响课程的质量，具有专
业技能教师的分配不均也加深了获得高质量课程的不平等。因为只有具有
专业技能的教师才能提供高质量的课程，而学生所学课程的质量直接关系
到学生的学业成绩。但是，不同群体的学生在接受高水平的和富有挑战性
的课程方面存在着不平等。所以，达林-哈蒙德指出："获得高水平和挑战
性课程的不平等，实质上是少数民族学生和白人学生学业成绩差异的另一
个因素。"②

在达林-哈蒙德看来，学生所接受的课程质量与他们的学业成绩有着密
切的关系。在当前美国学校教育中，少数民族学生和低收入家庭学生所接
受的课程内容和质量水平都较低。例如，在综合中学里，大多数少数民族
学生所接受的多为低质量的课程，课程内容多为信息的片段以及依据公式
和规则的简单实验。但是，一些进入郊区学校的非洲裔学生和低收入家庭
学生与白人学生和高收入家庭学生有着相似的初始成绩，同样拥有更多的
机会接受高水平和挑战性课程以及额外的学业帮助，那么，他们也能取得
和白人学生一样好的学业成绩和教育结果，一样会按时毕业和升入大学，
最后找到稳定的工作。所以，达林-哈蒙德指出：如果不同的种族和民族的
学生都能接受相似质量的课程，那么他们在学业成绩上的差距就会大大

① Linda Darling-Hammond, *The Flat Earth and Education：How America's Commitment to Equity will Determine Our Future*. Educational Researcher，2007：329.

② Linda Darling-Hammond, *The Flat Earth and Education：How America's Commitment to Equity will Determine Our Future*，Educational Researcher. 2007：324.

缩小。

因此，达林-哈蒙德建议，应该依据新的课程标准进行学校课程和评估体系的改革。在课程和教育资源方面，应该确保以新的课程标准为核心，在非洲裔学生和少数民族学生的班级中也能得到普遍实现；与此同时，现存的评价体系也必须做出相应的调整，从以"死记硬背"式的基本技能为导向的能力测试转向以解决问题和发展思维能力为目的的能力测试。在课程标准和评估体系方面，应该使新的课程标准和评估模式可以更适合教学和帮助所有的学生更有效地学习。州和学区要制定相关的政策，实现高质量的课程和教学资源分配平等，以推动学校发展和教育机会的公平。

达林-哈蒙德对学校和教室层面教育机会公平的研究，从学校和教室层面考察影响教育机会公平的因素，进一步解读了学生学习机会的不平等是如何引起学业成就方面的重大差异以及教育结果的不平等。

### 三、基础教育政策目标与策略

20 世纪 80 年代至 20 世纪 90 年代末，随着联邦政府对教育事务的干预逐步增强，美国基础教育政策出现了新的趋向。与 20 世纪六七十年代侧重于补偿弱势群体儿童的教育政策不同，这一时期的教育公平政策着重提供高质量教育的平等机会。尤其是 20 世纪 90 年代的基础教育政策涉及教育公平的许多方面，体现了美国基础教育政策日益全面和完善的趋势。应该说，这一时期的基础教育政策也为 21 世纪以来的联邦教育政策制定了基本的框架。这一时期，基础教育政策主要体现在 1991 年的《美国 2000 年教育战略》、1994 年的《2000 年目标：美国教育法》以及 1997 年的《美国教育部 1998—2002 战略计划》上。基于提供受高质量教育的平等机会的目标，这一时期美国的教育法规文本凸显出以下策略：（1）明确教育公平和促进教育卓越的使命。（2）创建新一代美国学校和提供高质量教育的平等机会。（3）规定所有学生应知和应会的国家教育标准。（4）制定教学策略、学习机会策略和资金使用策略。（5）公平地分配教师和加强教师培训。（6）支持家长对公立学校的选择权。（7）关注困境儿童、弱势群体儿童和残疾儿童的教育。(8) 通过教育技术来促进基础教育公平。

1.《美国 2000 年教育战略》(1991)

20 世纪 80 年代前美国以资助弱势群体为主的入学机会均等的教育公平政策，遭到了《国家在危急中：教育改革势在必行》(1983) 报告的打击，标志着自 1965 年以来的教育公平政策模式走向结束。但《国家在危急中：教育改革势在必行》发布之后一段时间内，基础教育政策的公平取向并没有实质的改变，直到乔治·布什 (George Bush) 总统上台，于 1991 年 4 月提出了《美国 2000 年教育战略》(*America* 2000：*An Education Strategy*)。这个教育战略强调教育结果公平，使所有的学校办得更好，使所有的学生都取得优异的教育成就，以达到更高的全国教育目标。

(1) 制定全国教育目标和教育战略

《美国 2000 年教育战略》制定了六项 2000 年要达到的全国教育目标。具体包括：一是所有的美国儿童都要做好学前准备。二是中学毕业率将至少提高到 90%。三是所有的学生有能力在学科方面应付挑战，在 4、8、12 年级毕业时应该掌握英语、数学、自然科学、历史和地理五门学科的内容。四是美国的每所学校要保证所有的儿童发挥其才智，为做有责任感的公民和谋取有创建性的职业做好准备。五是在自然科学和数学方面的成绩居世界首位。六是每个成年美国人将能具备一定的文化知识和技能，并在全球经济中具有竞争力以及行使公民的权利和义务。

为了实现这六项全国教育目标，《美国 2000 年教育战略》提出了四项教育战略：一是为今日的学生，我们必须从根本上改进现有的全部 11 万所学校——把这些学校办得更好、更为其结果负责。二是为明日的学生，我们要创建满足一个新世纪需要的新型学校——新一代美观学校。三是要把一个"处于危机中的国家"变为一个"全民皆学之邦"。四是我们每个社区都要成为可以进行学习的地方。这四项教育战略被形象地比喻为四列巨大火车，这列火车"非常之大，足以使每个人都能在车上找到一个位子，在平行的轨道上同时开动，开始漫长的旅行，达到优异教育成就的目标"①。

（2）创建新一代美国学校和使所有儿童获得一流的教育

《美国 2000 年教育战略》提出，要一个社区接一个社区地创建新一代美国学校。每所美国学校将提供一个秩序井然的益于学习的环境。"这将是世界上最好的学校，能使它们的学生达到全国教育目标，实现学习上惊人的飞跃，把美国建设得尽善尽美。"② 这个教育战略还号召每个社区为创建和支持新一代美国学校做好准备，并成为"美国 2000 年社区"。

为了使美国所有的儿童都能获得一流的教育，该教育战略指出："美国 2000 年战略是美国提出的那些具有历史意义的各种挑战的又一个挑战，它在每个社区、每所学校、每个家庭里实施。"③

（3）提出学校"选择权"概念

《美国 2000 年教育战略》提出了"选择权"的概念，选择可以开发更多的机会，将市场引入公共教育体系，使学校置于竞争之中，为所有的儿童提供一种选择，以便获得世界上最好的教育。选择权赋予家长和选民采取行动的杠杆作用，能为他们的儿童找到一所更好的学校或改善他们的儿童已入学的学校。这些选择应该包括为公众服务以及向公共当局负责的所有学校，而不管是由谁办的。

（4）关注"处于危机之中"的儿童

《美国 2000 年教育战略》强调对"处于危机之中"儿童的关注，对处境不利、低收入家庭和残疾儿童提供更多的关注，要求各位州长和部长确保新一代美国学校为"处于危机之中"的儿童高度集中的社区服务；同时，将在全国推广"美国 2000 年社区"，注重并嘉奖那些取得进步的社区。

---

① ［美］《美国 2000 年教育战略》，吕达、周满生主编：《当代外国教育改革著名文献》（美国卷·第三册），北京：人民教育出版社 2004 年版，第 210 页。

② ［美］《美国 2000 年教育战略》，吕达、周满生主编：《当代外国教育改革著名文献》（美国卷·第三册），北京：人民教育出版社 2004 年版，第 215 页。

③ ［美］《美国 2000 年教育战略》，吕达、周满生主编：《当代外国教育改革著名文献》（美国卷·第三册），北京：人民教育出版社 2004 年版，第 226 页。

《美国 2000 年教育战略》作为一项全国性教育战略，开启了美国联邦政府每隔几年就制定教育战略的先例。联邦政府在这个教育战略中的作用虽然有限，但其加强了联邦对全国教育事务的干预，对美国基础教育的发展起到积极的促进作用。因此，这个教育战略曾受到美国社会各界的欢迎。联邦政府基础教育政策原来主要集中于关注不利群体儿童教育的平等，但这个教育战略开始强调提高所有学生的学术成绩。《美国 2000 年教育战略》所制定的国家教育目标包括了所有的家庭、学生和社区，通过提高中学毕业率和全民的知识水平，以实现教育公平的目标；同时又通过强调核心课程和学校责任，实现高质量的教育公平。

2.《2000 年目标：美国教育法》(1994)

乔治·布什政府的六项全国教育目标并没有形成法律。但是，克林顿 (Bill Cliton) 政府刚上台就向国会提出了《2000 年目标：美国教育法》(*Goal 2000：Educate American Act*)，并于 1994 年 3 月获得通过。该教育法案肯定了乔治·布什政府的六项全国教育目标，并以其为基础提出了八项全国教育目标。

(1) 为所有学生提供受高质量教育的平等机会

《2000 年目标：美国教育法》发表了"有关教育机会的政策宣言"："不论种族、肤色、宗教、性别、年龄、残疾、国籍或社会阶层，为每个人提供受高质量教育的平等机会是美利坚合众国的政策。"[1] 该教育法案的目的是：支持在联邦、州和地方以及学校各级水平上采取行动，推动全国范围内目标明确的和系统的教育改革，为所有学生提供达到学术及职业技能高标准的平等的教育机会，以达到国家的教育目标。"所有学生均可以学习并达到很高的水准；所有学生均有权利参与内容广泛并富于挑战性的课程，并有权获得满足其他教育需求的足够的资源。"[2]

---

① [美]《2000 年目标：美国教育法》，吕达、周满生主编：《当代外国教育改革著名文献》(美国卷·第三册)，北京：人民教育出版社 2004 年版，第 319 页。
② [美]《2000 年目标：美国教育法》，吕达、周满生主编：《当代外国教育改革著名文献》(美国卷·第三册)，北京：人民教育出版社 2004 年版，第 261—262 页。

该教育法案特别强调为"所有学生"和"所有儿童"提供平等的高质量教育机会。"所有学生"和"所有儿童"是指来自各种环境和家庭背景的学生,包括处境不利的学生和儿童,不同种族、民族和不同文化背景的学生和儿童,美国印第安、阿拉斯加土著、夏威夷土著儿童或残疾学生与儿童,英语水平差的儿童、辍学的学龄学生或儿童,移民的学生与儿童以及学习上有天资的学生或儿童。[①] 为此,联邦、州和地方政府应为所有学生和所有儿童提供平等的受教育机会采取措施,努力促进中小学教育中性别平等的方案、政策和方法。

在特别设定的学习机会发展经费上,该教育法案首先规定为所有学生提供学习的机会,并规定接受经费的州和地方教育机构应着重注意在州的评估中平等对待所有的学生,特别是那些不同种族、性别、语言的学生和残疾学生等。

(2) 规定所有学生应知和应会的国家教育标准

《2000 年目标:美国教育法》规定,国家教育标准应规定所有学生应知和应会的标准,以及审批全国教育内容标准和全国学生成绩标准等。由国家教育标准和改进委员会审定的全国教育标准应包括:所有学生能否获得有关课程、教材、教育技术(包括远距离教育)及其质量;教师能否提供高质量教学以满足所有学生对每一个领域知识的不同需要;学校在贯彻政策、讲授课程和进行教育实践中能否保证男女平等;有关保证所有学生平等教育机会的措施等。州级评估应及时就所有学生的达标进展通知学生、家长、教师和其他教育服务人员;改善课堂教学和所有学生的学习效果;举例说明所有学生应达到的成绩的种类和水平等。在国家技能标准上,该教育法案还明确规定,不歧视任何民族、肤色、性别、年龄、宗教、民族、残疾人或土著人,与《民权法案》保持一致。

该教育法案指出,通过建立一个国家级的教育改革框架,以提高教育

---

① [美]《2000 年目标:美国教育法》,吕达、周满生主编:《当代外国教育改革著名文献》(美国卷·第三册),北京:人民教育出版社 2004 年版,第 237—238 页。

教学质量，保证所有学生受教育机会均等和学业高质量水准。其目标包括：改进课堂的教学质量以及制定"学习机会"标准，为所有学生提供平等的教育机会，使其达到较高的学术标准和职业技能标准，使他们能够在就业市场和参与社会中获得成功。同时提出，所有州的教育改革计划应制定使所有学生有机会学习的标准和策略，确保所有学生获得该州教育内容标准和学生成绩标准所规定的知识和技能的平等机会。为此，各州应提供教材和学习辅助技术，包括远距离学习和专业发展并使该州的所有地方教育机构有平等的机会使用这些设施；在适当的地区，与印第安部落和由印第安事务局资助的学校建立合作伙伴关系。

（3）制定教学策略、学习机会策略和资金使用策略

在教学策略上，《2000年目标：美国教育法》提出，各州教育机构应制定或采用所有学生的州教学内容标准和州学生成绩标准；提供具有多种学习需求的全体学生参与评估的机会；支持并帮助所有学生提高学习成绩并达到标准；开发所有学生达到州教学内容标准和州学生成绩标准的各种教学工具和材料等。

在学习机会策略上，该教育法案提出，各州应制定有机会学习的标准，确保所有学生学习所规定的知识和技能的平等机会；为所有学生和家长提供就近和全面的服务等。在失学策略上，各州应满足失学学龄儿童的需求，不仅使这些儿童上学，而且帮助这些儿童达到州教学内容标准和州学生成绩标准。

在资金使用策略上，该教育法案提出，各州应保证所有学生都有平等的学习机会；在支持实施州教育改革计划的活动中，应特别注重满足少数民族学生、英语水平有限的学生、有残疾的学生和女性学生的需要，包括提供教育课程和活动等。

（4）改革州和地方教育体制

《2000年目标：美国教育法》对州和地方教育体制改革也作了规定。其目的是："通过长期、广泛的努力，促进各州和地方一级的教育制度协

调和连贯的改革，提高学生的学习能力，以达到提高全体学生的教育质量。"[1] 为此，该教育法案提出，必须认识到所有学生的潜力，他们都可以学习并达到很高的水平；为所有学生及家庭提供相应的服务、有效的机制和适当的途径；利用科学技术以有效地帮助所有学生获得学习机会并达到很高的水准；使所有学生有权利参加内容广泛并富于挑战性的课程，获得满足其他教育需求的足够的教育资源等。州和地方教育体制改革的具体任务主要是：为符合年龄的失学儿童提供受教育机会，并帮助这些学生达到州教育内容标准和州学生成绩标准。

（5）提供对家长选择学校的支持

《2000 年目标：美国教育法》还规定了提供对家长的支持，要求为弱势群体儿童的家长提供服务和帮助，最大程度上减少家庭因素而造成的教育不公平。主要措施包括：建立特别顾问委员会，其成员具有广泛的代表性，代表对教育和家庭扫盲有兴趣的少数民族、低收入家庭和其他个人及集团利益；每个财政年度，至少将本教育法案所规定提供的50％资金用于低收入家庭集中的地区，以帮助在教育上或在经济上处于困境的家长；为残疾婴儿、幼儿、儿童和残疾青年的家长提供服务；为少数民族和英语水平有限的儿童的家长、本人文化水平有限的家长和其他需要服务的家长提供服务。[2] 该教育法案还提出，公开入学方案、公立学校的选择制度、开放较好的有吸引力的学校以及其他系统，以便家长可以通过这些系统选择他们的孩子所要就读的公立学校和教育方案。各州应制定政策帮助各地学校和教育机构建立与家长的合作关系，以满足不同家长的需要，包括那些差生、少数民族学生和残疾学生家长的需要等。

（6）关注困境学生和弱势群体学生的教育

《2000 年目标：美国教育法》规定，在困境学生的教育上，联邦政府

---

① ［美］《2000 年目标：美国教育法》，吕达、周满生主编：《当代外国教育改革著名文献》（美国卷·第三册），北京：人民教育出版社 2004 年版，第 262 页。

② ［美］《2000 年目标：美国教育法》，吕达、周满生主编：《当代外国教育改革著名文献》（美国卷·第三册），北京：人民教育出版社 2004 年版，第 293—295 页。

应采取有效政策和方案来满足农村学校大量的贫困及困境学生的教育需要，集中精力克服地理隔绝、人口下降、财政来源不足等困难以及其他有碍于这些学生取得教育成功的因素；开展必要的研究，为发现、制定和使用那些有助于处于困境儿童取得更大成绩和成功的干预措施、方案及模式提供坚实的基础。其有效的干预措施和方案的研究主要有：能改进困境学生的成绩并保持下去的教育方法和教育实践（包括社区服务）；提供给困境学生的教育机会的质量，尤其是提供给人口非常稠密的城市地区及人烟稀少的农村地区的学生的教育机会的质量；克服影响学生取得良好学业成绩的学习障碍的方法；能够帮助困境学生达到挑战性标准的创造性教师培训和职业发展方法；在对困境学生的教育过程中，最有效地运用教育技术；为困境学生设计促进学校中性别平等方案；提高任课教师及学校帮助新来的学生及各类学生适应课堂环境的能力等。

《2000 年目标：美国教育法》还提出，应该考虑弱势群体学生的特殊需要，其中特别提出满足少数民族学生、英语水平有限的学生、有残疾的学生和女学生的需要，鼓励这些学生完成中等教育并参加中等后教育。在每一财政年度，至少有一半的款额是拨给那些低收入家庭学生，学生成绩低或其他由地方教育机构制定的类似标准表明特别需要这些援助的学校。其中还专门设立了为资助弱势群体儿童的项目。

（7）公平地分配教师和加强教师培训

《2000 年目标：美国教育法》提出，应该公平地分配教师，使教育更趋向公平。它规定："各州的教育改革计划应包括建立一套录用教师（包括职业教师）和其他教育工作者，维持目前教师队伍，并支持其专业发展的完整而协调的体系，应特别关注录用和挽留在教育界工作的称职的少数民族教师。"[①]

同时，该教育法案还提出，各州应该加强创造性教师的培训，包括教

---

①［美］《2000 年目标：美国教育法》，吕达、周满生主编：《当代外国教育改革著名文献》（美国卷·第三册），北京：人民教育出版社 2004 年版，第 268 页。

师上岗前培训和专业发展以及如何有效地与家长和社区配合工作，以帮助学生达到州教学内容标准和州学生成绩标准。

（8）推动有效使用教育技术

《2000年目标：美国教育法》规定，推动城市和农村以及经济不发达地区有效使用教育技术；促进生源主要来自低收入家庭学校能得益于使用先进的教育技术；展示通过教育技术改善教学的成果，保证所有学生在达到州教育标准方面都拥有均等的机会。

（9）设立各种教育研究机构

为了使联邦政府集中力量去支持有关学校领导、财政及管理的方法的研究、制定、论证及评价，以促进教育平等和教育优异，《2000年目标：美国教育法》提出，设立教育领导、财政、决策与管理研究院。其宗旨是：实施一套协调的、综合的研究和发展方案，为通过学校调整及教育改革来提高学生学业成绩提供以研究为基础的指导。这种方案可以为中小学学校领导、财政、决策及管理的方法提供良好的基础，并且有望促进教育平等和教育优质。

该教育法案建议，成立教育研究与改进办公室。其宗旨是："不论种族、肤色、宗教、性别、年龄、残疾、国籍或社会阶层，为每个人提供受高质量教育的平等机会是美利坚合众国的政策。虽然美国教育制度一直在追求此目标，然而还没有达到此目标。受高质量教育机会的不平等仍是明显的。要达到教育的机会平等和高质量教育的目标，需要通过开展研究、发展和提高的活动，收集资料，综合分析提供技术援助和传播资料等方式来不断探索对教育的认识。美国对教育的指导仍主要是各州和地方政府的责任，而联邦政府明确的责任是领导开展和支持对教育过程进行科学的调查研究。"[①]

该教育法案还决定，成立全国学生成绩、课程与评价研究所，促进中

---

① ［美］《2000年目标：美国教育法》，吕达、周满生主编：《当代外国教育改革著名文献》（美国卷·第三册），北京：人民教育出版社2004年版，第319页。

小学教育中性别平等的方案、政策和方法的制定。其主要工作是：制定一个研究和开发评价工作的综合的、协调的方案，以评价用于不同种族、性别、社会经济地位、英语熟练程度以及其他有特殊需要的学生的各种方法的影响。

此外，该教育法案还提出，设立国家困境学生教育研究院，以实施一套协调及综合的研究与发展计划方案。具体包括：开展必要的研究，为发现、制定、评价和帮助别人实验、使用那些有助于处于困境儿童取得更大成绩和成功的干预措施、方案及模式提供坚实的基础；让那些为城内、乡村地区以及印第安居留地的最多数困境学生服务的高等教育学校和机构最大程度地参与研究，包括学校与学校系统、高等教育机构、文化机构以及社区组织之间的典型合作方案。

《2000 年目标：美国教育法》延续了《初等和中等教育法》所形成的联邦政府对教育的支持，以及先前联邦对基础教育财政的拨款项目，提供教育公平方面的专门投资；同时，进一步强化联邦政府对教育的责任，突出了联邦政府与国家教育目标之间的紧密联系；还有，就教育的公平性和质量标准提出新的设想，并对接受财政资助的所有小学和中学提供必要的帮助。该教育法案一经颁布实施，便迅速产生了影响。据联邦教育部 1995 年发表的《2000 目标实施成果报告》（Goals 2000：A Progress Report），已有 47 个州提出要建立核心学科的学业标准、改善学校的计划、加强家长对孩子学习的参与、向教师提供在职进修等行动而获得联邦政府第一年的经费补助，共计 8 500 万美元；另有 24 个州已经获得了该教育法案第二年的联邦经费。① 克林顿政府的《2000 年目标：美国教育法》虽然与乔治·布什政府的《美国 2000 年教育战略》表面上相似，但美国教育学者施瓦茨（Robert Schwartz）和鲁宾逊（Marian Robinson）指出："《2000 年目标：美国教育法》表现出关于教育改革的不同的观点，以及在促进和领导教育

———————

① National Education Goals Panel. *The National Education Goals Report*：*Building A Nation of Learners*，Washington，D. C. ；U. S. Government Printing Offce. 1995.

改革中联邦政府的不同角色。"① 两者的区别是:《2000 年目标:美国教育法》加强了联邦政府在制定国家标准中的作用;《美国 2000 年教育战略》以不同方式的学校选择为中心,而《2000 年目标:美国教育法》所强调的是公立学校而非私立学校的选择;《2000 年目标:美国教育法》在学校改进进程中提出创立"学习机会委员会"(Opportunity to Learn Commission),规定了提供学术资助的程度。

3.《美国教育部 1998—2002 战略计划》(1997)

1997 年 3 月,美国教育部公布了第二个教育战略计划,即《美国教育部 1998—2002 战略计划》(U. S. Department of Education, Strategic Plan, 1998—2002)②。该教育战略计划以 1994 年 12 月美国教育部公布的第一个教育战略计划为蓝本。

(1) 明确教育公平和促进教育卓越的使命

《美国教育部 1998—2002 战略计划》在"前言"中明确指出,联邦教育部的使命是,在整个国家,确保教育公平,促进教育卓越。其主要任务是通过为各州及各地方机构,在国家优先发展的领域提供财政支持、建立挑战性的标准、使家庭与社区参与到学校事务中来、提供最好的教育实践信息、确保可以负担中学后教育和对联邦项目提供高质量的数据和评估,来促进所有学生的教育卓越。同时,联邦教育部还要确保所有的学生都有机会达到具有挑战性的教育标准。这一任务要求把资源与行动集中到因处境不利而面临学业失败的学生身上,帮助来自各种背景的学生——不论种族、民族、肤色、有无残疾、年龄或性别——都能在美国教育体制下取得成功。因此,该教育战略计划在每一个具体目标中都强调"所有学生",就是包括各种背景的弱势群体的学生。

---

① Robert Schwartz and Marian Robinson, *Goals 2000 and the Standards Movement*, in Diane Ravitch (ed.), *Brookings Papers on Education Policy* 2000, Washington, D. C.: Brookings Institution Press, 2000: 179.

② U. S. *Department of Education Strategic Plan*, 1998—2002 [EB/OL]. http://www2. ed. gov/pubs/StratPln/index. html.

该教育战略计划重申联邦教育部的七个优先目标（1997 年 2 月）。这些目标是所有学生到 2002 年都能够达到的：一是至三年级结束时能够独立阅读；二是至八年级结束时能够掌握难度较高的数学知识，包括代数和几何的基础知识；三是至 18 岁时能够为上大学做好准备，并且至少要上两年大学，还能作为成年人追求终身学习；四是教室中拥有有知识的、有献身精神的和训练有素的教师；五是至 2000 年时所有的教室都可以使用因特网，并且学生具有一定的技术素养；六是在稳定、安全、无毒品的学校学习；七是按照具有挑战性的、明确的成绩与责任标准学习。

（2）帮助所有学生达到具有挑战性的学术标准

为了迎接 21 世纪经济和社会的挑战，《美国教育部 1998—2002 战略计划》提出，支持各州、学校和社区制定与实施每个儿童应达到的学习标准，帮助所有学生达到有挑战性的学术标准。其主要依据《初等和中等教育法》的关键性成就指标：一是在全国性的和各州的阅读、数学及其他主要科目的测试中，达到或超过合格、良好和优秀水平的学生比例将不断提高。二是相对于全国其他学校的标准而言，差校的学生将继续提高其学习成绩。三是中学入学率和毕业率将不断提高，尤其是差校学生、残疾学生和其他面临学业失败危险的学生。四是从 1996 年至 2000 年，中学生（包括那些至少学完了三年科学课和三年数学课的主修职业课程的中学生）的毕业率将上升 10％。五是成功地学完大学预科课程的中学生的数量每年都将有所增加。六是差校的学生在完成难度较高的课程，包括大学预料课程方面将有相对的提高，这将保证他们能够追求高等教育或进行其他选择。

为此，联邦教育部也制定了具体目标。其中包括：各州应在核心科目中对所有的学生制定与实施具有挑战性的标准和评估；至 1997—1998 学年底，所有的州都将针对 2 门或多门核心课程制定具有挑战性的学习内容及成绩标准；至 2001 年，所有的州都将对 2 门或多门核心课程的挑战性的内容及成绩标准进行配套测试；至 2002 年，认识到为所有儿童制定挑战性学习标准的重要性的公众及家长（至少是来自低收入家庭的大多数家长）的比例将不断提高。

《美国教育部 1998—2002 战略计划》还强调提出，将致力于在全国范围内使所有学生都能熟练掌握基础的高级的阅读和数学技能。具体目标是：到三年级结束时，学生应该能够独立而有效地阅读；到八年级结束时，学生应该能够获得数学技能和知识，为学习代数学、几何学和更高级的知识做准备，这是学生在高中和以后学习中获得成功的关键。其要适应各学生群体的不同需要，以所有学生都能达到州学生标准，鼓励他们获得所需的成功，包括英语熟练程度有限的学生、残疾学生、移民学生、贫困家庭的学生以及任何不能获得知识和技能的学生。在保障该目标实现的具体策略中，特别考虑到弱势群体学生的特殊需要，为他们提供阅读指导和财政支持。

（3）追求基础教育结果公平

为适应不同学生中学毕业后的需要，《美国教育部 1998—2002 战略计划》除提高学生的学术能力外，还要求为学生的就业做好准备，追求基础教育的结果公平。其目标是：每个州都应建立有助于提高学生的成绩和技能、拓宽全体学生就业机会的"从学校到就业"制度（School-to-Work）。这个制度通过使教学联系有益的工作实践，在教学上采取能让学生学得知识和技能的最好方式，吸引学生的兴趣与才智，帮助他们更有效地学习，使教育能结合学生未来的职业生涯。具体包括：毕业于实行"从学校到就业"制度的中学或主修职业课程的中学生数量不断增加，这将使学生成功地转入就业、继续教育或服兵役；至 2000 年秋季，通过工业认证技能测试的中学生的数量将至少增加 10%；至 2000 年秋季，积极参加实行"从学校到就业"制度的青年学生将达 200 万人；至 2000 年，越来越多的中学将为学生提供机会，达到工业认证的技能标准；至 2000 年秋季，30% 的中学将推行"从学校到就业"制度的主要内容；所有 14 岁和 14 岁以上的残疾青年都将得到个人教育课程（Individualized Education Program）等。

（4）公平地拥有优秀的教师

《美国教育部 1998—2002 战略计划》提出，学校应该公平地拥有作为重要教育资源的优秀教师，使每一间教室都拥有有知识的、有献身精神的教师。其主要指标是：被督导人员、家长和业内人士认为工作非常有效的教师与校长的数量将逐年增加；所授科目至少为其副修科目的全国中学的教师数量将逐年增加；至 2006 年，得到国家资格认证委员会认证的教师数将增加到 10.5 万人；至 2002 年，75％的州将使其最初的教师资格水平与现今较高的知识内容与学生成绩水平相适应。

为此，该教育战略计划制定了具体的策略，以确保教师的培训和所有学生都能拥有优秀教师。其中包括：联邦教育部支持那些能把有才华的人从各种背景下招募到教学行业中来的项目；继续改进对新教师培训的教师教育机构的质量；鼓励和支持留住新教师的特别努力；支持有助于使双语辅导人员转化为合格教师的升迁路径；通过师资培训项目向州和学校提供财政资助；完善教师资格认证与责任制，支持旨在奖励优秀教师和指出不称职教师问题的项目；从 1998 年起，每两年发布一次全国教师教学质量的成绩报告等。

（5）扩大公立学校的选择权

《美国教育部 1998—2002 战略计划》提出，鼓励在公立学校体制下进一步扩大学校选择权，使所有学生都能有机会接受高质量的教学。所有学生既可选择特许学校，也可选择磁石学校，实施适用于全部公立学校系统的办法，使每一所公立学校都有被选择的可能，从而保证所有学生和家长都能选择学校。其具体指标是：至 2002 年，所有公立学校 3—12 年级的学生中，将有 25％的人按照自己或其父母所选择的学校入学；至 2001 年，至少 40 个州将出台特许学校的立法；至 2002 年，在全国运行的特许学校将达到 3000 所；各学区将通过磁石学校、特许学校和公开招生政策，对学生入学提供更大的选择权。

该教育战略计划也提出，联邦教育部将通过具体策略确保学校选择政策的实施。例如，让公众参与学校建设，扩大公众及政策制定者对发展高质量的特许学校和磁石学校的支持；提供财政支持与技术援助项目，帮助各州和各学校进行有效规划；学校应向全体学生开放，为学生提供选择机会；促进在高质量的教育环境中废除种族隔离制度；支持对公立学校选择权的研究，包括对特许学校和磁石学校进行成效评估；帮助家长、教师和社区设计出有效的择校方案；通过扩大服务范围和信息宣传，使家长更好地实现对公立学校的有效选择等。

（6）关注弱势群体儿童和残疾儿童的教育

《美国教育部 1998—2002 战略计划》提出，联邦教育部以为所有学生服务为目标，提供面临学业失败的儿童同样需要的高质量教学，对弱势群体的学生提供额外的支持以帮助他们成功。具体任务包括：一是到 2001 年为止，各州将建立起适当的评估程序，并界定出学生类别，如残疾学生、英语欠熟练水平的学生以及移民工人家庭的学生；二是运用以研究为基础的综合方法来改进课程、教学和支持为处在危机之中的学生（at-risk students）服务的学校将逐年增加；三是越来越多的与危险学生打交道的管理人员和教育者将接触并运用高质量的信息和技术辅助；四是越来越多的教师将接受教学策略培训以使他们帮助英语欠熟练水平的学生或残疾的学生达到要求标准。因为衡量教育的进步，不能只衡量表现好的州、地区和学校情况，也要考虑到面临失败的州和地区学生的情况。

该教育战略计划提出，在联邦项目中通过提供技术支持、指导和有效的实施模式，与州和地区合作。主要针对弱势群体儿童和残疾儿童的联邦教育部资助项目包括：《初等和中等教育法》中第一编（Title I）项目（为弱势群体学生提供的教育）、移民教育项目、针对被忽略和行为不当的儿童的 Title I 项目、针对无家可归的儿童和青年的教育项目、印第安人儿童的教育项目、双语教育项目、残疾人教育项目等。

（7）通过教育技术来促进基础教育公平

《美国教育部 1998—2002 战略计划》提出，让所有学校的师生都能使用先进的教育技术，鼓励教师将计算机运用到教学，保证所有的学生毕业时已掌握就业和继续学习所需的技术技能。因为教育技术可以改进包括学生学习、教师业务进修、课堂管理和学校行政事务诸多方面；作为一种先进的教学工具，教育技术能帮助学生掌握基本技能，解决复杂的现实生活问题，为快速地进入工作职位做准备；作为重要的教育资源，应让所有的学生在教育中享有教育技术这些资源。其具体指标是：有机会运用高水平教育技术的学生在主要学习科目中将表现出更高的成绩和更高的技能水平；至 2001 年，拥有现代多媒体电脑的比例将提高到每五个学生有 1 台；公立学校中与信息网络联通的教学场所的比例将由 1996 年的 14％提高到 1998 年的 25％，此后将以更高的比例增长；至 2001 年，至少 50％的教师将把高水平的教育技术、高质量的教学软件及信息网络融入他们的教学课程中；至 2001 年，特困学校的学生和残疾学生将有机会运用相对于其他学校的学生来说同样先进的技术（包括对残疾学生的辅助技术）；至 2001 年，至少 60％的教师、学校行政人员和学校图书管理员将受到计算机使用及因特网方面的培训，以帮助学生的学习。为此，鼓励州、地区、联邦机构及私人部门间的合作伙伴关系，并通过"技术知识挑战基金"及其他项目向各州和地区提供财政支持，以规划、购买和使用现代化的计算机与其他教育技术，帮助教师和学生更有效地运用技术。

《美国教育部 1998—2002 战略计划》的公布标志着美国基础教育政策日趋完善，旨在实现受高质量教育的机会平等。应该说，该教育战略计划在即将进入 21 世纪的时刻提出了美国对新世纪教育的规划，不仅为新世纪美国基础教育改革奠定了基础，而且表明了新世纪美国基础教育政策的趋向。

# 小　结

20 世纪 80 年代，在美国联邦政府对教育采取"不干预"的态度之下，与联邦政府有着密切联系的民间教育组织和团体发表了一系列的调查报告。其中国家教育优异委员会提出的《国家在危急中——教育改革势在必行》这份报告对美国基础教育的质量提出了质疑，指出学校教育应确立教育平等和教育质量的双重目标，因而很快成为 80 年代美国基础教育改革的纲领性文件。面对前所未有的挑战，美国兴起了 20 世纪的第三次基础教育改革。其主要任务之一就是提高教育质量，特别是提高公立学校的教育质量，强调教育绩效和教育效率，改革落后的学校，通过提高教育质量来实现教育机会公平。因此，兼顾教育公平和教育质量成为这一时期基础教育政策的价值取向。

基于市场经济和民主政治的发展以及教育选择理念的影响，在基础教育方面逐渐开始了以选择学校为核心的策略。尽管择校运动在美国兴起于20世纪60年代，但到20世纪80年代以后，通过学校选择来促进基础教育公平的理念已更多地体现在教育政策之中，并成为八九十年代美国教育管理机构的主要教育议程。当然，各种择校计划的核心问题是办学效率与受教育权利的关系，这就意味着所有的学生可以选择自己满意的学校，接受高质量的教育。

尽管人们对教育公平的理解不断深化，但在具体的学校和课堂中并没有真正得到有效的落实，因此，聚焦学校和教室层面的教育公平也成为20世纪80年代以来美国基础教育研究的关注重心。在对课程的研究中，还关注到核心课程以及学术标准和技能标准在教育公平中的作用。例如，《2000年目标：美国教育法》就提到在教育机会均等的基础上设立所有学生应知和应会的国家教育标准；《美国教育部1998—2002年战略规划》也强调提高阅读和数学科目的学业标准、对英语熟练水平有限的学生加强英语科目的教学等。

总之，这一时期美国基础教育政策中呈现出受高质量教育的平等机会如何有效落实的问题，体现了教育效率和教育公平的双重价值取向。因为没有质量的公平并不是真正的公平，真正的教育公平需要通过有质量的教育公平来体现。美国联邦政府希望通过基础教育政策的调整，兼顾教育公平和教育质量，为所有学生提供高质量教育的平等机会，这是迎合这一时期美国社会发展和民众教育需要的基础教育政策趋向。

# 第五章

追求每一个学生的教育成功

（21 世纪第一个十年）

在 21 世纪第一个十年中，美国经历了"9·11"恐怖袭击和金融风暴等重大事件。这一时期，针对基础教育存在的突出问题，美国政府接连制定和推出了几个重要的教育法案以及教育战略规划。为了追求每一个学生的教育成功，全面卓越的教育公平成为美国政府基础教育政策的目标。在新世纪的背景下，这些政策既继承了 21 世纪之前基础教育政策的传统，又凸显出新世纪基础教育政策的走向。

## 一、社会和教育背景

### 1．社会背景

进入 21 世纪以来，"9·11"恐怖袭击事件、全球金融危机以及伊拉克战争和阿富汗战争，在不同程度上影响了美国经济。面对国际和国内形势的变化，美国联邦政府不断调整其对外和对内政策。美国社会经济的每一次震荡和政策的调整以及其他各方面因素都给其基础教育政策带来直接的影响。

(1) 明显减缓的经济和新的经济周期开始

经过 20 世纪 90 年代后期的高速发展，进入 21 世纪后的美国经济开始出现周期性调整的迹象，经济增长明显减缓。美国经济从 2001 年 11 月起开始进入衰退，然而，"9·11"事件后不久，美国经济再次出现反弹的势头，劳动生产率有所增长。从 2003—2005 年，美国经济增长平均保持在 3.5% 以上。但是，2008 年由信贷危机而引发的全球金融危机，对美国乃至全球的经济造成了严重的冲击。金融危机使得经济增长率下降，失业率一直攀升。

但在美联储庞大货币刺激政策和美国政府财政刺激措施下，美国金融系统、房市和劳动力市场较快地稳定下来。金融危机后的一年半，美国经济出现复苏的势态，制造业最先复苏，随即消费市场出现好转，经济下滑速度明显放缓，种种迹象表明美国经济正在走出衰退。2010 年第四季度，美国经济恢复到 2007 年第四季度的水平。美国经济由复苏进入扩张，预示着新的经济周期正在逐渐展开。

(2) 全球战略目标的转变

与克林顿政府将外交经济关系作为政策的核心不同，小布什政府将国家安全列为全球战略的首要目标，对外政策、国防和战备成为政策的核心，主要集中于打击恐怖主义和伊斯兰极端势力，确保美国在国际上的领先地位。2002 年 9 月发表的《国家安全战略报告》中，将恐怖主义和大规模杀伤性武器及其技术的结合确定为美国所面临的"最严重威胁"，提出美国"最迫切的任务"是"摧毁全球范围内的恐怖主义组织以及任何试图获得或使用大规模毁灭性武器及其制造材料的恐怖主义分子或支持恐怖主义的国家"。[①] 在"9·11"事件后，美国发动伊拉克战争，用武力推翻了萨达姆政权，继而又将防止大规模杀伤性武器扩散的目标扩大至伊朗和朝鲜两个国家，美国的国家安全战略开始向更强硬的方向转变。布什政府大

---

① The White House，*The National Security Strategy of the United States of America.* 2002.

幅增加军费，用于购置新式武器、在中亚等地部署新的海外军事等。

但在奥巴马总统上任不到一年的时间里，奥巴马政府不再将反对恐怖主义的全球战争作为美国政策的核心，加上金融危机对美国经济的打击，因而主要将目光放在国内的经济问题。为应对金融危机所引发的经济衰退，政府连续推出救市措施，通过了 7800 亿美元的救市方案，大规模注入救助资金。因此，财政刺激政策和宽松的信贷政策对美国经济的复苏起到了直接的刺激作用。

2. 教育背景

进入新世纪后，美国基础教育面临一些问题和挑战，构成了制约基础教育改革和发展的阻力与动力因素。这些问题和挑战也是 21 世纪第一个十年美国基础教育政策制定和调整的重点。

金融危机所造成的经济衰退给美国教育带来了巨大的挑战，教育投入减少，教师面临失业的困境，部分学校一度无法维持。但是，奥巴马政府的财政刺激政策和宽松的信贷政策也包括为教育提供巨额资助，用于学校建设和提高教师素质等方面，又推动了美国学校的改革和发展。

（1）教育质量和学生成绩差距的问题

20 世纪 80 年代以来，教育质量已成为美国基础教育最突出的问题。例如，许多学生到四年级还不具备正常的阅读能力。正如联邦教育部部长派格（Rod Paige）所说的，有近 70％的学生达不到基本的阅读水平。① 美国学生的成绩在国际比较中的差距依然存在，八年级和十二年级的成绩水平落后，尤其是十二年级的成绩水平是世界最差的。许多学生在进入大学后不得不先接受预科性的补偿教育，以适应大学的学习需要。

此外，美国各个阶层和群体之间的学生成绩形成了很大的鸿沟。富裕家庭和贫穷家庭的学生之间、白人与少数民族学生之间、领先的学生和有落后倾向的学生之间的成绩差距也很明显。

---

① U. S. Department of State, *Annual Back-to-School Speech by US Secretary of Education* ［EB/OL］. http：//usinfo. state. gov/usa/edu/paige904. htm. 2009-10-8.

（2）教育管理体制僵化和公共教育资源浪费

长期以来，由于美国联邦政府只关注投入而不问效果，加上教育管理体制僵化和管理不善，造成一些好的项目不能持续运行，大量的教育项目也未能取得预期的效果，因而造成公共教育资源的浪费。自1965年《初等和中等教育法》颁布以来，联邦政府投入近1300亿美元，用于改善美国公立学校和补偿弱势群体学生的教育，然而，这一巨额投入并未达到预期的目标，学生成绩的差距分化依然十分严重。

（3）持续增长的入学率和学生多样性的需要

自20世纪90年代开始，入学率持续增长，给美国学校教育带来很大压力。据人口普查局预测，美国的出生率将持续增长，至少到2028年出生的数量将不会减少。[①] 出生率的持续增长，意味着学校入学率的增长，这就要求增加教师的数量，同时要求联邦政府为州和地方提供更多的技术和经费支持。

此外，学生多样性的需要日益增长，给美国学校教育带来了挑战。非洲裔美国学生已是最大的少数民族群体（占学生总数的17%），但增长最快的群体是西班牙裔学生和亚洲裔学生（分别占学生总数的14%和4%）。母语不是英语的少数民族学生也受到英语熟练程度的限制。此外，《残疾人教育法》要求学校接受残疾学生，这就要求在正规班级中增加需特殊教育的学生。因此，美国基础教育要满足学生多样性的需要。

## 二、基础教育理念

21世纪第一个十年美国的基础教育理念基本上延续了上一个时期的特点，是20世纪中后期各种基础教育理念在新世纪的继续发展。其中，最值得关注的是小布什和奥巴马两位总统的基础教育理念。基于国家经济发展和国际竞争力，他们都非常注重基础教育改革，对这一时期的基础教育政

---

① U. S. Census Bureau, *National Population Projections*：2000 *to* 2100, Washington, D. C.：2000.

策带来重要的影响。此外，这一时期的代表人物还有教育家吉鲁。

### 1. 小布什：不让一个孩子掉队

乔治·沃克·布什（George Walker Bush），习称"小布什"。在 2000 年 11 月的美国总统选举中，小布什当选为美国第 54 届总统。2004 年 11 月 3 日他又竞选连任获胜，当选为美国第 55 届总统。在凝聚全民共识的基础上，小布什亲自推动和主导通过《不让一个孩子掉队法》等两项教育法案，是 21 世纪美国基础教育改革和发展的纲领性文件，对于美国基础教育政策发展具有划时代的意义。他的以"不让一个孩子掉队"为核心的教育理念，是具有里程碑意义的教育战略思想。因此，小布什也被称为"教育总统"。

（1）政府应该重视基础教育改革

小布什十分重视基础教育改革。早在担任得克萨斯州两届州长的任期内，他就主张增加特许学校的数量，所有学校三年级的学生必须学会识字。此外，在州立法机构的配合下，他对该州的学校推行了可量化的评价机制，利用标准化考试来检测州内学校的实际改善程度。因此，使得得克萨斯州的基础教育有了较大改观，创造了"得州教育神话"。后来，在总统竞选中，小布什充分利用直接领导教育改革这一优势，向民众宣传他的教育改革理念以及他在得克萨斯州的教育成就，并提出了详细的教育改革计划，最终赢得大选。在竞选期间小布什有关教育的演讲表明，从来没有一位总统候选人像他那样对教育问题给予这样认真的关注。当选为总统后，小布什将其教育改革的理念推广至全国，更加强调联邦政府在教育中的作用。他强调说："我们要共同努力，健全美国的学校教育，不能让无知和冷漠吞噬更多的年轻生命。对于民权和公共学校，政府将负有极大的责任。"[1] 在他看来，在发挥联邦政府作用的同时，还应赋予各州和地方教育部门更多的教育自主权，将学校的管理权从州政府移交到地方教育部门，并使联邦政府资金得到更灵活的运用。

---

① 布什：《布什就职演说》，2006 年 8 月 28 日。

（2）每个人都有成功的机会

小布什信奉平等是美国最崇高的理念。在总统就职演说中，他强调说："这些理想中最伟大的部分正在慢慢成为美国的承诺，这就是：每个人都有自身的价值，每个人都有成功的机会，无人天生卑贱。我郑重宣誓：我将竭力建设一个公正、充满机会的独立国家。"① 小布什主张帮助弱势群体学生，尤其是西班牙裔和黑人等少数民族学生，消除来自于不同社会背景的孩子的成绩差距。无论种族、家庭收入等因素，所有学生都应接受高质量教育。在他看来，失败的教育、潜在的偏见和出身的环境限制了一些美国人去实现他们的理想。小布什在告别演说中也提到，所有学生在公立学校受到更好的教育是其任期内的重要工作。

（3）提高公立学校的教育质量

小布什认为，公立学校的质量直接影响到包括家长、学生和其他公民的每一个人，因此，必须提高公立学校的教育质量。为此，联邦政府在提高公立学校教育质量和促进基础教育公平中发挥作用。他强调指出："如果我们的国家不能承担起教育每一个儿童的责任，那么我们就可能在其他领域遭遇挫折。但是，如果我们成功地教育了我们的年轻人，在国家和民众生活中将会有许多其他方面的成功接踵而来。"② 为保障联邦教育政策有效实施，小布什强调教育责任和绩效，通过大量的测试和严格的标准来判定教育质量的高低；强调每个教育部门的责任都要与绩效相关联，对于未达到标准的学校给予强制的惩罚措施。

（4）提高所有学生的学业成绩

小布什主张提高所有学生的学业成绩。他指出："有人认为让处于弱势地位的儿童达到既定的严格标准是不公平的，而我认为，对他们降低要

---

① 布什：《布什就职演说》，2006 年 8 月 28 日。

② George W. Bush, *No Child Left Behind*, *President Bush's Education Reform Plan* [EB/OL]. http：//www2. ed. gov/nclb/overview/intro/presidentplan/page _ pg2. html. 2011-2-19.

求则恰恰是对他们的一种歧视——对他们的这种低期望是一种无形的偏见。"① 在学业成绩中，特别强调提高所有美国学生的阅读能力。小布什曾指出，美国在阅读科目方面教育的不平等，使得部分学生的阅读能力低下。因此，通过提高学生的阅读能力，可以全面提高所有学生的教育质量。在 2001 年向国会提交的《不让一个孩子掉队》的教育改革计划中，小布什提到美国学生阅读教育的不平等："美国有太多的孩子因期望值低、识字少和缺乏自信而被隔离开来。在劳动力技能要求日益复杂化而且不断变化的世界里，仅就识字而言，孩子们正落在后面。"② 在清华大学的演讲中，他也提到小学生的阅读能力问题："现在美国一个比较令人遗憾的事实，就是现在在美国有一些四年级的小学生，没有办法达到他们那个年级的阅读能力。"③ 在小布什看来，作为基础性能力，阅读能力对学生以后发展和成功的重要性，甚至提高所有学生的阅读能力对于整个国家的意义，因为这对美国来说是一条死路。

### 2. 奥巴马：确保所有学生接受全面教育

奥巴马（Barack Hussein Obama）是美国历史上第一位非洲裔总统。作为民主党总统候选人，奥巴马在 2008 年大选中当选为美国第 56 届第 44 任总统。奥巴马总统在演讲和政策文件中多次提及教育公平的问题，强调教育应该面向所有学生，不受种族、信仰、收入等的限制。他的教育理念围绕着关注弱势群体学生和提高公立学校教育质量、公平分配高素质教师而展开，以期使每一个学生获得成功的机会，对当今美国的基础教育政策产生了极大的影响。

（1）为所有儿童提供世界一流的教育

从奥巴马关于教育的演讲中，清晰可见他对基础教育公平和教育质量

---

① ［美］《美国教育部 2002—2007 年战略规划》，吕达、周满生：《当代外国教育改革著名文献》（美国卷·第四卷），北京：人民教育出版社 2004 年版，第 226 页。

② George W. Bush, *No Child Left Behind*, *President Bush's Education Reform Plan* [EB/OL]. http://www2.ed.gov/nclb/overview/intro/presidentplan/page_pg2.html

③ 布什：《清华大学演讲》，北京，2002 年 2 月 22 日。

的倡导。在他的竞选政纲中和 12 次教育演讲中，他强调说："每个孩子都是我们的孩子，每个孩子的教育都是我们共同的责任。"① 因此，他主张加大教育投入，以确保每个孩子的学习机会。2007 年 11 月，在第一次主题教育演讲中，奥巴马就提道："我们必须为每个孩子的成功负责。"为了美国能够在未来的全球竞争中取胜，他主张增加教育投入，提高教学质量，降低高中的辍学率。2008 年 6 月 16 日，在密执安州弗林特市的一次演讲中，奥巴马说："只有当所有美国儿童——我指的是每一个儿童——与我们的孩子一样都获得我们所期望的良好教育机会时，我们才会满意。"② 在 2009 年 3 月 10 日提出的全面教育改革计划《力争上游计划》（*Race to the Top Program*）中，奥巴马提出，教育改革计划将贯穿从摇篮到职业生涯，确保所有美国人接受全面教育。他甚至认为，应取消对特许学校数量的限制，为每一个儿童提供世界一流的教育。在 2010 年 3 月的《改革蓝图》中，奥巴马强调指出："实现更平等、更公平和更公正社会的关键是世界一流的教育，每一个美国儿童都应受到世界一流的教育。基于最高的理想，只有更好地教育每一个儿童，为每一个儿童提供世界一流的教育，才能够实现机会公平的承诺。""我们必须改革学校，以提高学生成绩，缩小成绩差距，激励儿童获得胜利。"③ 应该说，奥巴马的基础教育理念与美国的全球竞争紧密相连。他多次呼吁，通过公立学校为美国儿童提供高质量教育的机会，以此来应对全球经济的挑战。奥巴马在 2006 年的一次年会中就提到："我们清楚，在联系越来越紧密、竞争越来越激烈的全球经济中，我们要保证每一个美国人有能力接受世界级的、终生的、一流的教

---

① Linda Darling-Hammond, *President Obama and Education*: *The Possibility for Dramatic Improvements in Teaching and Learning*. Harvard Educational Review. 2009（79）: 213.

② 奥巴马：《重塑美国竞争力：我们相信变革》，北京：中信出版社 2009 年版，第 185 页。

③ U. S. Department of Education, Office of Planning, Evaluation and Policy Development, *ESEA Blueprint for Reform*. Washington，D. C.，2010: 2.

育。……我们知道，这就是我们的目标。"①

（2）缩小黑人学生和白人学生的学业成绩差距

由于奥巴马自身特殊的出身和成长背景，他非常注重对教育资源进行更公平和合理的分配。他认为，任何儿童所受的教育不应由他们父母的社会和经济地位决定，无论其家庭背景如何，所有孩子都有权利接受良好的教育。尽管 20 世纪 80 年代后美国学生完成学业的总体状况有所改善，但中等收入家庭的孩子和低收入家庭的孩子之间在完成学业方面的差异很大且越来越大。他也强调指出："在美国，近 60％的四年级非洲裔学生不具备基本的阅读能力，近 90％的八年级非洲裔和拉丁裔学生在数学运算方面还不熟练。"因此，在奥巴马看来，大幅增加教育投入，改善弱势家庭子女的教育，才能提高所有儿童的受教育水平。他特别指出非洲裔美国学生成绩不佳的现状，呼吁提高非洲裔美国学生的教育质量，缩小黑人学生和白人学生之间的成绩差距。在 "21 世纪的学生教育之道" 上的演讲中，奥巴马就明确指出："教育改革既要发生在贵族学校……也要发生在贫困学校，如纽瓦克的枝溪小学和芝加哥的卡森小学——这里的大部分孩子们都生活在贫困线以下，但变革的成果却超过了全国的平均水平。"②

（3）为学校招聘优秀教师和提升教师素质

奥巴马认为，教师因素是决定孩子们命运的重要因素，自从走进教室的第一天起，学生的成就不再取决于出身和肤色、父母、富贵与否，而是取决于他们的教师。由于教师素质的不同而带来的教学水平的差异，最后会导致学生成绩的差异。在 "21 世纪的学生教育之道" 上的演讲中，他曾提到了这样一项研究："两组数学水平相当的三年级学生，优秀教师所带的一组学生的数学成绩提高了近 25％，不合格教师带的一组学生的数学成

① Barack Obama, *Barack Obama in Take Back America Conference*, *June 14—16 2006.* ［EB/OL］. http://www.ontheissues.org/Archive/Take Back America 2006 Barack Obama.htm

② 奥巴马：《世界一流的教育——奥巴马在 "21 世纪的学生教育之道" 上的演讲》，《光荣与梦想》，北京：新世界出版社 2009 年版，第 135 页。

线绩下降了 25％。"①

因此，一是招聘优秀教师来充实贫困学校的教师队伍。奥巴马认为，要关注教师分配方面存在的问题，例如，贫困学校的教师得到的工资和资助都较少，因而部分教师在有了教学经验后就会选择待遇优厚的学校。这样，最需要受到优质教育的孩子，只能听到那些没有教学经验的和工资较低的教师讲课，并且很有可能这些教师事先没有接受过相关的培训。在对《不让一个孩子掉队法》的实施情况进行批评时，他就指出，该法案要求为所有的儿童提供高水平的教师，但到目前为止还看不到任何行动，也没有人愿意为此负责。二是提升教师的素质，以改变很多地区学校没有足够多的优秀教师的情况。奥巴马认为，以更多的资助为保障，推进优秀教师的公平分配，将合格的教师分配到师资不足的地区。他强调说："作为总统，我将保证——如果你投身教育事业，美国将会承担你的大学学费。我们将招聘数学和科学教师，派往美国城市和乡村师资不足的地区。我们将扩大有经验教师和新招聘教师'结对子'的教育监督计划。当我们的教师取得成功时，我不会只口头表扬他们的伟大，我们还将会对他们的伟大成就报以更高的薪酬和更多的支持。"② 他还提出，在落后地区建立教师协会，并与当地政府进行合作，实施新的招聘方法和为每一位教师提供培训等措施，为贫困地区学校提供更多的优秀教师。

### 3. 吉鲁：坚持民主原则的教育公平

作为批判教育学的创始人之一，美国教育家吉鲁（Henry Giroux）已出版 30 本著作和约 300 篇论文，其中有 7 本著作被美国教育学会评为年度重大书籍。其研究成果广泛涉及教育和文化等领域。21 世纪初，吉鲁被评为从皮亚杰至今 50 位现代教育思想家之一。他强调指出，公平、民权、公正和自由已成为 21 世纪美国所面临的亟待解决的问题；如果公立教育不进

---

① 奥巴马：《世界一流的教育——奥巴马在"21 世纪的学生教育之道"上的演讲》，《光荣与梦想》，北京：新世界出版社 2009 年版，第 135 页。

② 奥巴马：《重塑美国竞争力：我们相信变革》，北京：中信出版社 2009 年版，第 186页。

行改革，基础教育不公平最终将导致严重的社会不公平。

（1）新自由主义违背民主的原则

吉鲁倡导教育民主和社会民主，批评美国联邦政府在强调国家安全的同时，却忽视了包括教育在内的公共福利和社会民主，也没有致力于改善贫困和少数民族学生的状况以解决教育不平等问题。他说："对于美国这个国家乃至全世界来说，民主都是极其重要的。"① 但新自由主义的核心（即自由市场）违背了民主的原则。这种思想已经渗透到各种社会关系之中，如父母和子女、医生和患者、教师和学生之间的关系变成了供应者和消费者之间的关系，在这些众多关系中都是自由市场理念为主导。在吉鲁看来，这种新自由主义理念，破坏了社会民主、公平和自由，从而直接导致了 21 世纪以来美国一系列忽略公共利益和社会福利的国家政策。政府为了保障私人和企业的利益而抛弃了公共利益，致使贫穷、城市中的种族隔离以及富人和穷人间不平等的社会问题进一步恶化。因此，吉鲁说："教育作为一种公共领域，旨在培养批判的公民，在生活中注入民主的概念，发展正义、自由和良好生活的社群。"② 但在教育领域，为了在全球市场竞争中取胜，教育从属于市场规则实际上严重破坏了教育公平的原则。

（2）联邦教育拨款的减少增加了教育的不公平

吉鲁认为，从社会民主和社会平等的角度，美国政府在"9·11"事件之后片面强调对外的反恐战争，从而忽视了国内的民主。造成基础教育不公平的原因之一是联邦教育经费的减少。由于小布什政府的政策强调国家安全，因而不断增加军费开支，相应地减少了国内教育、卫生和其他公共服务的财政拨款。例如，联邦政府计划花费 4000 亿用于资助伊拉克战争和接下来的军事占领，仅有 160 亿用于包括教育在内的公共福利项目。同时，还带来州和地区经济资源的减少，造成了大量的失业人口，这致使贫

---

① Carlos A. Torres, *Education, Power, and Personal Biography: Dialogues with Critical Educators*. New York: Routldge, 1998: 140.

② 谭光鼎、王丽云主编：《教育社会学：人物与思想》，上海：华东师范大学出版社 2009 年版，第 479 页。

困家庭和失业者的子女的教育得不到保障，因而造成了极大的教育不公平。吉鲁还指出，联邦政府减少了对于富人和私人企业的税收，因而使得州政府不得不在卫生、公共福利和教育方面减少财政拨款。这些财政政策意味着，在受教育方面，1100 万儿童由于贫穷而得不到接受更好教育的机会，使得穷人更穷而富人更富，最终将破坏整个社会的公平。总之，正是军费开支增加和税收减少的政策，致使忽略了美国社会中的不平等、贫困、种族等一系列问题，包括教育在内的公共项目受到了严重的限制。因此，在教育领域，政府的政策严重影响了教育公平。

（3）问责制和标准化测试损害了教育公平

吉鲁认为，作为民主的公共领域，学校应该提供重要的公共服务。"学校应该是在一个公正的社会内的个人和群体授权和解放他们的场所。"[1]但是，美国学校教育中依然存在着种族隔离和惊人贫困的状况。通过分析后，他指出，因为政府在不能解决公立学校公平问题的状况下容忍了对于公立教育的不公平拨款问题，所以，在 21 世纪的美国联邦基础教育政策中，强调对于公立学校的问责制和对于学生的标准化测试。尽管小布什政府试图借助于《不让一个孩子掉队法》来解决公立学校的教育公平问题，但这一法案并没有很好地推进教育公平。在标准化测试中，相对于黑人学生和拉丁裔学生，白人学生继续保持了其领先的优势。因此标准化测试的政策实际上造成了黑人学生和拉丁裔学生在基础教育方面新的不利，损害了对贫困学生和少数民族学生的教育公平。由此，吉鲁指出，"不让一个孩子掉队"应该理解为"不让一个孩子免于测试"。[2]

## 三、基础教育政策目标与策略

进入 21 世纪之后，美国联邦政府有针对性地进行了基础教育改革，主

---

[1] 转引自乔伊·帕尔默：《教育究竟是什么？100 位思想家论教育》，任钟印、诸惠芳译，北京：北京大学出版社 2008 年版，第 669 页。

[2] Henry Giroux. *Challenging Neoliberalism's New World Order：The Promise of Critical Pedagogy*. Cultural Studies— Critical Methodologies，2006 (6)：26.

要围绕对《初等和中等教育法》的重新修订和对原有的教育项目进行重新审视这两个方面，对联邦基础教育政策着手进行新的调整。在 21 世纪第一个十年中，美国制定了一系列有关基础教育改革的文件。在短短十年间，如此密集地颁布了六个教育法案和战略规划，掀起了新一轮的基础教育改革，其目标就是追求每一个学生都有机会成功，凸显了 21 世纪美国基础教育政策的核心。当然，在"9·11"恐怖袭击事件后不久，美国面对新形势也及时对教育政策作出调整和对教育战略进行修订。总的来讲，美国政府的教育方针是：美国经济未来的关键，基于为所有儿童提供高质量的教育；美国经济的竞争力和实现美国梦的道路，依赖于给每一个儿童提供将使他们能够在注重知识和创新的全球经济体系中获得成功的教育。

这一时期，美国基础教育政策主要体现在 2000 年的美国国家教育技术计划《数字化学习》、2002 年的《不让一个孩子掉队法》、2002 年的《美国教育部 2002—2007 年战略规划》、2007 年的《美国教育部 2007—2012 年战略规划》、2009 年的《美国复苏与再投资法案》以及 2010 年的《改革蓝图》上。基于追求每一个学生都有机会成功的目标，这一时期美国的教育法规文本凸显出以下策略：（1）保障教育平等和促进教育卓越。（2）确保所有的儿童都会有机会获得成功。（3）确保每一个中学生接受一种全面的教育。（4）设置更高的学业标准和提高全体学生的学业成绩。（5）提供高素质教师和公平分配优质教育资源。（6）建立严密而公正的问责机制。（7）使教育技术促进学生的学习和教师的教学。（8）奖励成功的学校和处罚失败的学校。（9）继续支持为家长提供学校选择的机会。（10）提供对弱势群体学生教育和特殊教育的资助。

1.《数字化学习》（2000）

早在 1996 年，美国就公布了第一份国家教育技术计划，提出了一个通过有效教育技术来广泛改进教与学的远景设想，以帮助下一代学校儿童得到更好的教育。之后，由于对教育技术的投资的不断增加，在国家教育技术目标方面已取得了显著的成就。2000 年 12 月，美国又公布了新的国家教育技术计划——《数字化学习》（E-Learning），其副题是"让所有的孩子随时都能得到世界一流的教育"。这份国家教育技术计划概括了五个新的国家教育技术目标，为的是使美国所有的教师和学生都能有机会利用新的技术，全面提高他们今天、明天和未来的教与学。正如时任美国副总统戈尔（Albert Gore，Jr.）所指出的："美国的每一个儿童都应当接受 21 世纪的教育，都应当使用 21 世纪的技术。"①

（1）"消除数字鸿沟"

《数字化学习》特别提出"消除数字鸿沟"，即社会—经济和种族之间在使用教育技术上的差距，在教育技术上优先资助最贫困地区和农村地区的学生。随着信息技术的飞速发展并日益成为人们生活中重要的工具，以及美国参与国际科技竞争的需要，美国将数字化学习作为达成教育公平和教育质量目标的主要策略之一。同时，针对家庭收入的因素决定学生在家里拥有计算机的可能性，造成在新的科学技术上受教育机会的不平等，联邦政府应该对所有学生加强计算机和其他新技术的教育。

（2）使教育技术促进所有学生的学习

《数字化学习》明确提出，应该使教育技术促进所有学生的学习，提高所有学生的学习成绩。具体目标是：所有的学生和教师都能在教室、学校、社区和家庭中使用信息技术，所有的学生都要具备信息技术方面的知识与技能。因此，通过应用教育技术促进学习，可以帮助学生充分理解难懂的概念，帮助学生专注学习，给学生提供访问的信息和资源，更好地满足学生的个别需要。

（3）使教育技术改进教师的教学和提高教学质量

《数字化学习》还明确提出，应该使教育技术改进教师的教学和提高教学质量，以确保国家拥有一支强大的 21 世纪的教师队伍。具体目标是：所有的教师都将有效地帮助学生达到较高的学业标准。它不仅要向教师提供足够的教育技术应用的机会，而且要加强对新教师如何使用教育技术的

---

① ［美］《数字化学习》，吕达、周满生主编：《当代外国教育改革著名文献》（美国卷·第三卷），北京：人民教育出版社 2004 版，第 268 页。

培训。

《数字化学习》这份国家教育技术计划提出了 21 世纪美国教育技术发展的远景设想，强调教育技术必须放在国家的优先位置和作为教育工作的核心，必须作为学校改革与提高教学工作的中心。它在教育技术的发展和应用上凸现了促进教育公平和提高教育质量的政策，希望通过教育技术的广泛和公平的使用，使所有的孩子随时都能得到世界一流的教育。

### 2.《不让一个孩子掉队法》（2002）

20 世纪 90 年代美国教育改革用国家标准来测量的结果表明，既没有提高教育质量，也没有缩小来自不同背景、不同地区的学生学习成绩的差距，而且贫困儿童也没有得到优质的教育。因此，2001 年 1 月 23 日，美国新任总统乔治·沃克·布什（Geoge Walker Bush）向国会提交了一份题为《不让一个孩子掉队法》的里程碑式的教育计划，这是他上任后的第一份立法动议。美国国会于 2002 年 1 月 8 日通过（107—102 法案），略有改动并增加了"对印第安、夏威夷、阿拉斯加土著的教育"等章节。该教育法案全名为《借助绩效责任、灵活性与选择，保证不让一个儿童掉队》（*To Close the Achievement Gap with Accountability，Flexibility，and Choice，So That No Child Is Left Behind*），① 通常简称为《不让一个孩子掉队法》（*No Child Left Behind Act*）。其主要任务是赋予州政府更强的绩效责任、扩大家长对子女教育的选择权、增加教育行政的弹性和地方控制等三个方面。乔治·沃克·布什总统在签署此教育法案时宣称："一个新的时代开始了，我国公共教育的新时代。从此刻起，美国的学校将走上一条新的改革之路，一条新的关注结果的改革之路。"② 在"前言"中，总统乔治·沃克·布什强调指出："如果我们国家不能承担起教育每个孩

---

① Andrew Rudalevige, *Accountability and Avoidance in the Bush Education Plan*：*The No Child Left Behind Act of* 2001, Cambridge, Mass.：Program on Educational Policy and Governance, Harvard University, 2002.

② ［美］《不让一个孩子掉队法》，吕达、周满生主编：《当代外国教育改革著名文献》（美国卷·第四册），北京：人民教育出版社 2004 年版，第 216 页。

子的责任，我们就有可能在其他领域遭到挫折。……公立学校的使命就是塑造来自不同背景、不同地区的每个孩子的思想与品格。"① 布什总统在签署仪式上也说："我们国家的公立教育开始了一个新时代，一个新纪元……美国的学校将走上一条新的改革之路，一条新的结果之路……从而确保美国的每一名儿童受到一流的教育。"②

（1）确保所有的儿童都会有机会获得成功

《不让一个孩子掉队法》明确规定，要转变联邦政府在教育中的作用，不让一个孩子掉队，使每个孩子都受到发挥其全部潜能的教育。因为"确保所有的儿童，无论其背景如何，都会有机会获得成功，是联邦政府在教育中的主要责任"③。总之，优秀的学校应该遍及美国的一个城市每一个社区，不应该有一个孩子被放弃，因为每一个孩子都是重要的，每一个孩子都是有学习能力的。

因此，该教育法案确立了缩小学习成绩差距的策略。其中包括：把阅读放在首位来提高读写能力；增加灵活性，减少官僚主义；奖励成功和处罚失败；帮助家长作出明智选择；提高教师质量；建立更为安全的 21 世纪的学校等方面的政策。

（2）提高所有学生的学业成绩

在改进处于劣势地位儿童的学业成绩上，《不让一个孩子掉队法》规定，联邦政府能够而且必须帮助缩小处境不利学生与同龄人之间的学习成绩差距，州、学区和学校必须负责保证所有学生包括处境不利学生达到较高的学业标准。同时，要求学校的目标必须明确，便于测评，并以基本技能和必要知识为重点；要求保证每个孩子每年都能达到目标；要求州制定学生应该掌握的阅读和数学标准；要求各州必须建立一套奖惩制度，以使

① ［美］《不让一个孩子掉队法》，吕达、周满生主编：《当代外国教育改革著名文献》（美国卷·第四册），北京：人民教育出版社 2004 年版，第 192 页。
② 张维平、马立武：《美国教育法研究》，北京：中国法制出版社 2004 年版，第 251 页。
③ ［美］《不让一个孩子掉队法》，吕达、周满生主编：《当代外国教育改革著名文献》（美国卷·第四册），北京：人民教育出版社 2004 年版，第 202 页。

学区和学校在提高学业成绩方面承担起责任。具体方案是："对 3—8 年级的每一个学生进行年度测评。每年的阅读和数学测验将为父母提供需要的信息，让他们了解孩子在学校的学习情况，以及学校对孩子进行教育的情况。各州可以有充分的时间规划、实施选择和设计适当的测验。唯一的要求是对学生成绩进行逐年比较。"①

在通过高标准和教学效能核定来实现平等上，该教育法案规定："联邦政府能够而且必须帮助缩小处境不利学生与同龄人之间的成绩差距。""州、学区和学校必须负责保证所有学生，包括处境不利学生达到较高的学业标准。"因此，必须使所有学生包括处境不利学生每年在学习上能获得足够的进步，学生成绩必须按照种族、民族、英语能力、能力和社会—经济地位等分类公之于众。

在通过把阅读放在首位来提高读写能力上，该教育法案提出："政府承诺要保证每个孩子在三年级时能够阅读。"美国所有学校的每个教室都能应用"阅读第一"行动研究，"保证更多的孩子接受有效的阅读教学，意味着更多的孩子能在落后太远之前得到帮助"②。因此，必须创设全州范围内的广泛的阅读计划，并给各州和学校提供相关的经费。

（3）奖励成功的学校和处罚失败的学校

为了奖励成功的学校和处罚失败的学校，《不让一个孩子掉队法》规定，对缩小学习成绩差距的州和学校给予奖励，其中设立"不让一个孩子掉队学校奖"。"所有在提高不利学生成绩方面取得最大进步的成功学校，将获得承认并授予'不让一个孩子掉队'奖金。""各州必须建立一套奖惩制度以使学区和学校在提高学业成绩方面承担起责任。"③ 如果某州未能达到学习成绩目标，将会减少其行政开支经费；如果某学校连续三年未能使

① ［美］《不让一个孩子掉队法》，吕达、周满生主编：《当代外国教育改革著名文献》（美国卷·第四册），北京：人民教育出版社 2004 年版，第 197 页。
② ［美］《不让一个孩子掉队法》，吕达、周满生主编：《当代外国教育改革著名文献》（美国卷·第四册），北京：人民教育出版社 2004 年版，第 199 页。
③ ［美］《不让一个孩子掉队法》，吕达、周满生主编：《当代外国教育改革著名文献》（美国卷·第四册），北京：人民教育出版社 2004 年版，第 194—197 页。

处境不利学生每年取得必要进步，将会被采取适当行动。

对于改进未取得进步的学校，该教育法案做了详细的规定："一个学年中没有取得足够年度进步的学校和学区将被学区或州认定为需要改进。被认定后，这些学校将立即得到帮助来提高成绩；如果被认定的学校两年后仍然没有取得足够的年度进步，学区必须采取矫正行动，为落后学校的所有学生提供进入公立学校的选择机会。""如果学校三年后还没有取得足够进步，学校中处境不利学生可以转到成绩更好的公立或私立学校，或择校接受额外的教育服务。"①

（4）注重提高教师质量和教师培训

《不让一个孩子掉队法》明确提出："各州和地区将赋予使用联邦经费的灵活性，更为注重教师质量的提高。期望各州能保证其所有的孩子都能接受高水平教师的教学。"② 因此，各州将加强培养、招聘和培训高素质的教师，使教师质量得到改进，保证所有孩子都有好教师教，并制定一项计划确保实现这一目标。同时还提出，要为出色的教师提供奖励经费以及税收减免，并为家长提供有关教师质量的信息。具体要求是：2005 年至 2006 年，州的每个教师具备可以教授核心学术课程的高质量的教师。"高质量"意味着，教师具有完全的资格、学士学位和熟练的学科知识和教学技能。正如美国教育学者麦吉恩（Patrick J. McGuinn）指出的："教师的高质量意味着他们具有完全的资格、学士学位和熟练的学科知识和教学技能。《不让一个孩子掉队法》还要求各州必须设定相应的时间表以逐步实现这个目标，并要求根据《初等和中等教育法》第一编（Title I）雇佣高质量的教师。"③

---

① ［美］《不让一个孩子掉队法》，吕达、周满生主编：《当代外国教育改革著名文献》（美国卷·第四册），北京：人民教育出版社 2004 年版，第 198 页。

② ［美］《不让一个孩子掉队法》，吕达、周满生主编：《当代外国教育改革著名文献》（美国卷·第四册），北京：人民教育出版社 2004 年版，第 196 页。

③ Patrick J. McGuinn, *No Child Left Behind and The Transformation of Federal Education Policy*, 1965—2005, Kansas：University Press of Kansas, 2006：178.

（5）帮助家长作出明智的选择

《不让一个孩子掉队法》指出，应该公布更多有关学校质量的信息，帮助家长作出明智的选择。它规定："在掌握信息的情况下，家长是教育责任制最重要的力量，在选择权的帮助下，他们能保证其孩子尽可能得到最好、最有效的教育。"① 因此，家长可以通过查询一所学校的各类学生群体的学生成绩报告卡，来了解自己孩子的情况以作出明智的选择。如果自己的孩子在一所长期处于尚待改进的学校学习，家长可以为自己的孩子选择更好的学校学习；如果自己的孩子在一所被确定为需要改进的学校就读，家长有权将自己的孩子转到更好的公立学校或公立特许学校就读。为此，联邦教育部将扩大家长选择和革新的尝试以及为有关择校效果的研究提供专项资助。

（6）关注特殊儿童的教育需求

在为土著美国人重建学校上，《不让一个孩子掉队法》提出，联邦政府对此负有特定的义务，并特批资助来加强这些学校的建设。

在残疾学生教育上，该教育法案提出，应该为残疾学生增加联邦政府的拨款，以减少地方政府和学校在满足残疾学生特殊需要方面的负担。

在双语教育和移民教育方面，该教育法案提出，为英语熟练程度有限的学生和移民学生提供语言教学。

《不让一个孩子掉队法》的颁布标志着35年以来美国联邦教育政策的一项重大改革。它是在新世纪对1965年《初等和中等教育法》的发展，兼顾教育公平与教育质量，并把提高所有学生的教育质量作为最终目标。它强化了联邦政府在教育上的责任意识，加强了联邦政府在教育事务中的作用，承担起保证让每个孩子都有学习机会和成功机会的责任，改善了少数民族和弱势群体的中小学教育，缩小了来自不同背景、不同地区的学生之间的教育差距，从而对促进教育公平和提高教育质量起着重要的推动作

---

① ［美］《不让一个孩子掉队法》，吕达、周满生主编：《当代外国教育改革著名文献》（美国卷·第四册），北京：人民教育出版社2004年版，第203页。

用。《不让一个孩子掉队法》首次以法律的形式确立了联邦政府在全国教育事务中的领导作用，极大地提升了联邦政府在公共教育中的地位，并标志着美国全国性基础教育政策的正式形成。在某种程度上，《不让一个孩子掉队法》弥合了民主党与共和党两党在基础教育政策的基本问题上的分歧，一致赞同将促进教育公平和提高教育质量作为基础政策目标。在 2002 年 7 月的全国教育政策论坛上，各州州长和教育主管等研讨了该教育法案的实施。全国教育进展评议处（NAEP）于 2005 年 7 月发表的研究结果表明，在《不让一个孩子掉队法》颁布后，美国全国范围内的学生成绩有了上升，基础教育阶段学生的阅读和数学成绩达到了有史以来的最高程度，各民族学生之间的差距也达到最小。①

3.《美国教育部 2002—2007 年战略规划》（2002）

在刚刚进入 21 世纪的 2001 年，美国联邦教育部就发表了《2001—2005 年战略规划》（The 2001—2005 Strategic Plan）。该教育发展战略规划主要基于当时美国教育的现实问题，围绕其中心使命，设定了 2001—2005 年间美国教育部的四大战略目标。提高教育质量（所有学生的学业成绩）和促进教育公平（所有学生的学习机会）成为美国政府制定教育战略的重点和目标。但在该战略规划发表后不久，美国发生了震惊全世界的"9·11"恐怖袭击事件。于是，美国教育部根据新的国际和国内形势对《2001—2005 年战略规划》进行了重新修订，并于 2002 年 3 月 7 日公布了一份新的教育发展战略规划，即《美国教育部 2002—2007 年战略规划》（U. S. Department of Education Strategic Plan：2002—2007）。

《美国教育部 2002—2007 年战略规划》主要是为全面贯彻《不让一个孩子掉队法》而制定的，是对美国教育的新战略框架的更为精细的构建。该战略规划提出了六个战略目标：创建业绩文化；提高学生的学业成绩；建立安全的学校和培养学生坚强的品格；将教育转变成有科学证据支持的

---

① U. S. Department of Education. *No Child Left Behind Act Is Working*. http：//www. ed. gov/nclb/overview/importance/nclbworking. html.

领域；提高高等教育和成人教育途径的质量；创建教育部的卓越管理。

（1）保障教育平等和促进教育卓越

《美国教育部 2002—2007 年战略规划》再次明确美国教育部的使命是：在全国范围内保障教育平等和促进教育卓越。该战略规划的"引言"指出："我们的教育体系为一部分孩子提供了很好的教育，他们的成功证明我们拥有许多优秀的教师和管理者。我们需要帮助整个教育体系认同、崇尚并效仿这种成功。但是我们不能满足于拥有这些优质教育的一个个岛屿。这样的公立学校应该遍及美国的每一个城市和社区。不应有一个孩子被放弃，因为每一个孩子都是重要的，并且是每一个孩子都有学习的能力。"在"部长声明"中，美国联邦教育部长罗德里克·佩奇（Roderick Paige）也指出："教育是国家需优先发展的紧要任务之一，而且比从前更为紧要。""我们承诺，改善教育质量，提高我们对学生所能够达到的成就的预期。我们承诺，不让一个孩子掉队。"①因此，将创建一种以成效问责、灵活与地方控制、扩大家长选择、使用基于科学研究的教学方法为特点的文化。我们要改变一种绝对错误的理念，即一些孩子特别是一些低收入家庭和少数族裔家庭的孩子不能学会具有挑战性的知识内容。

（2）提高全体学生的学业成绩

《美国教育部 2002—2007 年战略规划》提出，学校应该负起全体学生学业成绩的责任，通过将阅读置于优先地位、扩展高质量的数学和科学教育、进行高中改革和提高教师与校长的质量，改善所有群体学生的学业成绩，从而缩小学业成绩的差距。

其具体目标是：确保所有学生在三年级时都能达到本级水平的阅读能力。这一目标是《不让一个孩子掉队法》中已设定的目标。为了实现这一目标，"我们必须确保阅读教学以扎实的科学研究为基础，我们要充分地理解构成良好阅读教学的五个组成部分，并充分认识到早期认知开发的重

---

① ［美］《美国教育部 2002—2007 年战略规划》，吕达、周满生主编：《当代外国教育改革著名文献》（美国卷·第四册），北京：人民教育出版社 2004 年版，第 215 页。

要性。"① 同时，还将鼓励各学校对有阅读困难的学生进行早期确认并用基于研究的手段进行干预，确保英语学习能力不足者达到严格的标准。英语水平有限的学生在到达美国后的三年内要参加州阅读评估（英语），在这之前他们要用母语接受州评估，教育部将支持就如何提高英语技能、水平和成绩而开展的有效策略研究。"我们将提高所有学生的阅读能力，包括来自少数民族和低收入家庭的儿童、英语学习能力不足以及残障儿童。"②除外，该战略规划还提出，提高全体学生的数学和科学成绩的目标。"让学校担负起提高全体学生数学成绩和科学成绩的责任；将接受特殊教育的学生和英语学习能力不足者纳入各州数学评估；支持教师职业素质的提高，为急需数学和科学教师的学校招收新的师资。"③

联邦教育部试图提高所有学生的成绩，并通过三年一次的教育进步评估，检测学生的核心科目成绩的进步状况，确保所有学生获得高质量的教育机会。同时，通过教育补偿等政策，以弱势群体学生更高的进步比率，来缩小各群体学生之间的成绩差距。

（3）建立安全的学校和培养学生坚强的品格

《美国教育部2002—2007年战略规划》明确提出："政府部门要致力于维持一个安全的、远离毒品的环境，让每个孩子都能够学习。"④ 因此，要发起一场全国性运动，在学校课程中促进学生品格的发展和公民意识的培养。

① U. S. Department of Education, Office of the Deputy Secretary, Planning and Performance Management Service. *U. S. Department of Education Strategic Plan*, Washington D. C., 2002：20.

② [美]《美国教育部2002—2007年战略规划》，吕达、周满生主编：《当代外国教育改革著名文献》（美国卷·第四册），北京：人民教育出版社2004年版，第227页。

③ U. S. Department of Education, Office of the Deputy Secretary, Planning and Performance Management Service. *U. S. Department of Education Strategic Plan*, Washington D. C., 2002：24—25.

④ [美]《美国教育部2002—2007年战略规划》，吕达、周满生主编：《当代外国教育改革著名文献》（美国卷·第四册），北京：人民教育出版社2004年版，第244页。

（4）提高教师和校长的素质

《美国教育部 2002—2007 年战略规划》提出，将通过招募高素质的新教师、为现任教师的专业发展提供有利的机会等措施，以确保每所学校的每间教室都有高素质的教师，以此来提高学生的学习成绩。对于学生成绩已经落后在其他学校后面的学校来说，这一点是至关重要的。同时还提出："要致力于加强学校领导队伍素质的提高，因为从研究和实践中我们已经知道出色的校长对于学生成绩的提高是甚为关键的。"①

（5）继续支持为家长提供学校选择的机会

《美国教育部 2002—2007 年战略规划》提出，将继续实施《不让一个孩子掉队法》的内容，支持州和地方政府为家长提供学校选择的机会。"我们将鼓励各州和地方社区提供学生本学区之外的选择机制并开发特许学校法律和制度。"② 同时将继续支持面向所有的学生的，包括特许学校在内的公立学校选择政策。因此，"陷于失败或不安全学校的孩子将拥有加入好的公立学校（包括特许学校）或使用联邦资金接受私立教育的机会。公立学校的选择机会，包括特许学校，将获得强大的支持。教育部还将与国会合作，将更多的父母选择、参与、信息提供贯彻到所有联邦教育项目及税则中去。"③ 还将继续支持特许学校，将启动资金和设施使许多高质量的特许学校能够发展起来；将与各州合作，确保陷入失败或不安全学校的孩子有机会转到好的公立学校（包括特许学校），或者使用联邦资金获取补充教育服务。

为了向家长提供更多有关学校的信息和选择，该战略规划还提出，通

---

① U. S. Department of Education，Office of the Deputy Secretary，Planning and Performance Management Service. *U. S. Department of Education Strategic Plan*，Washington D. C.，2002：40.

② ［美］《美国教育部 2002—2007 年战略规划》，吕达、周满生主编：《当代外国教育改革著名文献》（美国卷·第四册），北京：人民教育出版社 2004 年版，第 223—224 页。

③ U. S. Department of Education，Office of the Deputy Secretary，Planning and Performance Management Service. *U. S. Department of Education Strategic Plan*，Washington D. C.，2002：14.

过学校做报告卡片和创建便于使用的在线数据库等方式，公布学校信息和家长的选择，帮助家长为孩子选择学校时作出明智的选择。

《美国教育部 2002—2007 年战略规划》体现了 21 世纪初美国教育改革与发展的目标取向和策略体系，是这一时期美国教育政策的基础，凸现出保障教育公平和提高教育质量是美国基础教育政策两大核心主题，"平等"服务于"卓越"，"平等"在本质上是为了实现"卓越"。

4.《美国教育部 2007—2012 年战略规划》（2007）

继《美国教育部 2002—2007 年战略规划》之后，2007 年 5 月，美国教育部又公布了一份新的教育战略规划，即《美国教育部 2007—2012 年战略规划》(*U. S. Department of Education Strategic Plan*：2007—2012)。在这份战略规划的开头，美国教育部长斯佩林斯（Margaret Spellings）指出："在得到两党支持的《不让一个孩子掉队法》通过五年之后，我们坚持致力于促使我国每一个地区的教育卓越。"[1]美国教育部的声明也指出，通过激励卓越的教育和确保公平的手段，提升所有学生的学习成绩和为全球竞争做好准备。这个战略规划仍承袭《不让一个孩子掉队法》的精神，以提高所有学生的成绩，通过促进优质的教育和确保公平的入学机会，使美国为全球竞争做准备。

与《美国教育部 2002—2007 年战略规划》相比，这份战略规划在教育上确立了三个战略目标。战略目标一：通过签订国家承诺来增加联邦政府对初等和中等教育的支持，改进学生的学习成绩，到 2014 年时把所有学生的阅读和数学成绩提高到标准水平。具体包括：改进学生在阅读和语言以及数学上的成绩；提高教师的技能和素养；提供安全的、有纪律的和远离毒品的学习环境；为家长提供教育信息和理念；提高中学的毕业率；将教育转变成有科学证据支持的领域等。战略目标二：通过联邦政府对州和学区的资助、增加合格教师的人数等各种措施，提升所有中学生的学业成

① U. S. Department of Education, *Strategic Plan for Fiscal Year* 2007—2012, Washington, D. C. , May 2007.

绩。具体包括：提高中学生接受一种严格要求的课程的比例；促使所有的学生在数学和科学上更加精通；使学生精通十分需要的外语等。战略目标三：确保高等教育的机会、提供和责任，使学生和成人为就业和未来学习做更好的准备。

（1）继续提高所有学生的学业成绩

由于《不让一个孩子掉队法》在提高学生成绩和缩小成绩差距方面的积极成果，并为该教育战略提供了强有力的基础，因此，《美国教育部2007—2012年战略规划》制定将与对《不让一个孩子掉队法》法案的重新授权结合在一起，在已有成果的基础上继续提高学生的学业成绩。它要求到2014年，所有学生将熟练掌握阅读和数学，在高年级更多的学生所接受的课程应逐渐增加难度，尤其是数学和科学，为中等后教育阶段的学习做好准备。

该战略规划把更多的资源和注意力集中于高中，更多地侧重于残疾学生等弱势群体，号召学校和地区在科学方面按照高标准，确保更多的进步和有效的行动，转变持续落后的学生，以高标准教育学生。其主要实施策略是："教育部将帮助州和地方教育部门重组不合格学校，提高办学水平；支持各州实现《残疾人教育法》在阅读和数学方面的州绩效计划目标。"[①]教育部将在全国范围内鼓励低收入家庭和其他弱势群体的学生参加先修课程（Advanced Placement）和国际文凭课程（International Baccalaureate）。教育部将在州范围的评价中，收集关于残疾学生受教育和表现的数据，作为州绩效计划要求的一部分，以及按照全国教育进展评估的参照，在数学和阅读方面，达到和超越熟练水平残疾学生比例。教育部将为州在促进收集正确数据和设计正确评估、基于数据的实践、支持州绩效计划目标与促进残疾儿童阅读和数学成绩的有效策略方面，提供必要的技术支持。

---

① U. S. Department of Education，*Strategic Plan for Fiscal Years* 2007 - 2012，Washington，D. C. ，2007：4.

（2）确保给所有学生提供高素质教师

《美国教育部2007—2012年战略规划》提出，为了到2014年所有的儿童都能在阅读和数学科目上达到熟练程度，高质量和有效的教学是提高学生的学业成绩最重要的因素。为此，联邦教育部必须确保在核心科目上由高素质的教师教授，贫困家庭和少数民族的儿童不应该再由不具备资格或没有经验的教师教授。

尽管在提供高素质教师方面取得了一些进步，但《不让一个孩子掉队法》制定的到2005—2006学年所有核心科目的教师都要具有较高素质的目标还未实现。因此，该战略规划提出，州和地区在确保所有教师能胜任所教的科目方面，仍然面临着挑战。特别是对于小型的、农村初中和高中以及独立中学中的特殊教育班级，各州应该分析教师分配模式，调查贫困学生和少数民族儿童相对集中的学校和地区与富裕学校和地区的教师状况。州必须向联邦教育部提交计划，阐述特别的策略和行动来消除教师分配上的不同，确保教授核心科目的所有教师都具备很高的素质。"州将确保所有的教师具备高素质，监管各州在降低不具备资格的、经验不足的或非专业的教师教授贫穷家庭学生和少数族裔学生比率方面作出的努力。"[1] 联邦教育部将通过教师奖励基金（Teacher Incentive Fund）建立激励机制，奖励最成功的教师，吸引最好的教师去高需求的学校和急需教师的科目。

（3）支持州实施学校选择和提供补偿教育服务

《美国教育部2007—2012年教育战略规划》提出，联邦教育部将继续提供启动资金和设备资助，继续支持高质量的特许学校发展，鼓励州和社区为落后学校的儿童提供选择其他学校的机会。联邦教育部"将与州合作确保落后学校的学生有机会转入公立学校（包括特许学校），或者如果符合条件，运用联邦补偿教育服务（supplemental educational services）资

---

[1] U. S. Department of Education, *Strategic Plan for Fiscal Years* 2007—2012, Washington, D. C., 2007: 11.

金"①。联邦教育部还将支持州实施学校选择和《初等和中等教育法》所要求的补偿教育服务，确保最大数量的符合获得机会条件的学生的选择机会和补偿教育服务。在补偿教育服务上，联邦教育部将为州提供指导和技术支持，增强对家长的宣传；为教育不足的地区提供新增的补偿教育服务；通过扩大监管，实施有效的补偿教育服务和评价补偿教育服务提供者的有效性。学校选择的范围可依据州和当地的情况，州和地区应该增强提供选择的范围，并消除各种障碍，如取消对特许学校数量的限制等。

（4）提高高中学生的毕业率

《美国教育部2007—2012年教育战略规划》提出，美国所面临的最大挑战之一就是确保每一个儿童从高中毕业，做好大学和工作所需的准备。联邦教育部将支持提高现有标准，给予有需求高中的学生以更大的支持，为其完成学业提供更高质量的选择。

其主要策略是：在促进所有学生在高中阶段都取得成功方面，为高中学生增加更多的学习选择机会，帮助有辍学危险的学生和辍学学生在非传统高中获得成功的机会，为他们设置较高的期望并为他们提供达到期望所需的条件。同时，为州提供技术支持，发展学校范围内高质量的核心教学的基础和保护干预体系，确保失败学生接受早期干预，并提供特殊的教育服务。"帮助州和地区实施早期干预，使有辍学危险的学生重回正轨。教育部将支持数据体系的发展和有效使用，州和学区及早确定有辍学危险的学生，以便可以及早提供帮助。"② 此外，将重点支持特困学校，分配更多的资源给高需求的、特困的高中。

该战略规划还提出，联邦教育部将帮助州实现《残疾人教育法》和《州绩效计划》中关于辍学、毕业和中学后就业等目标。具体来说，将收集残疾学生的数据，作为州绩效计划要求的一部分；将向州提供技术帮助

① U. S. Department of Education, *Strategic Plan for Fiscal Years* 2007—2012，Washington, D. C. , 2007：14.

② U. S. Department of Education, *Strategic Plan for Fiscal Years* 2007—2012，Washington, D. C. , 2007：15.

提高其收集正确数据的能力，帮助州达到州绩效计划的目标和提高残疾学生中学后的成就。

《美国教育部 2007—2012 年战略规划》的公布，不仅明确了 2007 年以后六年美国教育的任务，而且坚持了《不让一个孩子掉队法》所确立的原则。该战略规划基本保持了《美国教育部 2002—2007 年战略规划》的政策框架，在基础教育政策上是延续的。总体看来，《美国教育部 2007—2012 年战略规划》凸显了未来美国基础教育政策的核心任务：提高所有学生（包括弱势群体学生）的学业成绩，促进教师的公平分配和改善不合格的学校，以确保所有的学生都有机会获得成功。

5.《美国复苏与再投资法案》（2009）

2009 年的金融危机引发全球性经济衰退，更直接影响了美国的教育，致使各州和地方的教育投入减少，教师面临失业困境，一些学校一度无法维持运转。正是在这种背景下，美国总统奥巴马（Barack H. Obama）2009 年 2 月 17 日签署了《美国复苏与再投资法案》（*American Recovery and Reinvestment Act*）。在延续《不让一个孩子掉队法》的精神的基础上，该法案在教育上采取一系列应急措施，目的是帮助各州和地方教育机构减少与避免因学生缩减而造成的基本教育服务的缺失。

（1）通过教育投资直接刺激美国经济复苏

《美国复苏与再投资法案》明确提出，对教育领域提供 1 400 多亿美元投入，旨在通过对教育投资，以对美国经济复苏产生直接刺激作用；同时也通过学校现代化建设项目，额外产生数以千计的建造业就业机会。其中，部分投资用于提升教师素质，促进高质量教师的公平分配，加强对弱势群体学生教育和特殊教育的资助，为弱势群体学生提供公平的学习机会。

因此，该法案规定，联邦教育部负责管理的教育投资大部分分配给各州，其中包括 130 亿美元弱势中小学生教育补助金和 122 亿美元特殊教育资金，具体由中小学教育办公室负责管理。

（2）提供对弱势群体学生教育的资助

《美国复苏与再投资法案》规定，在资助弱势群体学生的教育上，130

亿美元用于资助来自经济贫困、教育落后家庭的学生。其中，给予各州和地方教育机构 100 亿美元（Title I）补助金，50 亿美元为针对性补助金（targeted grants），50 亿美元为教育财政激励资金；另外的 30 亿美元为第一批基金所资助的学校改善条件补助金，以帮助治理低效率学校。其中包括设立"弱势中小学生教育补助金"，用于保证所有学生都平等地接受高质量教育。还有 158 亿美元的联邦学生资助金，使每位学生的助学金最多可增加 500 美元。① 它支持过渡性的双语教学，帮助那些掌握有限英语的学生继续学习，并督促学校确保他们完成学业。弱势中小学生教育补助金的提供将促进《不让一个孩子掉队法》的实施，保证所有孩子都有接受高质量教育的平等机会，以达到国家学业标准和州学业评估标准。

（3）提供对特殊教育的资助

《美国复苏与再投资法案》规定，在资助特殊教育上，联邦政府设立 122 亿美元特殊教育基金，其中 120 亿美元用于保障《残疾人教育法》的实施。旨在通过增加联邦的财政支持和促进《残疾人教育法》的实施，使各州和地方公立教育机构为残障儿童提供特殊教育及相关服务，以及督促学校为残疾学生提供更好的服务和支持来充分挖掘他们的潜力，保障残疾学生取得学业成就。通过支持过渡性的双语教学，帮助那些掌握有限英语的学生继续学习，并督促学校确保他们完成学业。

（4）实现高素质教师的公平分配

《美国复苏与再投资法案》还规定，通过奖励教师、高素质教师的公平分配，缩小学生学习成绩的差距。美国 2010 年度联邦教育预算为 467 亿美元，比 2009 年增长 2.8%，其中包括 5.17 亿美元教师奖励基金，以激励各州和地方提高教师队伍素质，特别要奖励那些在提高学生学业成绩、缩小学生学业差距方面取得突出成绩以及在农村等条件较差地区工作的教师。

---

① White House. *Progress* [EB/OL]. http：//www. whitehouse. gov/agenda/education /. 2010-2-15.

此外，联邦政府还设立 50 亿美元奖励资金和创新基金，其中 43.5 亿美元奖励资金用于提高教师教学成效，促进教师公平分配，为有迫切需求的学生平均分配合格的教师；6.5 亿美元创新基金用于奖励地方教育机构或非营利组织与地方教育机构合作在缩小学业成绩差距方面所取得的显著成绩。① 其目的是帮助各州和地方教育机构减少与避免因学生缩减而造成的基本教育服务的损失。同时，它也规定，凡是申请领取稳定基金的各州和地方，在申请时提交的改革计划中必须包括提高教师教学技能的措施以及将高质量的教师公平地分配于各所学校和各个班级的内容。

《美国复苏与再投资法案》的颁布凸现了美国联邦政府在将教育置于优先地位的同时，也注意通过采取资助弱势群体学生教育和特殊教育以及奖励教师等措施促进教育公平与提高教育质量。

6.《改革蓝图》(2010)

按照规定，美国教育部每隔几年就要对《初等和中等教育法》进行重新授权。2010 年 3 月，美国教育部又公布了奥巴马上台后的重新授权提案，即《改革蓝图》(A Blueprint for Reform)，其副题为"《初等和中等教育法》的重新授权"(The Reauthorization of the Elementary and Secondary Education Act)。该教育改革蓝图是在为了回应 2009 年《美国复苏与再投资法案》而进行的一些重要的改革基础上拟定的。在《改革蓝图》的开头，美国总统奥巴马明确指出："每一个美国儿童都应该受到一种国际水平的教育。今天比以往任何时候更是，一种国际水平的教育是获得成功的一个必要条件。""我们必须保证每一个中学毕业生为进入大学和职业生涯做好准备。一种国际水平的教育也是一个道德准则——保证一个公平、公正和正义的社会的关键。"因此，"我们的目标是必须使每一个教室

---

① U. S. Department of Education，Washington，D. C. ，*Guidance on the State Fiscal Stabilization Fund Program*，April 2009. http：//www. ed. gov/programs/statestabilization/guidance. pdf.

里有一位优秀的教师和使每一所学校里有一位优秀的校长。"①

《改革蓝图》主要论及了"教育改革蓝图的重点"、"为进入大学和职业生涯做准备的学生"、"优秀的教师和优秀的领导"、"适应英语学生和其他语言学生的需要"、"一种全面的教育"、"成功、安全和健康的学生"、"激励创新和卓越"等方面。

（1）确保每一个中学生接受一种全面的教育

在"教育改革蓝图的重点"中，《改革蓝图》明确提出，一个清晰的目标是：到2020年，每一个中学毕业生都为进入大学和职业生涯做好准备，而不管他们的家庭收入、种族、少数民族和语言背景、残疾状况。因此，学生需要一种全面的教育。为此，我们应该使每一所学校都有优秀的教师和领导，给每一个学生提供获得成功的机会并支持他们获得成功。应该确保提供一种全面的教育，使更多的中学生受到这样的教育；为此，国家将给州、学区和家长提供更好的资助，以改进所有学生的教学。

为此，《改革蓝图》提出，美国学校有责任适应所有学生的教育需要，包括在英语学习中有专门需要的学生、残疾学生、少数民族学生、无家可归的学生、移民的学生以及被忽视的或有过失的学生等。同时，建立21世纪社区学习中心，更好地资助和支持州、学区和家长提供保证所有学生成功、安全和健康的学习环境，使他们能面对学术的挑战。

（2）设置更高的学业标准，确保每一个学生有取得成功的机会

《改革蓝图》提出，应该为所有学生设置更高的学业标准，即"为大学和就业而准备"的标准。依据这一标准，确保每一个学生有取得成功的机会，以实现每个从高中毕业的学生将为大学或就业做好准备，无论其家庭收入、种族、民族、语言背景或是否残疾。为了使每一个中学毕业生都为进入大学和职业生涯做好准备，应该对为进入大学和职业生涯做好准备的标准提供支持，对进步和成功的学校进行奖励，提供帮助以改变那些工

---

① U. S. Department of Education，*A Blueprint for Reform*，*The Reauthorization of the Elementary and Secondary Education Act*，March 2010：1.

作不力的学校。

由此,《改革蓝图》要求,在"科学、技术、工程和数学"项目下,州制定促进 STEM 教学的策略,实施高质量的教学,提高所有学生的学业成绩,赋予每一个学生成功的机会。同时,要求依照"为大学和就业而准备"这一标准,以更好的评价方式更准确地评估学生的学习,缩小学校之间在学术成绩和毕业率方面存在的差距。将支持各州建立结合"为大学和就业而准备"新标准的新的评价体系,以便更好地评定学生是否获得了成功所需的技能。新的评价体系将帮助学生更好地获取高质量的教学和高要求的技能,为学生发展提供更准确的评价。

(3) 公平分配优质教育资源

为了缩小学生学业成绩差距,《改革蓝图》再次提出优秀教师和校长作为优质教育资源的公平分配。因为在每一级教育系统中,教师与学生的互动是决定学生成功的主要因素,优秀教师对学生的发展有极大的影响;同样,优秀校长可以帮助教师成功,更好地组织教学团队。在《改革蓝图》的开头,奥巴马总统这样指出:"需要大量具有技能的人才,尤其是我们国家的教师、校长和其他学校领导,我们的目标是每一间教室都要有优秀的教师,每一所学校都有优秀的校长。学生从进入学校的那一刻开始,决定成功的最重要的因素不是肤色抑或家庭收入,而是站在教室前面的教师。为了确保儿童的成功,我们必须在招聘、发展、支持、保留和奖励优秀教师方面做得更好。"[①] 为此,《改革蓝图》将继续推进对州和学区的拨款,确保弱势群体学生由优秀教师来教授和由优秀校长来领导。

为确保每一所学校都有优秀的教师和校长,《改革蓝图》要求在州范围内明确衡量标准以及在此标准之上建立评价体系,并逐步推行这些衡量标准。参照这些衡量标准,州和地区可以根据当地的需要选择如何运用资金,促进教师和校长工作的有效性,并确保平等地分配优秀的教师和校

---

① U. S. Department of Education, Office of Planning, Evaluation and Policy Development, *ESEA Blueprint for Reform*, Washington, D. C. , 2010:1.

长。尤其是高需求的地区，针对贫困学生和少数民族学生集中的学校，应该能够公平地获得优秀的教师和校长。联邦教育部将继续推进对州和学区的拨款，以保证高需求地区获得优秀的教师和校长，实现优质教育资源的公平分配。同时，为招聘、准备和支持优秀教师和校长提供竞争性拨款，以扭转持续表现不佳学校的状况。"各州制定的计划，必须为教师和学校领导提供有效的专业发展，以及由州和当地确定的高质量课程、教学材料和评价及干预，确保所有学生得到适当的教育服务。"①

此外，《改革蓝图》还提出，应该设立教师和领导的创新基金，激励和奖励优秀的教师和领导，关注教师和领导在提高学生成绩的有效性，对州和学区增加它们需要的优秀教师和领导的行动提供支持。同时，我们的教育制度必须继续得到发展和创新，具有最好的实践、政策和理念。其中，要求政策制定者和教育者在所有层面上仔细分析他们的政策、实践和制度对学生成果的影响。

（4）对弱势群体学生的补偿教育

《改革蓝图》提出，兼顾不同学习者的学习需要，特别是对弱势群体学生的补偿教育政策。补偿教育政策的范围从英语学习者和残疾学生到土著美国学生、无家可归的学生、移民学生、农村学生及被忽视和过失学生，真正体现了美国联邦追求教育公平的承诺。考虑到各种学习者的需要，学校有责任照顾到日益增多的多种学习者的教育需要，因此，必须提供广泛的资源确保所有学生拥有在大学和职业中成功的机会。

在对农村地区学生的补偿政策上，《改革蓝图》提出，将继续通过"小规模农村学校成就"项目及"农村和低收入学校"项目向农村地区提供公式拨款，满足农村地区学生的特殊需要。特别要帮助农村地区申请竞争性拨款，以及为提高学生学术成绩而确定有效策略。

在对低收入家庭学生的补偿政策上，《改革蓝图》提出，将继续向低收

---

① U. S. Department of Education，Office of Planning，Evaluation and Policy Development，*ESEA Blueprint for Reform*，Washington，D. C.，2010：27.

入家庭学生提供支持，为他们提供高质量学习机会，促进中等教育公平。

在对残疾学生的补偿政策上，《改革蓝图》提出，继续通过《残疾人教育法》的资助项目集中支持残疾学生，将增加对提高残疾学生成绩的支持，将帮助教师和领导为满足残疾学生需要而更好地准备。

在对移民学生的补偿政策上，《改革蓝图》提出，将继续加强对州、地区和其他移民学生教育需要的提供者的拨款，确保资金最有效地投入到移民学生生活的地区；同时，还将加强和促进州际行动，以支持移民学生从迁出地到当地学校和社区的教育过渡。

对在印第安人、当地的夏威夷人和阿拉斯加土著学生的补偿政策上，《改革蓝图》提出，将继续支持通过向州、地区、印第安部落进行正常和竞争性拨款，帮助他们独特需求。

在对无家可归儿童和青年的补偿政策上，《改革蓝图》提出，将继续加强拨款，帮助州和地区建立相应的体系和服务，满足他们的教育需要。

在对于被忽视和过失儿童和青年的补偿政策上，《改革蓝图》提出，将继续为州加强拨款，促进在国家机构内以及在社区项目上对他们的教育服务。

（5）建立严密而公正的问责机制

《改革蓝图》提出，全国各级教育体系都应建立严密而公正的问责机制，确保所有学生都能拥有获得成功的机会。州将按照公式获得拨款，用以改善表现不佳的学校，对通过改革而表现转好的学校，给予一定的拨款资助。在奖励进步和成功的学校的同时，也认定和干预失败的学校。在问责制的实施中，将奖励那些在提高学生成绩和缩小学生学业成绩差距方面表现突出的州、地区和学校，以及为实现到2020年毕业生达到"为大学和就业而准备"这一标准而努力的州、地区和学校；同时要对学业成绩落后的州、地区和学校进行问责，对于表现不佳的学校予以强烈的干预。

《改革蓝图》还提出，问责不只停留在学校上，州和地区也将被问责。在州一级，认定并奖励具有显著进步的学校和地区，集中支持和干预表现不佳的学校和地区。因此，依据所制定的评价标准，部分学校、地区和州将得到奖励，主要包括显著提高所有学生的成绩，缩小学生间的成绩差距，或全面转变表现不佳学校（在州和地区一级）的学校、地区和州。"每个州排名在末 5％，并且未能得以改进的学校、州和学区将被要求进行学校改革，这 5％ 的学校将被列入被警告的范围，州和地区将执行基于研究和地方制定的策略帮助改进这些学校。①

（6）进一步推进公立学校的选择

基于学校选择制度是美国促进基础教育公平和提高教育效率的一个重要策略，《改革蓝图》提出，将继续扩大公立学校选择的范围，在表现优异的新开办学校和公立学校内进行选择，并在公立学校体系内增加选择范围；同时支持有效的特许学校项目和磁石学校计划，为此，联邦教育部将通过对州和地区增加竞争性拨款，以便为每个学生提供高质量公立教育的选择机会。

为了进一步推进公立学校选择，《改革蓝图》提出，对于向所有学生提供高质量的公立学校选择机会的州和地区将继续提供竞争性拨款，确保学生和家庭能够了解这些择校政策。接受拨款者将使用拨款资金，通过制定和扩大地区内的学校选择计划以及高质量网络学习计划，为所有学生尤其是表现不佳学校的学生增加高质量公立学校的选择。接受拨款者还必须为学生、家庭和社区提供如何确认、评价和获得高质量教育选择的信息，在一个地区内为每个学生提供跨地区的选择计划，扩大和推进学校选择，增加学校选择的多样性。

（7）在教育上设置适当的重大拨款项目

《改革蓝图》提出，将设置适当的重大拨款项目，目的是帮助州、地区和学校在"为大学和就业而准备"的标准下，针对每个州表现不佳的学校实施有力的干预。州将按照公式获得拨款，用以改善表现不佳的学校，对通过改革而表现转好的学校，给予一定的拨款资助。在联邦改革落后学

---

① U. S. Department of Education, Office of Planning, Evaluation and Policy Development, *ESEA Blueprint for Reform*, Washington, D. C., 2010: 10.

校的拨款方面，为使联邦拨款达到预想的效果，对于接受拨款者也作了相应的规定。"接受拨款者须制定相应的计划，设立提高毕业率的条件；校长应在促进表现不佳学校中获得成功，为以上人员提供自主权、预算、教学计划和日程；校长应提高落后学校学生的学术成绩和其他成绩，这些都应进行相应的记录。"①

《改革蓝图》是在 2009 年《美国复苏与再投资法案》颁布后进行的一些重要改革的基础上而拟定的。这份教育改革蓝图的公布清楚地表明，美国在基础教育上不仅延续了从 2002 年《不让一个孩子掉队法》所确立的提供高质量教育的平等机会的目标，而且进一步落实和延伸了这一目标。也就是说，要使每一个学生都能得到一种国际水平的教育、一种全面的教育，以保证他们获得成功。正因为如此，美国教育学者戴安（Diane Ravitch）做出了这样的评论："在教育上，奥巴马只不过是小布什的第三个总统任期。"②

# 小　结

在新世纪的美国，其基础教育政策主要延续了上一个世纪 80 年代以来的政策目标，并落实到每一个学生身上，提出为每一个学生提供能够获得成功的平等机会，以实现卓越而公平的教育，从而将基础教育政策实践推向了一个新阶段。基础教育理念和政策开始关注使学生取得成功的教育机会是否公平，以及每一个学生是否能在教育中获得平等的成功机会，这无疑使教育公平和教育效率进一步趋向了融合。

从 21 世纪第一个十年美国基础教育政策的内容来看，促进教育的全面卓越和保障教育的公平仍是基础教育上的两大主题，而且更强调公平地提

---

① U. S. Department of Education, Office of Planning, Evaluation and Policy Development, *ESEA Blueprint for Reform*, Washington, D. C., 2010: 18.

② Greg Toppo. *Schools adapt, cut back, cope; Few changes with Obama K—12 policy*, USA TODAY. McLean, Va.: Dec 30, 2009: 4.

供优质的教育资源，更关注弱势群体的学生，更重视提高每一个学生的学业成绩。在基础教育政策的制定和实施中，美国联邦政府更加强了在教育事务中的作用，承担确保每一个学生都有学习和成功机会的责任，强调实施绩效责任制度，确立更高的学术标准，并实行学业评估，以缩小各个群体学生之间的成绩差距，促进所有学生的学业成绩的提高。在推进教育公平机会的同时，非常注重提高教育质量和资金使用的效率。在教育资源投入上，关注是否能够让弱势群体学生真正受益。

在提高所有学生的学业成绩上，美国基础教育政策凸显出：将阅读置于优先地位，扩展高质量的数学和科学教育，进行高中教学改革，提高年级学业标准，提高教师和校长的素质，鼓励各州采用更高的学术标准和更好的评估体系，以确保每一个高中毕业学生做好大学和工作所需的准备，旨在让每一个学生都获得成功。

此外，就基础教育质量而言，优秀教师是学校教育中提高学生成绩最重要的因素。但是，美国在教师分配方面存在不平等的情况，特别是贫困地区的学校。因此，公平地分配高素质的优秀教师，是确保每一个学生获得学习成功的平等机会的一个重要策略。为此，新世纪以来的教育政策文本都涉及公平分配优秀教师的问题，联邦政府也制定了相关的政策力图解决这个问题，以保证每一间教室都有优秀教师。

为了推动学校的改革和发展，新世纪的美国基础教育政策延续了从20世纪80年代就提出的学校选择制度，并把扩大家长的学校选择权作为一个重要的政策。同时，推行新的奖励和问责机制，全国各级教育体系都要建立起严密而公正的问责机制，问责既包括学校也包括州和地区。应该说，新的奖励和问责机制已成为美国推动基础教育公平和提高教育效率的主要动力。现今，美国已有40多个州建立了相应的奖励和问责机制，从而促进了基础教育公平和教育效率的进一步融合。

总之，在21世纪第一个十年，美国政府先后制定与推出的一系列重要的基础教育政策文本，表明其基础教育政策在更加强调教育质量的同时，也凸显出保障教育公平的取向。

# 结　语

∙∙∙∙∙∙∙∙∙∙∙∙∙∙∙∙∙∙∙∙∙∙∙∙∙∙∙∙∙∙∙∙∙∙∙∙∙∙∙∙∙∙∙∙∙∙∙∙∙∙∙∙∙∙∙∙∙∙∙∙∙∙∙∙∙∙∙∙∙∙∙∙∙∙∙∙∙∙∙∙∙∙∙∙∙∙∙∙∙∙∙∙∙

## 对英美基础教育政策演进的反思

　　对于任何一个国家来说，基础教育都是一个值得重视的问题。它关乎到整个民众的教育水平，也关乎到国家富强和社会未来的文化基础，更关乎到每一个人的基本权利。因此，每一个人都应该获得满足其基本学习需要的受教育机会，并能够从中受益。国际 21 世纪教育委员会主席德洛尔（Jacques Delors）在《教育——财富蕴藏其中》（*Learning：The Treasure Within*）一书中强调指出：“基础教育是必不可少的‘走向生活的通行证’，它使享受这一教育的人能够选择自己将要从事的职业，参与建设集体的未来和继续努力。”当代美国教育家博耶（Ernes L. Boyer）1995 年 4 月 11 日在全国小学校长协会上作的题为《基础学校：一个学习化的社区》（*The Basic school：A Community for learning*）的演讲中也指出：“基础学校的最终目的不仅仅是要建设一所更好的学校，而是要为儿童建设一个更美好的世界。我们的最大希望是，每一个儿童在离开学校走向社会的时候，都为他们将要面对的世界做好充分的准备。我们应该为此做好努力。……基础学校的建设就是为了迎接这种挑战。”

　　就英美两国来看，英国是一个历史很悠久的古老国家，而美国是一个历史比较短的新兴国家。英国在教育的诸多方面曾对美国产生过影响，但后来美国教育发展在速度和形式上无疑又超过了英国。虽然英美两国在文化历史上也有传承，但它们在教育传统、教育管理体制以及学校教育结构上还是有不少的差异。特别是，相比美国而言，英国基础教育的路径呈现出缓慢渐进性。当代英国比较教育学家埃德蒙·金（Edmund J. King）在他的《别国的学校和我们的学校——今日比较教育》（*Other Schools and Ours：Compative Studies for Today*）中曾十分幽默但又恰如其分地把英国的教育发展称为"勉强的革命"，而把美国的教育发展称为"轮子上的实验"。他特别提到，就教育而言，在美国这块土地上的挑战和变革层出不穷，出现许许多多与别国根本不同的事物和挑战性的问题。应该说，面对基础教育应该更高效率、更大效益、更加适切和更加公平的目标，英美两国的范例对很多国家来说具有不同程度的借鉴意义。

因此，通过对英美基础教育政策演进的阐释和分析，可以清楚地看到，英美基础教育政策演进具有以下的共同特点：一是体现了社会时代的要求；二是反映了教育理念的变化；三是凸显了教育重心的转移；四是呈现了教育经费的增长；五是突出了国际教育的战略。

就当今美英基础教育政策的新趋势而言，英美基础教育政策出现了以下的新趋势：趋于教育公平与教育效率的融合，趋于弱势学生与所有学生的融合，趋于宏观层面与微观层面的融合，以及趋于本国标准与世界标准的融合。

具体来讲，当今英美基础教育政策在实现教育公平和教育效率融合上凸现出以下的策略：（一）改善学校制度——使每一所学校都成为优秀学校；（二）提高学业成绩——使每一个学生都能够学习成功；（三）应用教育技术——使所有的教师和学生都会使用新的技术；（四）提升教师素质——使每一个教室里都有优秀的教师；（五）帮助家长选择——扩大家长对子女教育的选择权；（六）关注少数学生——使所有孩子都有接受高质量教育的平等机会；（七）加强教育资助——确保政府对高质量教育的平等机会的支持；（八）建立问责机制——明确各级领导的基础教育责任。

当然，在对英美基础教育政策演进影响的因素中，既有社会时代因素、经济发展因素对基础教育政策演进的影响，又有科技进步因素、党派政治因素对基础教育政策演进的影响，还有教育理念因素对基础教育政策演进的影响。

## 一、英美基础教育政策演进的共同特点

对于保存文化和传递社会价值理念来说，基础教育是一种主要手段；对于影响生活和经济发展来说，基础教育是一个重要的因素。[①]因此，基础教育政策的制定和实施一直受到世界各国的重视。从英美基础教育政策的演进来看，尽管它们的文化背景、教育传统和教育管理体制有所不同，但它们的基础教育政策表现出一些值得注意的共同特点。具体来讲，这些特点表现在社会时代要求的体现、教育理念变化的反映、教育重心转移的凸显、教育经费增长的呈现以及国际教育战略的突出上。

### 1. 体现了社会时代的要求

作为一种公共政策，一个国家的基础教育政策总是受到社会时代发展的影响，体现了社会时代的要求。随着社会的变化和时代的发展，基础教育政策也会发生相应的变化。正如英国教育社会学家惠迪所指出的："教育制度具有特殊的结构，体现着深深地扎根于它们所处时代和地方的特殊理念。"[②]英美基础教育政策的演进就清楚地体现了社会时代的要求。

在 19 世纪至二战前这一历史时期，根据当时社会时代的要求，英国和美国在基础教育政策上都强调了义务教育的普及，不仅要求使每个人受到初等教育，而且在 20 世纪 20 年代开始提出使每个人受到中等教育。对于英国来说，1918 年颁布的《费舍法案》实际上是它真正普及义务的初等教育的标志；之后，英国所制定的一些基础教育政策都是为了推进它的中等教育的普及和发展，《1944 年教育法》结束了其公立学校制度混乱的状况，

---

①《基础教育、人口与发展》（1994），赵中建选编：《全球教育发展的研究热点——90年代来自联合国教科文组织的报告》，北京：教育科学出版社 1999 年版，第 101 页。

② 惠迪等：《教育中的放权与择校：学校、政府和市场》，马忠虎译，北京：教育科学出版社 2003 年版，"引言"，第 8 页。

延长了青少年离校的年龄。同一时期，美国在基础教育政策上也从普及义务的初等教育到更多地关注中等教育的普及和发展，确立了中学是为所有学生服务的理念原则，让所有的青年都能接受中等教育成为了基础教育政策的核心。

从 20 世纪 50 年代起，英国和美国在基础教育政策上开始追求更大的教育机会均等，采取更为激进的公平原则——补偿教育，旨在取得教育结果的公平。英国采取"教育优先区"计划、为残疾学生提供有效的特殊教育等策略，并在资源分配上向贫困地区、弱势群体倾斜；而综合学校政策，则试图解决学校之间不平等导向社会阶层不平等的问题。同一时期，美国在基础教育政策上开始关注少数民族学生、低收入家庭学生、残疾学生和不利处境学生的教育机会公平，特别加强联邦政府对基础教育的资助。

在 20 世纪 80—90 年代，随着社会时代的发展和新的教育改革运动的开展，英国和美国在基础教育政策上继续追求教育机会公平的同时，开始强调教育质量。这表明了它们的基础教育政策的转变。这一时期，英国在《学校课程》《把学校办得更好》《选择与多样化——学校的新框架》等政策文件中提出，每个学生的课程计划应该是平衡的、基础广泛的和高质量的，开始强调把学校办得更好，提高学校的教学水平，追求学校教育的卓越；同时，也为家长提供大量的择校机会。英国首相梅杰当时曾这样指出："教育能创造儿童的前景，也能毁掉儿童的前景。每个儿童一生只有一次机会。……这就是要求为每个儿童提供最好的教育和要求使每个儿童取得最好的成绩。"[①] 同一时期，美国在《美国 2000 年教育战略》和《2000 年目标：美国教育法》中明确提出了到 2000 年时要达到的全国教育目标，在强调关注弱势群体学生的教育机会公平的同时，开始提出为每个人提供高质量教育的平等机会。

---

①［英］《选择与多样化——学校的新框架》，吕达、周满生主编：《当代外国教育改革著名文献》（英国卷·第二册），北京：人民教育出版社 2004 年版，第 168 页。

　　在社会时代发展的大背景下，自 21 世纪以来，教育公平和教育效率依然是英美两国基础教育政策追求的价值目标，但两国政府更加强调教育绩效，更加强调高质量教育的平等机会落实到每一个学生，因而追求每一个学生都获得成功成为英美基础教育政策的目标。英国政府颁布了《追求卓越的学校教育》《传递结果：一个面向 2006 年的战略》《新的特色学校制度：转型中的中等教育》《为儿童和学习者的五年战略》《儿童计划：建设更加美好的未来》《你的孩子，你的学校，我们的未来：建设一个 21 世纪的学校制度》等政策文件，传递了"差异而平等"的基础教育政策理念，确立了通过提供最适切的教育促使每一个儿童都成功的目标。同一时期，美国政府也出台了《数字化学习》《不让一个孩子掉队法》《美国教育部 2002—2007 年战略规划》《美国教育部 2007—2012 年战略规划》《改革蓝图》等政策文件，提出联邦政府对教育事务负有更大的责任，确保所有学生都接受全面教育，让每一个学生获得国际水平教育，让每一个学生都获得成功。通过对照，英美两国在政策目标上有着惊人的一致。尽管在实现基础教育政策目标上英美两国有着不同策略，但两国都高度重视应用新的信息技术和学校制度建设。

　　**2. 反映了教育理念的变化**

　　教育政策与教育理念是密切联系的两个方面，教育理念会对教育政策的制定和实施产生重要的影响，教育政策的制定和实施也会体现教育理念的变化。英国历史学家、牛津大学教授波尔就指出："平等的理念在其漫长而时常充满暴风骤雨的历史过程中，产生了各种各样的含义。"[①] 众多英美学者从不同的视野和角度对基础教育公平问题的思考，不仅丰富了基础教育公平理念的内涵，而且促使了基础教育公平理念的深化。英国和美国的基础教育政策的演进就反映了教育理念的变化。

　　19 世纪，英国哲学家和教育家詹姆士·穆勒以及空想社会主义者欧文

---

① J. R. 波尔著：《美国平等的历程》，张聚国译，北京：商务印书馆 2007 年版，第 434页。

的教育公平理念，对当时英国国民教育制度的建立和发展产生了影响。在美国，从贺拉斯·曼和巴纳德领导的 19 世纪公共学校运动开始，在基础教育上就强调教育机会的平等和普及免费的公立学校，并在其基础教育政策上得到了体现。

在英国，自 20 世纪起，教育社会学家、思想家和政治家从阶级分析、社会分层和社会流动分析以及教育批判等视角对基础教育公平问题进行了不同的论述。例如，英国经济学家和历史家托尼强调教育机会平等应该成为一项公共政策原则，主张建立统一的初等和中等教育制度；英国教育家和教育史家西蒙在批判保守党政府教育政策的基础上，强调实施综合的中等学校教育，以使每个人都接受共同的中等教育；英国教育社会学家哈尔西强调教育应该发挥公正的社会分配作用，对弱势群体学生进行补偿教育；英国比较教育学家和教育史家格林要求发展一定程度上保证教育平等的公共教育制度，指出自由放任的教育体制会加剧教育上的平等；英国教育社会学家惠迪强调在教育政策上必须考虑消费权的同时要考虑公民权，增强择校制度中的公正性。这些教育理念在英国基础教育政策上都得到了不同程度的体现。

在美国，自 20 世纪起，尤其是 20 世纪 50 年代以后，许多教育家、思想家和社会学家开始要求教育过程公平和教育结果公平，并从社会学、政治学和经济学等层面进行了理论分析和实证研究，从而在很大程度上影响了基础教育政策。例如，美国社会学家科尔曼在对教育机会不均等进行界说的基础上，提出为达到教育结果平等就应该推进补偿教育的实施；美国经济学家和社会学家詹克斯在对教育不公平的表现进行分析的基础上，提出补偿教育凭证制度，主张以多样化学习的创设对处境不利的学生群体进行补偿教育，使弱势群体学生获得平等的受教育机会；美国政治哲学家和伦理学家罗尔斯在对正义原则进行探讨的基础上，强调必须优先考虑弱势群体学生的利益，保障教育机会的平等；美国社会批评家和教育评论家古德曼要求进行教育改革，提供多样化和小型化的学校教育，补偿在教育体制和学校制度内处境不利的学生。这些教育理念在 20 世纪 60 年代后美国基础教育政策以及教育补偿运动上得到了体现。又如，美国教育社会学家和社会心理学家科恩指出社会中的不平等会对学校和教室中的教育机会不平等产生间接的影响，因而从微观层面分析了学校和教室内部的教育机会不平等；美国教师教育专家和教育政策分析家琳达·达林-哈蒙德基于学校和教室层面的教育公平的理念，强调教师质量、教学质量和课程质量会影响教育机会公平，要求把更多的注意力放在学校的课程和教学以及教师上。这些教育理念在20世纪80年代、特别是21世纪以来美国的基础教育政策上得到了明显的体现。尤其值得注意的是，这一时期美国基础教育政策反映了其教育理念发展趋向社会的宏观层面与学校和教室的微观层面的结合，进一步追求让所有学生获得教育成功的平等机会。

自21世纪以来，英国和美国的领导层对基础教育改革和发展都是十分重视的。从他们对基础教育公平的论述来看，可以看到其教育理念上的一种变化，那就是在基础教育政策上更强调确保"每一所学校"和"每一个学生"都能获得成功，凸显了教育公平和教育效率的融合。应该说，这一点比以往任何时期都突出。在英国，2004年的《为儿童和学习者的五年战略》已有"每一个儿童"和"每一个学校"的提法，后来的《儿童计划：建设更加美好的未来》和《你的孩子，你的学校，我们的未来：建设一个21世纪的学校制度》则更加清楚地阐述了确保"每一所学校"和"每一个学生"都能获得成功的政策。在美国，2002年《不让一个孩子掉队法》的颁布标志着强调"所有学生"的基础教育政策的确立；之后，美国教育部发表的两个教育战略规划以及《改革蓝图》都延续和体现了这种基础教育政策。

### 3. 凸显了教育重心的转移

在不同的社会时代，由于教育理念的变化，因此在基础教育上就会有不同的教育重心。尽管对基础教育公平理念的理解不断深化，但是，基础教育公平在英国和美国具体的学校和课堂实践中并没有真正得到有效落实。因此，如何体现教育公平与教育效率的双重价值取向，趋于宏观层面与微观层面的结合，关注学校和教室层面的教育公平，也就成为20世纪

80 年代以来英美基础教育政策的一个重点。这表明，英美的基础教育政策把更多的注意力转移到学校的课程上，超越了社会或地区教育机会均等的宏观层面，更深入到学校和教室的微观层面上的平等，因为学生在教学和课程上所得到的教育恰恰是导致教育成功或失败的最直接原因。与之前相比，英美两国更加重视学校的课程质量、学生的学业成绩以及教师的素质。因此，英国和美国的基础教育政策就凸显了教育重心的转移，并必然会对基础教育政策产生不可忽视的影响。

二战前，英国和美国在基础教育政策上的重心主要是进一步普及初等教育和开始普及中等教育，因此，它们的基础教育政策就强调推进公共教育制度的发展，对初等教育提供国家的财政资助，使所有人都有接受初等教育乃至中等教育的机会。例如，英国的《费舍法案》确立了免费初等教育的政策，而《关于青少年教育的报告》则确立了中等教育机会平等的政策。美国的《中等教育基本原则》和《关于满足青年的需要》就确立了使所有青年都获得接受中等教育机会的政策。

20 世纪 50 年代后，英国和美国在基础教育政策上的重心主要是教育民主化以及进一步推进基础教育的发展，更关注少数民族学生、贫困家庭学生、处境不利学生和残疾学生的教育权利和机会。例如，英国颁布了以《1944 年教育法》为标志的一系列教育法案，确立了由地方教育当局负责保证初等学校和中等学校的开办，不仅提供免费的学习机会，而且提供免费的保健服务以及牛奶和午餐服务；同时，关注"被剥夺地区"的学校教育，为残疾儿童提供有效的特殊教育。美国颁布了以 1965 年的《初等和中等教育法》为标志的一系列教育法案，确立了保证所有儿童在社会平等的基础上接受平等教育机会的政策，更强调了教育机会的平等性。

20 世纪 80 年代教育改革运动以后，英国和美国在基础教育政策上的双重趋向十分明显，既强调教育公平，又强调教育效率。尤其值得注意的是，教育效率渐渐地成为英美基础教育政策的重心。例如，英国通过以《1988 年教育改革法》为标志的一系列法案，确立了实现所有学生的发展和所有学校的卓越的政策，保证全体儿童有真正机会接受共同的高质量教育，强调在中小学全面而有效地实施国家课程，提高基础教育的标准和水平。美国通过《美国 2000 年教育战略》和《2000 年目标：美国教育法》而制定的基础教育政策以 2000 年全国教育目标为核心，提出要在每一个社区创建新一代美国学校，并使它们成为世界上最好的学校，以使美国所有的儿童都能获得一流的教育。

自 21 世纪以来，英国和美国的基础教育政策与以前相比，更加重视学校的课程质量、学生的学业成绩以及教师的素质三个方面。这个教育重心的转移必然会对它们各自的基础教育政策产生影响。例如，在《美国教育部 2002—2007 年战略规划》的"部长声明"中，美国教育部长罗德里克·佩奇（Roderick Paige）曾这样指出："我们承诺，改善教育质量，提高我们对学生所能够达到的成就的预期。我们承诺，不让一个孩子掉队。"①因此，无论在英国，还是美国，在 21 世纪第一个十年中，它们所颁布的教育法案和制定的教育战略，在促进教育公平和提高教育效率的双重价值取向下，都更加着重对所有学校的课程质量、每一个学生的学业成绩以及每一个教师的素质提出了要求达到的目标。这些目标不仅非常明确，而且十分具体。更值得注意的是，在具体政策上还规定政府要加强提供达到这些目标的财政资助，以给所有的学校提供优秀的教师和改进所有学生的教学。由于教育重心转移的影响，因此，强调提高每一个学生的学业成绩自然成为英美基础教育政策的重点。

### 4. 呈现了教育经费的增长

对于一个国家来说，其经济发展水平在不同程度上制约其教育经费的增长，从而影响到其基础教育政策的制定和实施。正如国际教育规划研究所项目专家贝诺（Serge Peano）所指出的："经济和财力的不足正在制约着教育能够获得的真正公共资源。"②英国和美国的基础教育政策的演进也

---

① ［美］《美国教育部 2002—2007 年战略规划》，吕达、周满生主编：《当代外国教育改革著名文献》（美国卷·第四册），北京：人民教育出版社 2004 年版，第 215 页。

② 贝诺：《教育系统的财政》，国际 21 世纪教育委员会编：《为了 21 世纪的教育——问题与展望》，王晓辉等译，北京：教育科学出版社 2002 年版，第 79 页。

呈现了教育经费的增长。

二战前，英国和美国在制定和实施各自的基础教育政策时，已开始注意政府在教育经费上的投入。例如，英国在 1918 年的《费舍法案》中，不仅明确提出公立初等学校的经费至少 50％由中央政府的基金支出，而且规定开始对中等教育提供财政资助，以保证 5—14 岁儿童义务教育的实行。

20 世纪 50 年代后，在当时两大阵营的世界格局以及苏联"卫星冲击波"的影响下，经过二战后经济复苏及迅速发展的英国和美国加大了对基础教育的经费投入，以推进基础教育政策的实施。例如，英国在 1967 年的《关于儿童与他们的小学的报告》中提出，不仅要增加教育资源的总量，而且要重新分配教育资源，优先改善"被剥夺地区"学校的办学条件；同时，对教师提供大量津贴。美国在 1958 年的《国防教育法》中明确提出，要以法律形式规定联邦政府的教育责任，在财政经费上对教育（基础教育）提供援助；1965 年的《初等和中等教育法》更是具体规定，联邦政府提供 10.6 亿美元财政拨款，其中特别用于那些有特殊教育需求的贫困学生（包括低收入家庭儿童、少数民族儿童、有缺陷儿童、无人照管儿童或过失儿童等）。

自 20 世纪 80 年代教育改革运动以后，为了实施一流的教育，进一步提高学校教育的质量，英国和美国更加提高了对基础教育的经费投入。例如，在英国，1985 年的《把学校办得更好》提出，应该增加边远地区的学校的教育经费，使那里的学生受到良好的教育；《1988 年教育改革法》在公立学校收费上规定，公立学校提供的学校教育完全免费，在校学生的交通费也完全免费；1999 年的《追求卓越的城市学校》行动计划也提出，要增加教育经费投入。美国在确定全国教育目标的前提下，1994 年的《2000 年目标：美国教育法》明确提出，联邦政府要加强对教育的支持，提供教育公平方面的专门投资；在教育资金使用策略上，各州要保证所有学生都有平等的学习机会；在每个财政年度，至少有 50％的款项拨给低收入家庭的学生和特别需要援助的学校。

进入 21 世纪以来，在确保每一所学校和每一个儿童都能获得成功的总目标下，英国和美国继续加大对基础教育的经费投入，甚至在2009年的金融风暴下，它们也没有减少对基础教育的经费投入。例如，英国2004年的《为儿童和学习者的五年战略》特别提出，政府要保证每一所学校从2006年起的三年经费预算和每一所学校最低的生均经费增长；2007年的《儿童计划：建设更加美好的未来》提出，在2008—2010年里将提供4 400万英镑经费，以培养新一代具有国际水平的主任教师；2009年的《你的孩子，你的学校，我们的未来：建设21世纪的学校制度》则提出，国家不仅在信息和管理上对学校改革提供支持，而且在资金上对学校改革提供支持。美国2002年《不让一个孩子掉队法》颁布后，2003年联邦政府投入中小学的教育经费为264亿美元，比前一年的185亿美元增加了20%。[①] 其中，专门设立"不让一个孩子掉队学校奖"、对工作出色的教师提供奖励以及为残疾学生增加联邦政府的拨款等。在2009年的《美国复苏与再投资法案》中，更是明确提出对教育领域提供1400多亿美元投入，其中联邦教育部负责管理的教育投资大部分分配给各州，包括130亿美元中小学生教育补助金和122亿美元特殊教育资金；此外，联邦政府还设立50亿美元奖励基金和创新基金。在2010年的《改革蓝图》中，美国再一次提出，为了保证每一个学生的成功，应该设立学校教师和领导的创新基金，激励和奖励优秀的教师和领导。

**5. 突出了国际教育的战略**

21世纪以来，面对全球性挑战以及国家的安全和外交，英国和美国都强调对学生进行世界级和全球竞争力的教育，按照国际标准管理学校和运用课程，与世界各国的教育进行合作和跨文化交流。

英国在教育重心转移的背景下，特别强调要保证提供一种国际水平的教育，使学校达到国际标准。早在2002年12月，英国工党政府教育与技能部国务大臣克拉克（Charles Clarke）在教育白皮书《传递结果：一个面

---

① 刘庆仁著：《美国新世纪教育改革》，台北：心理出版社股份有限公司2005年版，第12页。

向 2006 年的战略》的"前言"中就强调指出：继续改革和改善学校，就是要实现一个国际水平的教育制度，以及保证我们的劳动力有能力与世界上最好的国家进行竞争，使每一个人能够发展他们保持职业和从事国际竞争的商业所需要的技能。2009 年，英国儿童、学校与家庭部国务大臣鲍尔斯也指出："我们的目标是使英国成为世界上对我们儿童和青少年成长来说最好的国家。……我们要做更多的工作，以确保每一个儿童得到一种国际水平的教育……为每一个儿童提供国际水平的学校教育。"

美国也制定了使每一个儿童都受到一种国际水平的教育的政策。美国总统奥巴马在《改革蓝图》的开头明确指出："我们的目标是必须使每一个教室里有一位优秀的教师和使每一所学校里有一位优秀的校长。"① 这份教育改革蓝图清楚地表明，美国在基础教育上不仅延续了从 2002 年《不让一个孩子掉队法》所确立的提供受高质量教育的平等机会的政策，而且对使每一个学生都能得到一种国际水平的教育、一种全面的教育进行了更为全面的规划。2012 年 11 月，美国联邦教育部在其制定的《全球化国际教育与合作战略》（*International Education and Engagement Strategy in globalization*）中也明确提出，为所有的学生提供世界级教育，以提升全体学生的全球竞争力；学习其他国家的实践经验，以在世界范围内追求卓越和创新；开展积极的教育外交，以发展和增进全面协调合作的国际教育活动。

## 二、当今英美基础教育政策的新趋势

自 20 世纪 80 年代以来，尤其是在 21 世纪第一个十年中，英国和美国不断制定与推出新的基础教育政策。无论英国的基础教育政策，还是美国的基础教育政策，其目的都是保障教育公平和追求教育效率。具体来说，就是确保每一所学校和每一个儿童都能获得成功。因此，英国和美国在基

---

① U. S. Department of Education. *A Blueprint for Reform*，*The Reauthorization of the Elementary and Secondary Education Act*. March 2010：1.

础教育上以新的思路制定与推出了一系列政策，并在基础教育政策的一些关系上凸显出一些新趋势。

### 1. 趋于教育公平与教育效率的融合

随着社会时代的发展和教育改革的发展，西方基础教育公平的理念也得到不断发展。原来古典自由主义关于"平等"的理念，是指每个人在起点上都应该享有同样的机会；但是，现今"平等"的理念一般是包括起点、连续不断的阶段和最后的目标。从政策的演进来看，西方基础教育政策也在不断深化。原来的基础教育政策主要体现在制定相关的教育法令，保证每个儿童都有入学的机会；但是，现今的基础教育政策不仅体现在入学机会均等上，而且体现在学校教育质量上。正如联合国教科文组织发布的《世界教育报告1998》所指出的："综观全球，教育政策有两个重要趋势，一是多数国家加深了对教育民主化的承诺（"人人受教育"和"终身受教育"），一是对教育质量和目的采取更讲究学以致用的观点。"[1] 从当今英国和美国基础教育政策中，可以清楚地看到教育公平与教育效率的融合。

在英国，1997年发表题为《追求卓越的学校教育》的教育白皮书提出，政府要致力于实现教育机会平等，提高学生的学习成绩标准，尤其要消除处于不利地位的学生的厌学情绪和学习成绩低下的情况。同时，制定教育行动区计划（Education Action Zone），以帮助处于不利地位的地区和教育成绩不好的学校，实现所有学生的发展和所有学校的卓越。从2003年起，政府先后发布了一系列绿皮书，例如，2003年的《每个儿童都重要》、2007年的《每个儿童的未来都重要》等。2009年的《儿童计划：建设更加美好的未来》和《你的孩子，你的学校，我们的未来：建设一个21世纪的学校制度》则更加清楚地确立了保证每一所学校和每一个学生都能获得成功的政策。正如儿童、学校和家庭部国务大臣鲍尔斯（E. Balls）所

---

[1] 联合国教科文组织：《世界教育报告1998》，北京：中国对外翻译出版公司1998年版，第29页。

强调指出的："我们想让每一个儿童都获得成功，我们将不放弃任何一个儿童。……确保每一个儿童享有他们的童年，并在 18 岁之前很好地在学校里获得知识、技能和资格，这将给他们在成人生活中获得成功的最好机会。这不仅是每一个儿童和家庭的权利，而且是我们必须做的事情，以保证我们的国家和社会未来的成功。"

在美国，2002 年的《不让一个孩子掉队法》提出在通过高标准和教学效能核定来实现教育机会平等，联邦政府必须帮助缩小处境不利学生与同龄人之间的成绩差距，州、学区和学校必须负责保证所有学生，包括处境不利学生达到较高的学业标准。同年，《美国教育部 2002—2007 年战略规划》又构建了 21 世纪初美国教育改革与发展的目标取向和策略体系，成为这一时期美国教育公平政策的基础。这个战略规划凸现出保障教育公平和提供教育质量是美国基础教育政策两大核心主题。进入 21 世纪，教育公平与教育效率的融合不断深化，体现在要把受高质量教育的平等机会落实到每一个儿童身上，使每一个儿童都成功。

### 2. 趋于弱势群体学生与所有学生的融合

20 世纪 80 年代前，英国和美国在基础教育政策上更关注以资助弱势群体为主的入学机会均等的教育公平。但是，从当今英国和美国领导层对基础教育的论述中，可以看到其教育政策上的一种变化，那就是趋于弱势群体学生与所有学生的融合，提高所有学生的学业成绩成为英美两国基础教育政策的目标。

在英国，1997 年教育白皮书《追求卓越的学校教育》明确指出："教育政策要着眼于大多数学生而不是少数学生……对学业成绩不良采取"零容忍"态度；政府将致力于提高标准的承诺。"[1] 2001 年英国政府颁布的教育白皮书《传递结果：一个面向 2006 年的战略》指出，制定 2002—2006 年英国教育政策框架的出发点是政府正在努力使英国成为这样的社

---

[1] Department for Education and Employment，*Excellence in Schools*，London：Her Majesty's Stationery Office，1997，preface.

会："全体的社会：创造机会和消除障碍以确保每一个人能充分发挥他们的潜能；成功的社会：使每一个人能够发展他们保持职业和从事国际竞争的商业所需要的技能。"① 2007 年，英国政府颁布了未来十年的教育规划，更为具体地规定了全体儿童应该达成的目标：每一个儿童都应该为学习的成功做好准备，至少有 90％ 的 5 岁儿童达到早期教育的标准；每一个儿童都应该为中学学习做好准备，至少有 90％ 的儿童在英语和数学学科上达到或超过所规定的标准；每一个青少年都应该具有成年人生活和继续学习的技能，到 19 岁时至少有 90％ 的人在中等教育普通证书（GCSE）考试中有五门课程达到高级水平的要求、至少有 70％ 的人有两门课程达到 A 级水平的要求。

在美国，20 世纪 60—70 年代以资助弱势群体为主的入学机会均等的基础教育政策遭到了 1983 年的《国家处在危急中：教育改革势在必行》报告的打击，这意味着自 1965 年以来的基础教育政策模式走向结束的开始。乔治·布什（George Bush）总统上台后于 1991 年 4 月提出了《美国 2000 年教育战略》。这个战略强调教育结果的公平，使所有的学校办得更好，使所有的学生都取得优异的教育成就，以达到更高的全国教育目标。这个教育战略制定了六项 2000 年要达到的全国教育目标，具体包括：所有的美国儿童入学时乐意学习；中学毕业率将至少提高到 90％；所有的学生有能力在学科方面应付挑战，以及为做有责任感的公民和谋取有创建性的职业做好准备；在自然科学和数学方面的成绩居世界首位；每个成年美国人能读书识字；每所美国学校将提供一个秩序井然的益于学习的环境。

### 3. 趋于宏观层面与微观层面的融合

随着对受教育的平等机会和成功机会之间关系探索的不断深入，人们渐渐地认识到，无论在英国还是在美国，强调受教育机会均等，甚至采取更为激进的公平原则，即对弱势群体进行补偿教育，仍然不能解决教育不

---

① Department for Education and Skill, *Delivering Results*：*A Strategy to* 2006，Westminster：DfES Publications，2002：6.

公平的问题。于是，人们开始认识到，决定儿童学习成功的另一个重要因素是学校和课堂实践。因此，关注学校和教室层面的教育公平也成为 20 世纪 80 年代以来英国和美国基础教育政策的一个重点。这表明，它们的基础教育政策开始把更多的注意力转移到学校的课程和教学质量上，超越了社会或地区教育机会均等的宏观层面，更深入到学校和教室的微观层面上的平等，因为学生在教学和课程上所得到的教育恰恰是导致教育成功或失败的最直接原因。应该说，英美基础教育政策体现了趋于宏观层面与微观层面的融合。

在英国，1988 年 7 月，英国颁布了二战以后最重要的一项教育法令——《1988 年教育改革法》。英国教育学者麦克卢尔（Stuart Maclure）曾这样指出："《1988 年教育改革法》是英国自《1944 年教育法》以来最重要和意义最深远的教育立法。"[1] 在学校课程上，这个教育法案规定，为学校所有处于义务教育年龄的学生开设包括核心科目和其他基础科目的课程。这打破了英国以往教育法案从来不对学校课程做出具体规定的惯例。1997 年的教育白皮书《追求卓越的学校教育》也提出了"重点在标准而非结构，干预将使成功率大大提高"的目标，将基础教育政策重心转移到学校和学生学业成绩上，确立发展特色学校政策，以特色学科满足学生多样化需求。2004 年的教育白皮书《为儿童和学习者的五年战略》更是全面发展特色学校，并启动了个性化教与学计划，指出："一个好的中学其核心是有效教学，教学是针对学生个体的需要，定期评估其进步。"[2] 也就是说，要向每一个儿童提供最适切的教育。

在美国，与以前相比，更加重视学校的课程质量、学生的学业成绩以及教师的素质。这必然会对它的基础教育政策产生重要的影响。尤其在 21 世纪第一个十年中，美国所颁布的教育法案和制定的教育战略都着重对所

① Stuart Maclure. *Education Re-formed*, "Introduction", London: Hodder & Stoughton, 1992.

② Department for Education and Skill, *Five Year Strategy for Children and Learners*, London: TSO Shops, 2004: 59.

有学校的课程质量、所有学生的学业成绩和所有教师的素质提出了要求达到的目标。更值得注意的是，还规定政府要加强对达到这些目标的财政资助，以使所有学校教室拥有优秀的教师和给所有学生提供有效的课堂教学。2010 年的《改革蓝图》就提出，要确保一种全面的教育，使更多的中学生受到这样的教育，为此国家将给州、学区和家长提供更好的资助，以改进给所有学生提供更好的教学。

4. 趋于本国标准与世界标准的融合

20 世纪 80 年代以来，为了改进基础教育的质量和提高基础教育的水平，英国和美国在基础教育政策上更加关注本国标准与世界标准（world-class standards）的融合，以给所有的学生提供一种国际水平的教育。

在英国，早在 2002 年 12 月就发表了一份题为《传递结果：一个面向2006 年的战略》的教育白皮书，提出了 2002—2006 年英国教育政策的框架。教育与技能部国务大臣克拉克（Charles Clarke）在它的"前言"中强调指出："如果我们要实现一个国际水平的教育制度，以及保证我们的劳动力有能力与世界上最好的国家进行竞争……我们就需要继续改革和改善学校。这个经过修订的教育战略框架陈述了我们所面对的主要挑战。"[①]

2007 年的《儿童计划：建设更加美好的未来》又提出了 2020 年英国的教育目标。正如儿童、学校和家庭部国务大臣鲍尔斯在它的"前言"中所强调指出的："我们的目标是使英国成为世界上对我们儿童和青少年成长来说最好的国家。……我们制定《儿童计划》就是要把家庭、儿童和青少年的需要作为我们所做的每一件事情的中心。""我们需要做更多的工作，以确保每一个儿童得到一种国际水平的教育……为每一个儿童提供国际水平的学校和优质的教育。"[②]在实现国际水平的教育上，这份儿童计划明确提出，创建能使儿童和青少年走向成功的 21 世纪学校制度，通过提供

---

① Department for Education and Skill. *Delivering Results*：*A Strategy to* 2006. Westminster：DfES Publications，2002：2.

② Department for Education and Skill. *The Children's Plan*：*Building Brighter Futures*. London：TSO Shops，2007：3.

国际水平教育的方式来保证每一个儿童的发展，使每一所学校为学生提供国际水平的教育服务和达到国际标准。

2009年6月，英国儿童、学校和家庭部又发表了题为《你的孩子，你的学校，我们的未来：建设一个21世纪的学校制度》的教育白皮书。其目标是通过不断地改善学校，使英国的学校制度成为世界一流的学校制度。在教育制度上，这份教育白皮书提出，每一个儿童都渴望一种使他们为21世纪挑战做好准备的教育，对于每一个儿童和年轻人来说，教育成功已变得更加重要，因此最重要的就是创建一个世界一流的学校制度。

在美国，为了实现全国教育目标，1991年的《美国2000年教育战略》提出了四项教育战略：（1）为今日的学生，我们必须从根本上改进现有的全部11万所学校——把这些学校办得更好、更为其结果负责。（2）为明日的学生，我们要创建满足一个新世纪需要的新型学校——新一代美国学校。（3）要把一个"处于危机中的国家"变为一个"全民皆学之邦"。（4）我们每个社区都要成为可以进行学习的地方。① 在创建新一代美国学校上，这个教育战略提出，要一个社区接一个社区地创建新一代美国学校，这将是世界上最好的学校，能使它们的学生达到全国教育目标。

2010年3月，美国教育部又发表了《改革蓝图》。这份教育改革蓝图是在为了回应2009年《美国复苏与再投资法案》而进行的一些重要的改革基础上拟定的。这个教育改革蓝图明确提出：每一个美国儿童都应该受到一种国际水平的教育，因为这种国际水平的教育是他们获得成功的一个必要条件。就具体的目标而言，那就是必须使每一个教室里有一位优秀的教师，以及使每一所学校里有一位优秀的校长。

### 三、当今英美基础教育实现教育公平和教育效率融合的策略

自21世纪以来，教育公平和教育效率无疑是英国和美国基础教育政策

---

① ［美］《美国2000年教育战略》，吕达、周满生主编：《当代外国教育改革著名文献》（美国卷·第三册），北京：人民教育出版社2004年版，第210页。

的双重价值目标。为了实现教育公平和教育效率的融合，其采取的主要策略是改善学校制度、提高学业成绩、应用教育技术、提升教师素质、帮助家长选择、关注少数学生（弱势群体学生和残疾学生）、加强教育资助等。

1. 改善学校制度——使每一所学校都成为优秀学校

在英国，2002 年的教育白皮书《传递结果：一个面向 2006 年的战略》提出，鼓励每一所学校办出特色，并对薄弱学校和失败学校进行更早的和更有效的干预。2004 年的《为儿童和学习者的五年战略》特别提出，在未来五年中，政府保证提供更好的支持，每一所学校都能成为一所特色学校，并建立一个优质课程中心。同时，建立更多的新学校，到 2010 年时将建立 200 所新学校（在伦敦有近 60 所新学校），其中一些学校是在原来那些较差学校的基础上重建的，另一些学校是完全新建的。[①] 为了促进一种国际水平的教育，2007 年的《儿童计划：建设更加美好的未来》又提出，要创建能使儿童和青少年走向成功的 21 世纪学校制度，使每一所学校为学生提供国际水平的教育服务和达到国际标准。2009 年的教育白皮书《你的孩子，你的学校，我们的未来：建设一个 21 世纪的学校制度》更是明确提出，其目标是通过不断地改善学校，使英国的学校制度成为世界一流的学校制度，确保每一所学校和每一个儿童都能获得成功。

在美国，作为 21 世纪美国第一个重要的教育法令，2002 年的《不让一个孩子掉队法》规定，为了不使一个孩子被放弃，优秀的学校应该遍及美国城市和农村的每一个社区，因为每一个孩子都是重要的，每一个孩子都是有学习能力的。2010 年的《改革蓝图》又提出，为了使所有的学生获得成功，我们的教育制度必须继续得到发展和创新，具有最好的实践、政策和理念。为了给学生提供一种全面的教育，应该使每一所学校都有优秀的教师和领导；为此，应该对进步和成功的学校进行奖励，对那些工作不力的学校提供帮助以使它们改变。

---

① Department for Education and Skill. *Five Year Strategy for Children and Learners*. London：TSO Shops，2004：9.

　　2. 提高学业成绩——使每一个学生都能够学习成功

　　在英国，《2002 年教育法》明确提出，为了促进学生教育达标率的提高，必须建立起能够促进社会和学生精神、道德、文化、智力和身体各方面发展的均衡的、宽基础的课程体系。2002 年的教育白皮书《传递结果：一个面向 2006 年的战略》在初等教育上提出，继续为小学儿童扩大学习机会，使更多的 11 岁学生打好升入中学的基础，能够有效地读写和运用数学；在中等教育上提出，通过提高所有年轻人的教学和学习质量来变革中等教育，为所有的学生提供达到技能标准的教育。2004 年的《为儿童和学习者的五年战略》又提出，在一个高质量和选择性的学校制度下，将给每一个中学生提供基于学生个人实际知识的优质教学，帮助所有人发挥他们的潜能。为了使每一个儿童和青少年都走在成功的道路上，2007 年的《儿童计划：建设更加美好的未来》提出了一个能够实现和应该实现的 2020 年教育目标，使每一个儿童都为学习的成功做好准备，英国儿童、学校和家庭部国务大臣鲍尔斯（E. Balls）在 2009 年的教育白皮书《你的孩子，你的学校，我们的未来：建设一个 21 世纪的学校制度》的"前言"中也强调指出："我们想让每一个儿童都获得成功，我们将不放弃任何一个儿童。……确保每一个儿童享有他们的童年，并在 18 岁之前很好地在学校里获得知识、技能和资格，这将给他们在成人生活中获得成功的最好机会。"①

　　在美国，为了通过高标准和教学效能来实现平等，《不让一个孩子掉队法》规定：州、学区和学校必须负责保证所有学生，包括处境不利学生达到较高的学业标准；为了对缩小学习成绩差距的州和学校给予奖励，设立"不让一个孩子掉队学校奖"。《美国教育部 2002—2007 年战略规划》在提高学生的学业成绩上提出，学校应该负起全体学生学业成绩的责任，通过将阅读置于优先地位、扩展高质量的数学和科学教育、进行高中改革和

---

　　① Department for Children, Schools and Families. *Your Child*, *Your Schools*, *Our Future*: *Building A 21ᵉ Century School System* (June 2009), "foreword", London: The Parliamentary Bookshop, 2009: 2.

提高教师与校长的质量，改善所有群体学生的学业成绩，从而缩小学业成绩的差距。《美国教育部 2007—2012 年战略规划》又提出，通过签订国家承诺来增加联邦政府对初等和中等教育的支持，改进学生的学习成绩，到 2014 年时把所有学生的阅读和数学成绩提高到标准水平。美国总统奥巴马在 2010 年美国教育部发表的《改革蓝图》的开头就明确指出："每一个美国儿童都应该受到一种国际水平的教育。今天比以往任何时候更是，一种国际水平的教育是获得成功的一个必要条件。……我们必须保证每一个中学毕业生为进入大学和职业生涯做好准备。"①

3. 应用教育技术——使所有的教师和学生都会使用新的技术

在英国，虽然没有像美国那样公布专门的国家教育技术计划，但是，在它的教育法案和教育战略中也提及了教育技术的应用。2001 年的教育白皮书《传递结果：一个面向 2006 年的战略》就提出，通过数字化学习来开发学习机会，以及享受通过数字电视和网络提供的乐趣。2004 年的《为儿童和学习者的五年战略》又强调提出，在学校中要创新地使用先进的教学技术和设备；在每一所中学中，都将重新修订或制定 10—15 岁的现代学业标准，并拥有新的建筑、设备和信息技术等。

在美国，为了通过有效教育技术来广泛改进教与学，以帮助下一代学校儿童得到世界一流的教育，2000 年公布的题为《数字化学习》的国家教育技术计划明确提出，应该使教育技术促进所有学生的学习，提高所有学生的学习成绩。前美国副总统戈尔（Albert Gore Jr.）在这份国家教育技术计划上指出："美国的每一个儿童都应当接受 21 世纪的教育，都应当使用 21 世纪的技术。"② 具体目标是：所有的学生和教师都能在教室、学校、社区和家庭中使用信息技术，所有的学生都要具备信息技术方面的知识与技能。这份国家教育技术特别提出"消除数字鸿沟"，即社会—经济和种

---

① U. S. Department of Education. *A Blueprint for Reform*, *The Reauthorization of the Elementary and Secondary Education Act*. March 2010：1.

② ［美］《数字化学习》，吕达、周满生主编：《当代外国教育改革著名文献》（美国卷·第三册），北京：人民教育出版社 2004 年版，第 268 页。

族之间在使用教育技术上的差距，在教育技术上优先资助最贫困地区和农村地区的学生。同时，应该使教育技术改进教师的教学和提高教学质量，以确保国家拥有一支强大的 21 世纪的教师队伍。具体目标是：不仅要向教师提供足够的教育技术应用的机会，而且要加强对新教师如何使用教育技术的培训。

4. 提升教师素质——使每一间教室里都有优秀的教师

在英国，为了给学校提供优秀的教师，2007 年的《儿童计划：建设更加美好的未来》提出，在未来的三年里将提供 4400 万英镑经费来培养新一代具有国际水平的主任教师。2009 年的教育白皮书《你的孩子，你的学校，我们的未来：建设一个 21 世纪的学校制度》强调提出，学校制度的质量就在于教师的质量，应该使每一所学校都拥有受过好的培养和具有高技能的教师；同时，将继续不断地追求最有能力的大学毕业生担任教师，并在一位教师的整个生涯中提供高质量的培训和促进专业发展。

在美国，为了提升教师的素质，《不让一个孩子掉队法》规定，各州和地区应该更加注重教师质量的提高，保证其所有的孩子都能接受高水平教师的教学。因此，各州将加强培养、招聘和培训高素质的教师，使教师质量得到改进，保证所有孩子都有好教师教，并制定一项计划确保实现这一目标；同时，要为出色的教师提供奖励经费以及税收减免，并为家长提供有关教师质量的信息。2009 年的《美国复苏与再投资法案》又规定，设立教师奖励基金，以激励各州和地方提高教师队伍素质，特别要奖励那些在提高学生学业成绩、缩小学生学业差距方面取得突出成绩以及在农村等条件较差地区工作的教师。2010 年的《改革蓝图》再次提出，为了保证每一个学生的成功，应该设立教师和领导的创新基金，激励和奖励优秀的教师和领导，关注教师和领导在提高学生成绩上的有效性。

5. 帮助家长选择——扩大家长对子女教育的选择权

在英国，2004 年的《为儿童和学习者的五年战略》提出，在教育改革上实施更大的个性化和选择性，尽可能地满足所有的儿童和学习者以及家长的愿望和期望。2009 年的教育白皮书《你的孩子，你的学校，我们的未来：建设一个 21 世纪的学校制度》在家长选择上也明确提出："每一个家长将有机会获得信息和支持以便从他们孩子的利益出发进行选择；每一个家长将拥有一份家庭学校协议规定着他们对自己孩子的学校教育的权利和责任；每一个家长将有机会获得信息和支持以便他们关注和参与他们孩子的学习与发展；每一个家长将可以得到更广泛的服务包括在家长职责上得到支持和提高。"①

在美国，《不让一个孩子掉队法》在家长选择上提出，应该帮助家长作出明智的选择，使家长能在掌握学校信息的情况下保证其孩子尽可能得到最好、最有效的教育。因此，家长可以通过查询一所学校的各类学生群体的学生成绩报告卡，来了解自己孩子的情况，以作出明智的选择。《美国教育部 2002—2007 年战略规划》还提出，陷于失败或不安全学校的孩子将拥有加入好的公立学校（包括特许学校）或使用联邦资金接受私立教育的机会。公立学校的选择机会，包括特许学校，将获得强大的支持，面向所有的学生开放；同样，私立学校选择机会也将获得强大的支持，去面向处境不利的孩子。因此，将鼓励州和社区为陷于失败学校或不安全学校的孩子提供另外的选择，包括进入高质量的私立学校学习。

6. 关注少数学生——使弱势群体学生有接受高质量教育的平等机会

在英国，2004 年的《为儿童和学习者的五年战略》强调指出，每一个处于困难环境的儿童和年轻人能得到他们所需要的额外支持。2007 年的《儿童计划：建设更加美好的未来》又提出，三年内将投入 9000 万英镑经费来改善残疾儿童的康复和教育设施，并扩充家庭基金以对残疾儿童家庭提供支持。2009 年的教育白皮书《你的孩子，你的学校，我们的未来：建设一个 21 世纪的学校制度》还提出，特别重要的是关注有专门教育需要

---

① Department for Children, Schools and Families. *Your Child*, *Your Schools*, *Our Future*: *Building A 21ˢ Century School System* (June 2009), "foreword", London: The Parliamentary Bookshop, 2009: 101.

的儿童和残疾儿童，使残疾儿童拥有与正常儿童一起活动和学习的机会。

在美国，《不让一个孩子掉队法》规定，联邦政府能够而且必须帮助缩小处境不利学生与同龄人之间的成绩差距。因此，必须使所有学生包括处境不利学生每年在学习上能获得足够的进步。在为土著美国人重建学校和残疾学生教育上，规定应该增加联邦政府的拨款。2009年的《美国复苏与再投资法案》又规定，联邦教育部负责管理的教育投资大部分分配给各州，其中包括130亿美元弱势群体学生教育补助金，用于资助来自经济贫困、教育落后家庭的学生；以及122亿美元特殊教育资金，其中120亿美元用于保障《残疾人教育法》的实施，保障残疾学生取得学业成就。2010年的《改革蓝图》再次提出，美国学校有责任适应所有学生的教育需要，包括在英语学习中有专门需要的学生、残疾学生、少数民族学生、无家可归的学生、移民的学生以及被忽视的或有过失的学生等。同时还提出，到2020年时，每一个中学毕业生都为进入大学和职业生涯做好准备，而不管他们的家庭收入、种族、少数民族和语言背景、残疾状况。

7. 加强教育资助——确保对高质量教育的平等机会的支持

在英国，《2002年教育法》在教育财政资助上规定，政府提供教育或教育服务、提供儿童保健或与此相关的各种服务，在学生接受教育的过程中为他们提供基本的维持学习的费用等。2009年的教育白皮书《你的孩子，你的学校，我们的未来：建设一个21世纪的学校制度》又明确提出，对每一所学校和学校领导的支持是地方和中央政府的重要责任，确保对国家课程和资格制度提供支持，确保从信息、资金和管理上对学校改革提供支持。

在美国，《不让一个孩子掉队法》的实施要点就是要转变联邦政府在教育中的作用，确保所有的儿童，无论其背景如何，都会有机会获得成功。2009年的《美国复苏与再投资法案》明确规定，对教育领域提供1400多亿美元投入，旨在通过对教育的投资，以对美国经济复苏产生直接刺激作用。其中，部分投资用于提升教师素质，促进高质量教师的公平分配，加强对弱势群体学生教育和特殊教育的资助，为弱势群体学生和残疾学生提供公平的学习机会。2010 年的《改革蓝图》又明确提出，国家将给州、学区和家长提供更好的资助，以改进所有学生的教学；更好地资助和支持州、学区和家长提供保证所有学生成功、安全和健康的学习环境，使他们能面对学术的挑战。

8. 建立问责机制——明确各级领导的基础教育责任

在英国，2002 年的《传递结果：一个面向 2006 年的战略》提出，鼓励每一所学校办出特色，并对薄弱学校和失败学校进行更早的和更有效的干预。2009 年的《你的孩子，你的学校，我们的未来：建设一个 21 世纪的学校制度》也强调学校问责制，要求学校更多地考虑学生和家长的意见，奖励那些有效打破贫困与低学业成就之间联系的学校。

在美国，《不让一个孩子掉队法》强调各州对教育的绩效责任，并建立一套奖惩制度，以使学区和学校在提高学业成绩方面承担起责任。2002 年的《美国教育部 2002—2007 年战略规划》提出，学校应该负起全体学生学业成绩的责任。2010 年的《改革蓝图》明确提出，全国各级教育体系都应建立起严密而公正的问责机制。美国各州、学区和学校必须负责保证所有学生达到较高的学业标准。问责不只停留在学校一级上，州和地区一级也将被问责。在州一级，认定并奖励具有显著进步的学校和地区，集中支持和干预表现不佳的学校和地区。如果某州未能达到学习成绩目标，将会减少其行政开支经费；如果某学校连续三年未能使处境不利学生每年取得必要进步，将会被采取适当行动。同时，对缩小学习成绩差距的州、学区和学校给予奖励。

## 四、影响英美基础教育政策演进的因素

对于基础教育这个复杂的系统来说，诸多因素会对一个国家基础教育政策的制定和实施产生重要的影响。从多视角的观点来看，影响英国和美国基础教育政策演进的因素具体包括社会时代因素、经济发展因素、科技发展因素、党派政治因素、教育理念因素等。正如联合国教科文组织国际教育委员会在它的题为《学会生存——教育世界的今天和明天》的报告中

所指出的："任何教育政策都反映一个国家的政治决策，它的传统与价值以及它对未来的看法。"①

### 1. 社会时代因素的影响

作为一种教育思想，它总是一个社会时代精神的产物。同样，作为一种教育政策，它也总是体现了社会时代的特征。所以，任何一个国家基础教育政策的制定和实施都必然会受到社会时代因素的影响。随着时代的发展和社会的变化，一个国家的基础教育政策也会发生相应的变化。因此，基础教育政策的演进离不开社会时代变化这个因素。英国比较教育学家、伦敦大学教育学院前任院长惠迪（Geoff Whitty）曾这样指出："教育制度具有特殊的结构，体现着深深地扎根于它们所处时代与地方的特殊理念。"② 美国教育理论家、华盛顿大学教育改革中心主任古德莱德（John I. Goodlad）在论及二战后美国教育时也这样写道："1957—1967年这十年是美国教育走向正轨的十年。……它起始于苏联的人造卫星上天，依靠教育赢得冷战。"③

就英国和美国的基础教育政策而言，正是在不同的社会时代因素的影响下，20世纪前半期英美基础教育政策的重点主要是初等教育普及的完成和中等教育普及的起步；20世纪后半期英美基础教育政策的重点主要是中等教育普及的完成、课程改革以及在兼顾教育公平的同时更强调教育效率。具体表现在：在学制政策上，延长义务教育年限；在课程政策上，加强对学校课程的管理和控制；在教师政策上，加强教师在职培训和进修，并采取新的教师评价模式；在教育管理政策上，制定了对各级教育领导的问责机制；在教育经费政策上，由着眼于基础教育的发展规模转向着眼于

---

① 联合国教科文组织国际教育委员会：《学会生存——教育世界的今天和明天》，华东师范大学比较教育研究所译，北京：教育科学出版社1996年版，第209页。
② 惠迪：《教育中的放权与择校：学校、政府和市场》，马忠虎译，北京：教育科学出版社2003年版，"引言"，第8页。
③ 古德莱德：《学校罗曼诗：一种教育的人生》，周志平等译，北京：教育科学出版社2010年版，第214页。

基础教育的效率。

### 2. 经济发展因素的影响

在一个国家基础教育改革和发展中，教育经费的保障绝对是一个非常重要的因素。但是，教育经费的保障又离不开其经济发展的水平。在某种意义上，经济发展是基础教育政策制定和实施的一个重要基础。一个国家的经济发展水平往往会制约其基础教育政策，例如，义务教育年限、教育投入、教育规模、教师工资等。应该说，政府公共投资构成了一个国家义务教育经费的绝对来源。正如卡内基教育和经济论坛发表的报告所指出的："由于教育是一种高度劳力密集型事业，其成就在很大程度上取决于教学队伍的素质和业绩，它必然要求投入更多的国家收入。"[①]

在英国和美国，经济发展同样会对它们的基础教育政策产生重要的影响。正如联合国教科文组织的《世界教育报告 2000》所指出的："由于教育对公共预算的需要不断增长和国际社会越来越认识到教育在经济发展中的作用，人们越来越强调把教育决策与经济问题结合起来。这一现象的必然结果是许多国家开始进行国民教育规划和将这种规划与经济发展规划结合起来。"[②] 与发展中国家相比，由于英国和美国经济发展水平高，因此，它们的基础教育投入的重心是不同的。例如，二战后，当发展中国家的基础教育政策仍在关注初等教育领域时，而英美的基础教育政策所关注的已是中等教育领域。20 世纪 80 年代后，当很多发展中国家的基础教育政策仍致力于扩大基础教育的规模，而英美的基础教育政策已着眼于提供优质的基础教育。即使面对新世纪初期严重的金融风暴，英美仍希望通过教育经费投入和学校制度改革，以对其经济复苏产生直接的刺激作用。例如，美国 2009 年颁布的《美国复苏与再投资法案》决定，联邦政府将在教育领

---

① ［美］卡内基教育和经济论坛：《国家为培养 21 世纪的教师作准备》（1989），国家教育发展与政策研究中心《发达国家教育改革的动向和趋势》（第二集），北京：人民教育出版社 1987 年版，第 361 页。

② 联合国教科文组织：《世界教育报告 2000》，北京：中国对外翻译出版公司 2001 年版，第 40 页。

域投入 1400 多亿美元。

## 3. 科技进步因素的影响

在一个国家的基础教育政策的制定和实施中，科技进步也是一个不可忽视的因素。20 世纪以来，特别是二战后，科技新成果、科学新发现和技术新发明层出不穷。由于人们获得了比以往多得多的科学知识以及科学知识的更新速度加快，因此，科学技术从未像现在这样突出地显示它们的威力和潜在力，并使得新的学科不断涌现。早在 1972 年，联合国教科文组织国际教育发展委员会的报告就强调指出："科学技术革命使得知识与训练有了全新的意义，使人类在思想上和行为上获得许多全新的内容和方法，并且是第一次真正具有普遍意义的革命。"[①]

正因为如此，科技进步因素也必然会对英国和美国的基础教育政策产生重要的影响。美国促进科学协会早在 1989 年发表的题为《普及科学——美国 2061 计划》中就明确指出："随着科学知识和技术力量的迅速增长，构成基础教育的世界标准也迅速地发生了变化。"[②] 这种影响首先表现在课程政策上。具体来说，它使得中小学课程更关注科学课程。20 世纪 80 年代以来，英国和美国强调科学课程在整个学校课程中的地位，把科学教育视为推动经济发展和增加国家竞争能力的一种重要手段。例如，英国在 1988 年教育改革中把"信息技术课程"列入国家统一课程中之后，到 1998 年又以立法形式把这门课程由原来的选修课程改为必修课程。在美国，联邦政府大幅度增加科学教育的研究经费，并为科学教育课程发展计划提供资金，以使学生的科学知识素养得到提高。美国还于 2000 年 12 月公布了新的国家教育技术计划——《数字化学习》。其次表现在教师政策上。由于科技进步影响到课程计划的制定和课程内容的调整以及教学设施现代化，因此，它自然会影响到对教师的素养要求、职前培养和在职培训。例

---

① 联合国教科文组织国际教育委员会：《学会生存——教育世界的今天和明天》，华东师范大学比较教育研究所译，北京：教育科学出版社 1996 年版，第 5 页。

② [美]《普及科学——美国 2061 计划》，国家教育发展与政策研究中心：《发达国家教育改革的动向和趋势》（第四集），北京：人民教育出版社 1992 年版，第 6—7 页。

如，英国和美国重视高质量教师的培养，要求教师了解当今世界科技成果的发展，并使自己适应教学设施现代化的趋势。英国在 20 世纪 90 年代末提供巨额的教育拨款训练所有中小学教师使用因特网，其中 1998 年提供 1.02 亿英镑、1999 年提供 1.05 亿英镑。①

### 4. 党派政治因素的影响

对于一个西方国家的基础教育政策来说，它必然还会受到党派政治因素的影响。具体来说，党派政治特别是政党的意识形态在很大程度上对其基础教育政策的制定和实施产生决定性的影响。因此，它们的基础教育政策与党派政治是密切联系的。甚至在某种意义上，基础教育政策就是党派政治的产物。正如英国学者罗伯逊（P. J. Robertson）和沃尔特曼（J. L. Waltman）所指出的："当政策被剥离其诞生的体制结构与政治文化环境时，即使它按原样采用，它也会产生令人惊讶的、事与愿违的后果。"②

在英国，其不同时期的基础教育政策实际上是两党政治的结果。例如，《1870 年初等教育法》就是通过自由党的努力在国会通过的。20 世纪 20 年代工党取代自由党，与保守党轮流执政。一战至二战期间，工党和保守党两党在教育上的共识大于分歧，都赞同让所有儿童接受免费的中等教育是众多福利项目中的一项。《1944 年教育法》在保守党领导的联合政府努力下通过，实现了工党提出的"人人受中等教育"政策目标。二战后，英国的两大党继续维持政治共识直至撒切尔夫人上台。70 年代末，撒切尔夫人领导的保守党政府执政，主张在社会政策领域减少公共支出，从更多地强调社会平等转向强调效率。市场竞争原理被运用到诸如教育这样的传统领域。《1988 年教育改革法》便是在新自由主义意识形态下诞生的。90 年代末，布莱尔领导的新工党政府取代撒切尔梅杰保守党政府执政，并表

---

① 单中惠主编：《外国素质教育政策研究》，济南：山东教育出版社 2004 年版，第 28 页。

② P. J. Robertson and J. L. Waltman, *The Politics of Policy Borrowing*. D. Fingen-gold, L. Macfarland and W. Richardson（ed.）, *Something Borrwed, Something Learned*? Washington, D. C.：Brookings Institutions, 1993：39—40.

示走"第三条道路"。在"第三条道路"意识形态下，布莱尔政府首次形成以教育为中心的经济社会发展政策思路，出台了以《为儿童和学习者的五年发展战略》《儿童计划：建设更加美好的未来》等以儿童发展为核心的一系列教育政策文件。

在美国，民主党与共和党两党在提高基础教育质量和促进基础教育公平上并没有根本的分歧，但在一些具体的政策上还是有所不同的。例如，在学校改革上，20 世纪 80 年代，里根政府的磁石学校；20 世纪 90 年代初，老布什政府的教育凭证计划；20 世纪 90 年代末，克林顿的特许学校等。又如，在学校选择上，里根政府时期开始实施择校计划；老布什政府延续甚至加强了里根政府的择校政策，并且涉及私立学校的择校计划；克林顿政府主张有限选择，择校的范围不包括私立学校，即公立学校的学生可以选择上其他的公立学校。当然，在教育改革政策理念上，民主党和共和党两党也会相互妥协。为了保持美国在世界上的霸主地位，经过老布什和克林顿两位总统重视教育的执政路线，以及两次"全国教育高峰会议"中各州长和企业界领导对教育改革的支持，民主党与共和党两党在教育问题上的辩论从以往的联邦政府是否应在教育事务上发挥作用转向如何发挥这种作用。最终，在基础教育政策调整上，民主党和共和党两党达成了两条指导原则：一是由联邦政府领导和推动教育改革；二是通过制订教育标准和测验、择校、问责制以及继续提供教育资助等措施提高学生的学业成绩。在"9·11"恐怖袭击事件之后，2002 年通过和实施的《不让一个孩子掉队法》就是民主党与共和党相互妥协的一个教育法案，在某种程度上弥合了两党在教育公平政策问题上的分歧。

5. 教育理念因素的影响

最后来讨论教育理念因素对基础教育政策的影响，这并不表明它在一个国家基础教育政策制定和实施的诸多影响因素中是最不重要的，相反，教育理念因素是更值得重视的一个因素，因为教育理念因素往往会对基础教育政策的制定和实施产生至关重要的影响。

首先，各国政府首脑和教育领导人的教育理念会对基础教育政策的制定和实施产生决定性的影响。二战后，特别是 20 世纪 80 年代以来，基础教育改革已成为一种国际教育潮流。正是在这种国际教育潮流的大背景下，各国政府首脑和教育领导人都十分重视基础教育的改革与发展，先后就教育改革与发展发表讲话。例如，时任美国总统克林顿（W. J. Clinton）表示，在他的第二任期内要把教育放在优先发展的地位，呼吁为了使美国在下一个世纪能够继续走在世界的前列，必须建立世界一流的教育制度和培养世界一流的学生。21 世纪初，美国总统小布什在《不让一个孩子掉队法》的"前言"中也强调指出："如果我们国家不能承担起教育每个孩子的责任，我们就有可能在其他领域遭到挫折。……公立学校的使命就是塑造来自不同背景、不同地区的每个孩子的思想与品格。"[①] 无疑，克林顿、小布什的教育理念在美国有关基础教育政策的文件和报告中得到了充分的体现。

此外，教育界人士的教育理念也会对基础教育政策的制定和实施产生重要的影响。因为在制定基础教育政策时，一些国家政府往往都向教育学者或教师团体咨询征求意见。而且，由教育界人士组成的教育调查委员会或教师团体提交的报告，往往也成为基础教育政策制定和实施的依据。例如，在美国 20 世纪 80 年代的教育改革中，国家教育优异委员会发表的题为《国家在危急中：教育改革势在必行》的报告（1983）、卡内基教学促进基金会公布的题为《国家为 21 世纪的教师作准备》的报告（1986）以及霍姆斯协会发表的题为《明天的教师》（1986）等，都对美国这一时期基础教育政策产生了极其重要的影响。21 世纪初期，不少当代美国教育家的教育理念在基础教育领域就产生了很大的影响。例如，美国教师教育专家和教育政策分析家达林-哈蒙德从教学质量、课程质量和教师质量三个方面论述了学校和教室层面教育机会公平问题。美国教育学家、批判教育学的创始人之一吉鲁要求从公共福利和社会民主出发，改善贫困家庭和少数民

---

① [美]《不让一个孩子掉队法》，吕达、周满生主编：《当代外国教育改革著名文献》（美国卷·第四册），北京：人民教育出版社 2004 年版，第 192 页。

族学生的状况，以解决复杂的教育不平等问题。

　　值得注意的是，20世纪80年代以来，"教育经济化"理念引起英国和美国教育界人士的重视，开始强调教育经济化理念的体现，从而对英美的基础教育政策产生了重要的影响。例如，在英国，市场理论被引入教育领域，因此，家长、学生和教师被分别看作教育领域中的"消费者"和"生产者"。应该说，这种教育理念在英国基础教育课程政策、教师政策和教育管理政策上都得到了充分的体现。

# 参考文献

## 英 国

（一）外文文献

[1] Harold Silver. *Equal Opportunity in Education：A Reader in Social Class and Educational Opportunity*. London：Methuenl&Co Ltd，1973.

[2] David Rubinstein. *Education and Equality*. London：Harper and Row，1979.

[3] A. H. Halsey, A. F. Heath, J. M. Ridge. *Origins and Destinations*. London：Oxford University Press，1980.

[4] A. H. Halsey, H. Lauder, P. Brown (et al.). *Education：Culture，Economy，and Society*. New York：Oxford University Press，1997.

[5] Jerome Karabel and A. H. Halsey. *Power and Ideology in Education*. New York：Oxford University Press，1977.

[6] S. Gewirtz, S. J. Ball and R. Bowe. *Markets，Choice and Equity in Education*. Buckingham：Open University Press，1995.

[7] W. Cunningham Glen. *The Elementary Education Act*. London：Shaw and Sons，Fetter Lane，1870.

[8] M. Barlow and H. Macan (ed). *The Education Act*，1902. London：Butterworth & CO，1903. LAW PRIOR TO 1902.

[9] A. Thomas (ed). *The Education*，1918. London：P. S. King & Son，LTD，1919.

[10] G. Whitty. *Making Sense of Education Policy—Studies in the Sociology and Piltics of Education*. London：Paul Chapman Publishing，2002.

[11] David E. Cooper. *Illusions of Equality*. London；Routledge and Keg-

an Paul，1980.

[12] P. E. Vernon (ed). *Secondary School Selection——A British Psy-chological Society Inquiry*. Fakenham：Wyman and Sons Ltd. 1957.

[13] Adrian Wooldridge. *Measuring the Mind Education and Psychology in England*，1860—1990. Cambridge：Cambridge University Press，1994.

[14] D. V. Glass. *Social Mobility in Britain*. London：Routledge and Kegan Paul，1954.

[15] Jack Demaine. *Education and Contemporary Politics*. London：Mac-millan Press Ltd，1999.

[16] John E. Roemer. *Democracy，Education，and Equality—Graz-Schumpeter Lecture*. Cambrige：Cambrige University Press，2006.

[17] Earl Hopper. *Readings in the Theory of Educational Systems*. London：Hutchison and Co. Ltd，1971.

[18] Kenneth K. Wong. *Advances in Educational Policy—Perspectives on the Schools*. Stamford and England. Jai Press INC. ，1998.

[19] John Lawson and Harold Silver. *A Social History of Education in England*. London：Methuen and Co Ltd，1973.

[20] G. Sutherland. *Policy-Making in Elementary Education* 1870—1895. London：Oxford University Press，1980.

[21] David Rubinstein and Brain Simon. *The Evolution of The Comprehen-sive School*，1926—1972. London：Routledge and Kegan Paul，1969.

[22] I. G. K. Fenwick. *The Comprehensive School* (1944—1970) *——The Politics of Secondary School Recorganziation*. London：Methuenl & Co Ltd，1976.

[23] Roy Lowe (ed). *The Changing Secondary School*. London：The Falmer Press，1989.

[24] Peter Gosden. *The Education System since* 1944. Oxford：Martin Ro-

bertson and Co. Ltd. ，1974（reprinting 2007）.

［25］Pamela Silver and Harold Silver. *The Education of the Poor: the History of A National School* 1824—1974. London: Routledge and Kegan Paul，2007.

［26］Peter Gordon and Denis Lawton. *Curriculum Change in the Nineteenth and Twentieth Centuries*. Hodder and Stoughton Ltd，1978.

［27］Brian Simon. *The Radical Tradition in Education in Britain*. London: Lawrence & Wishart，1972.

［28］John Dunford and Paul Sharp. *The Education System in England and Wales*. London: Longman Group UK limited，1990.

［29］Df EE. *Excellence in Schools*. *London*: Her Majesty's Stationery Office，1997.

［30］DfES. *Delivering Results: A Strategy to* 2006. Westminster: DfES Publications，2002.

［31］Department for Children，Schools and Families. *Your Childs*，*Your Schools*，*Our Future: Building A* 21ˢᵗ *Century School System*. London: Her Majesty's Stationery Office，2009.

［32］DfES. *Five Year Strategy for Children and Leaners*: London: TSO Shops，2004.

［33］Department for Children，Schools and Families. *The Children's Plan: Building Brighter Futures*. London: TSO Shops，2007.

［34］The department for Education and Employment. *School Standards and Framework Act* 1998. London: TSO Shops，1998.

［35］The Committee of Enquiry into the Education of Children from Ethnic Minority Groups. *The Swann Report*. London: Her Majesty's Stationery Office，1985.

［36］The Central Advisory Council. *The Newsom Report Half Our Future*. London: Her Majesty's Stationery Office，1963.

[37] The Central Advisory Council. *The Crowther Report*—15 *to* 18. London：Her Majesty's Stationery Office 1959.

[38] The Committee of Enquiry into the Education of Handicapped Children and Young People. *The Warnock Report*. London：Her Majesty's Stationery Office，1978.

[39] The Consultative Committee. *The Education of the Adolescent*. London：HM Stationery Office，1926.

[40] The Central Advisory Council. *The Plowden Report*. London：Her Majesty's Stationery Office，1967.

（二）中文文献

[1] 吕达，周满生主编. 当代外国教育改革著名文献［M］. 北京：人民教育出版社，2004.

[2] 单中惠主编. 外国素质教育政策研究［M］. 济南：山东教育出版社，2004.

[3] 莫林·T·哈里楠主编. 教育社会学手册［C］. 傅松涛等译. 上海：华东师范大学出版社，2004.

[4] 冯建军. 教育公正——政治哲学的视角［M］. 福州：福建教育出版社，2008.

[5] 华桦，蒋瑾. 教育公平论［M］. 天津：天津教育出版社，2006.

[6] 袁振国主编. 教育政策学［M］. 南京：江苏教育出版社，2000.

[7] 孙绵涛. 教育政策学［M］. 武汉：武汉工业大学出版社，1997.

[8] 张人杰主编. 国外教育社会学基本文选（修订版）［M］. 上海：华东师范大学出版社，2009.

[9] 刘欣. 基础教育政策与公平问题研究［M］. 武汉：华中师范大学出版社，2008.

[10] 苏君阳. 公正与教育［M］. 北京：北京师范大学出版社，2008.

[11] 翁文艳. 教育公平与学校选择制度［M］. 北京：北京师范大学出版社，2003.

[12] 瞿葆奎主编. 教育学文集·英国教育改革 [C]. 北京：人民教育出版社，1993.

[13] 瞿葆奎主编. 教育学文集·教育与社会发展 [C]. 北京：人民教育出版社，1989.

[14] 邓特. 英国教育 [M]. 杭州大学教育系外国教育研究室译. 杭州：浙江教育出版社，1987.

[15] 王承绪. 英国教育 [M]. 长春：吉林教育出版社，2000.

[16] 祝怀新. 英国基础教育 [M]. 广州：广东教育出版社，2002.

[17] 王承绪，徐辉. 战后英国教育研究 [M]. 南昌：江西教育出版社，1992.

[18] 斯蒂芬·鲍尔. 政治与教育政策制定——政策社会学探索 [M]. 王玉秋，孙益译. 上海：华东师范大学出版社，2003.

[19] 斯蒂芬·鲍尔. 教育改革——批判和后结构主义的视角 [M]. 侯定凯译. 上海：华东师范大学出版社，2003.

[20] 杰夫·惠迪，莎莉·鲍尔和大卫·哈尔平. 教育中的放权与择校：学校、政府和市场 [M]. 马忠虎译. 北京：教育科学出版社，2003.

[21] 林赛·哈林顿，迈克尔·哈林顿. 英国保守党 [M]. 上海：上海译文出版社，1979.

[22] 亨利·佩林. 英国工党简史 [M]. 上海：上海人民出版社，1977.

[23] 比尔·考克瑟等. 当代英国政治 [M]. 孔新峰等译. 北京：北京大学出版社，2009

[24] 阎照祥. 英国史 [M]. 北京：人民出版社，2003.

[25] 钱乘旦，陈晓律，陈祖洲等著. 日落斜阳——20 世纪英国 [M]. 上海：华东师范大学出版社，1999.

[26] 孙洁. 英国的政党政治和福利制度 [M]. 北京：商务印书馆，2008.

[27] 许建美. 教育政策与两党政治——英国中等教育综合化政策研究（1918—1979）[M]. 杭州：浙江大学出版社，2014.

[28] 王皖强. 国家与市场——撒切尔主义研究 [M]. 长沙：湖南教育出

版社，1999.

[29] 托尼·布莱尔. 新英国：我对一个年轻国家的展望 [M]. 曹振寰等译. 北京：世界知识出版社，1998.

[30] 张民选等. 公平而卓越：世界教育发展的新追求 [J]. 教育发展研究，2008 (19).

[31] 阚阅. 促进教育均衡发展的新举措——英国"追求卓越的城市教育"计划评析 [J]. 全球教育展望，2004 (9).

[32] 王璐. 每个孩子都重要：英国全面关注处境不利儿童的健康发展 [J]. 比较教育研究，2005 (10).

[33] 王璐. 从选拔性教育到选择性教育：英国基础教育的价值取向 [J]. 教育研究，2008 (3).

[34] 薛二勇，盛群力. 英国公平入学政策探析 [J]. 比较教育研究，2007 (9)：25—29.

[35] 余秀兰. 弱势群体的教育支持：发达国家的理念及其嬗变 [J]. 比较教育研究，2009 (1).

## 美　国

（一）英文文献

[1] Kern Alexander & M. David Alexander. *American Public School Law*. Belmont，CA.：Thomson West，2005.

[2] Nelson F. Ashline, Thomas R. Pezzullo & Charles I. Norris. *Education，Inequality，and National Policy*. Washiton D. C.：Heath and Company，1976.

[3] Barbara J. Bank & Peter M. Gender. *Equity，and Schooling：Policy and Practice*. New York：Garland Pub.，1997.

[4] Maurice R. Berube. *American School Reform：Progressive，Equity，and Excellence Movements*，1883—1993. Westport，Conn.：Praeger，1994.

[5] Kathryn M. Borman. *Implementing Educational Reform：Sociologi-*

*cal Perspectives on Educational Policy*. Norwood，N. J.：Ablex Publishers，1996.

［6］Roel J. Bosker. *Enhancing Educational Excellence*，*Equity and Efficiency*. Netherlands：Kluwer Academic Publishers，1999.

［7］Sol Cohen. *Education in the United States*：*A Documentary History*. New York：Random House，1974.

［8］James S. Coleman. *Equality and Achievement in Education*. Boulder：Westview Press，1990.

［9］Gabriel Compayre. *Horance Mann and the Public School in the United States*. New York：Thomas Y. Crowell，1907.

［10］James Bryant Conant. *The American High School Today*. McGraw-Hill Book Company Inc，1959.

［11］James Bryant Conant. *The Child*，*the Parent & the State*. McGraw-Hill，1965.

［12］Lawrence A. Cremin. *The Republic and the School*，*Horance Mann on the Education of Free Men*. New York：Teachers College Press，Columbia University，1974.

［13］Ellwood P. Cubberley. *Public Education in the United States*. Boston：Houghton Mifflin，1919.

［14］Sharon Gewirtz, Stephen J. Ball & Richard Bowe. *Markets*，*Choice and Equity in Education*. Buckingham：Open University Press，1995.

［15］Paul Goodman. *Growing up Absurd*. New York：Random House，Inc. ，1960.

［16］Carl A. Grant & Maureen D. Gillette. *Learning to Teach Everyone's Children*：*Equity*，*Empowerment*，*and Education That is Multicultural*. California：Thomson & Wadsworth，2006.

［17］Jay P. Heubert. *Law and School Reform*：*Six Strategies for Promoting Educational Equity*. New Haven：Yale University

Press，1999.

[18] Roy J. Honeywell. *The Educational Work of Thomas Jeferson*. New York：Russell & Russell，Inc. 1964.

[19] Thomas. Lee Jefferson, C. Gordon（ed. ）. *Crusade Against Ignorace：Thomas Jefferson on Education* New York：Bureau of Publications，1926.

[20] Michael Imber & Tyll van Geel. *Education Law*. New York：McGraw-Hill，1993.

[21] Christopher S. Jencks. *Inequality：A Reassemssment of the Effect of Family and Schooling in America*. New York：Basic Books，1978.

[22] Lawrence J. Johnson & Anne M. Bauer. *Meeting the Needs of Special Students：Legal，Ethical，and Practical Ramifications*. Newbury Park，CA. ：Corwin Press，1992.

[23] Andrew Kopan & Herbert Walberg. *Rethinking Educational Equality*. California：McCutchan Publishing Corporation，1974.

[24] Paul Lodge & Tessa Blackstone. *Educational Policy and Educational Inequality*. Oxford：M. Robertson，1982.

[25] Karen J. Maschke. *Educational Equity*. New York：Garland Publishers，1997.

[26] Patrick J. McGuinn. *No Child Left Behind And The Transformation of Federal Education Policy*，1965—2005. Kansas：University Press of Kansas，2006.

[27] Martha Minow, Richard A. Shweder & Hazel Rose Markus. *Just School：Pursuing Equality in Societies of Difference*. New York：Russell Sage Foundation，2008.

[28] Pamela A. Moss，Diana C. Pullin，James Paul Gee，Edward H. Haertel & Lauren Jones Young. *Assessment，Equity，and Opportunity to Learn*. New York：Cambridge University Press，2008.

[29] Damian P. Olivert. *No Child Left Behind Act: Text, Interpretation and Changes*. New York: Nova Science Publishers, 2007.

[30] Robert L. Osgood. *The History of Special Education: A Struggle for Equality in American Public Schools*. Westport, Conn.: Praeger. 2008.

[31] Janice Petrovich & Amy Stuart Wells. *Bring Equity Back: Research for a New Era in American Educational Policy*. New York: Teachers College, Columbia University, 2005.

[32] Sharkey Plaut. & S. Nancy. *Education Policy and Practice: Bridging the Divide*. Cambridge, MA: Harvard Educational Review, 2003.

[33] John D. Pulliam, & James J. Van Patten. *History of Education in America*. Columbus, New Jersey: Upper Saddle River, 2003.

[34] Alan R. Sadovnik. *No child left behind and the Reduction of the Achievement Gap: Sociological Perspectives on Federal Educational Policy*. New York: Routledge, 2008.

[35] Linda Skrla & James Joseph Scheurich. *Educational Equity and Accuntability: Paradigms, Policies, and Politics*. New York: Routledge Falmer, 2004.

[36] Joel H. Spring. *American Education: An Introduction to Social and Political Aspects*. New York: Longman, 1989.

[37] Joel H. Spring, *The American School*, 1642—2004. Boston: McGraw-Hill, 2005.

[38] Mark V Tushnet. *The NAACP's Legal Strategy Against Segregated Education*, 1925—1950. Chapel Hill: The University of North Carolina Press, 1987.

[39] Mitchell L. Yell. *The Law and Special Education*. Prentice Hall, 2006.

[40] Mark G. Yudof. *Educational Policy and the Law*. Belmont, CA: West & Thomson Learning, 2002.

（二）中文文献

[1] 瞿葆奎主编. 教育学文集·美国教育改革［C］. 北京：人民教育出版社，1990.

[2] 奥巴马. 重塑美国竞争力：我们相信变革［C］. 北京：中信出版社，2009.

[3] 劳伦斯·阿瑟·克雷明. 学校的变革［M］. 单中惠，马晓斌译.济南：山东教育出版社，2009.

[4] 杜威. 杜威教育名篇［C］. 赵祥麟，王承绪编译. 北京：教育科学出版社，2006.

[5] Linda Darling-Hammond 主编. 美国教师专业发展学校［M］. 王晓华，向于峰，钱丽欣译. 北京：中国轻工业出版社，2006.

[6] 约翰·罗尔斯. 正义论［M］. 何怀宏等译. 北京：中国社会科学出版社，2001.

[7] 鲍尔斯，金蒂斯. 美国：经济生活与教育改革［M］. 王佩雄等译. 上海：上海教育出版社，1990.

[8] J. R. 波尔. 美国平等的历程［M］. 张聚国译. 北京：商务印书馆，2007.

[9] 约翰·I·古得莱得. 一个称作学校的地方［M］. 苏智欣等译. 上海：华东师范大学出版社，2006.

[10] 凯瑟琳·麦可德莫特. 掌控公立学校教育：地方主义与公平［M］. 周玲等译. 北京：教育科学出版社，2007.

[11] 托马斯·杰斐逊. 杰斐逊选集［C］. 朱曾文译. 北京：商务印书馆，1999.

[12] ［美］韦恩·J·厄本，杰宁斯·L·瓦格纳. 美国教育：一部历史档案［M］. 周晟等译. 北京：中国人民大学出版社，2009.

[13] 戴维·B·秦亚克. 一种最佳体制：美国城市教育史［M］. 赵立玮译. 上海：上海人民出版社，2010.

[14] 刘庆仁. 美国新世纪教育改革 [M]. 台北：心理出版社股份有限公司，2005.

[15] 屈书杰. 美国黑人教育发展研究 [M]. 保定：河北大学出版社，2004.

[16] 滕大春. 美国教育史 [M]. 北京：人民教育出版社，2001.

[17] 张维平，马立武. 美国教育法研究 [M]. 北京：中国法制出版社，2004.

[18] 冯大鸣，赵中建. "9·11"后美国教育战略调整的两个标志. 教育发展研究，2003（3）.

[19] 黄忠敬. 美国政府是如何解决教育公平问题的 [J]. 教育发展研究，2008（21）.

[20] 李清富. 平等还是公正？试论罗尔斯的教育哲学观 [J]. 外国教育研究，2006（3）.

[21] 马晓强. 科尔曼报告 40 年述评——兼论对我国"上学难，上学贵"问题的启示 [J]. 教育研究，2006（6）.

[22] 生兆欣.《初等和中等教育法》与美国联邦政府教育角色的变迁 [J]. 比较教育研究，2009（3）.

[23] 王嫣. 美国教育立法与美国教育发展 [J]. 外国教育研究. 1994.（3）.

[24] 薛二勇，方展画. 美国教育公平发展中的补偿性政策 [J]. 教育发展研究，2007（19）.

[25] 杨柳. 美国残疾人教育法探析 [J]. 比较教育研究，2008（6）.

[26] 张民选. 杰斐逊公立教育思想评述 [J]. 上海师范大学学报，1992（4）.

[27] 赵中建. 不让一个儿童落后——美国布什政府教育改革蓝图述评. 上海教育，2001（5）.

[28] 朱家存. 教育平等：科尔曼的研究及其给我们的启示 [J]. 外国教育

研究，2003（12）.

［29］薛二勇. 教育公平与公共政策——基于教育公平的美国公共政策研究
　　　　［D］. 博士学位论文，浙江大学，2007.

［30］李敏. 美国教育政策问题研究——以 20 世纪 80 年代以来基础教育政
　　　　策为例［D］. 博士学位论文，华东师范大学，2006.

# 后　记

　　《教育公平与教育效率——英美基础教育政策演进研究》一书系 2011 年教育部人文社会科学研究规划基金项目（课题批准号：11YJA880076）的终结性研究成果。

　　尽管我国教育学者分别对英国和美国基础教育政策的研究成果也有不少，但鲜见把这两个国家基础教育政策的演进结合在一起的综合性研究。因此，在构思本书框架的过程中，我们试图尽力使整个研究凸显历史视角和比较视角的结合、个案思考和共性诠释的沟通以及体现教育理念和教育政策的交融。

　　《教育公平与教育效率——英美基础教育政策演进研究》一书是学者合作研究的成果，由温州大学教师教育学院倪小敏副教授，华东师范大学基础教育改革与发展研究所、浙江大学教育学院单中惠教授，以及沈阳师范大学教科院勾月博士共同完成。各部分撰写的具体分工是："前言"由倪小敏和单中惠负责；"上编　英国基础教育政策演进"由倪小敏负责；"下编　美国基础教育政策演进"由单中惠和勾月负责；"结语 对英美基础教育政策演进的反思"由单中惠和倪小敏负责。

　　限于著者的水平，书中如有不妥之处，敬请各位学者和读者不吝批评指正。

2014 年 11 月初稿

2015 年 5 月修改稿